Library of
VOID
Davidson College

BURT FRANKLIN: RESEARCH & SOURCE WORKS SERIES
Philosophy and Religious History Monographs 92

LE SENTIMENT
DE LA
NATURE EN FRANCE

LE SENTIMENT
DE LA
NATURE EN FRANCE
DANS LA PREMIÈRE MOITIÉ
DU DIX-SEPTIÈME SIÈCLE

PAR

G. L. Mc. CANN

Burt Franklin
New York

700.1
M864s

Published by LENOX HILL Pub. & Dist. Co. (Burt Franklin)
235 East 44th St., New York, N.Y. 10017
Originally Published: 1926
Reprinted: 1972
Printed in the U.S.A.

S.B.N.: 8337-24681
Library of Congress Card Catalog No.: 75-168927
Burt Franklin: Research and Source Works Series
Philosophy and Religious History Monographs 92

AVANT-PROPOS

Je me propose d'étudier comment, de 1600 à 1660, le sentiment de la nature s'est exprimé en France dans la société, dans la littérature et dans l'art. Les correspondances, les mémoires, les récits de voyages, certains traités techniques relatifs à l'agriculture m'ont fourni de précieux documents pour la première partie de cette étude; les œuvres littéraires, naturellement, ont été ma source principale pour la deuxième partie; quant à la troisième, le Musée du Louvre et les collections du Cabinet des Estampes à la Bibliothèque Nationale m'ont procuré l'essentiel de mes matériaux.

Comme mon intention est de montrer que le sentiment de la nature était plus important qu'on ne le croit en général pendant la période du dix-septième siècle qui nous intéresse, j'ai tiré des auteurs des exemples nombreux, afin de faire sentir combien il est déjà répandu, et des exemples variés, afin de donner une idée des diverses formes qu'il a prises. Quant aux chapitres sur l'art, pour tout ce qui concerne la technique de la peinture et de la gravure, j'ai consulté, n'ayant pas une compétence particulière sur ce point, les ouvrages les plus utiles, dont la bibliographie fournit la liste. Mais, pour la place qu'occupe la nature dans les tableaux et dans les estampes de l'époque, j'ai été forcée de juger par moi-même, le sujet étant à peine mentionné dans un ou deux de ces ouvrages.

Certains changements se sont produits dans la façon d'aimer la nature pendant les soixante premières années du siècle, et j'ai essayé de les indiquer aussi, afin de donner un tableau aussi complet que possible de l'évolution du sentiment de la nature à cette époque.

Un tel travail présentait, surtout pour une étudiante de nationalité étrangère, de multiples difficultés. Aussi, dois-je des remerciements aux personnes qui m'ont soutenue de leurs encouragements et de leurs conseils.

M. Gustave Reynier, professeur à la Faculté des Lettres de l'Université de Paris, après m'avoir suggéré l'idée de cette thèse, a bien voulu diriger mes recherches et faire bénéficier mon travail de son érudition et de son expérience. Qu'il veuille bien trouver ici l'expression de ma respectueuse gratitude.

M. Gaston Cayrou, agrégé des lettres, professeur de Première au Lycée Louis-le-Grand, s'est également intéressé à cet ouvrage et m'a donné, en cours de route, bien des indications utiles. Je lui en exprime ici toute ma reconnaissance.

Je n'aurais garde d'oublier MM. les Conservateurs de la Bibliothèque Nationale et de la Bibliothèque de l'Arsenal, auprès de qui j'ai rencontré, d'un bout à l'autre de mes recherches, une inlassable complaisance et une parfaite courtoisie.

Paris, le 1er juillet 1926 G. L. McC.

N.B. — Je renvoie le lecteur, pour chaque texte, à la première édition des œuvres complètes de l'auteur, même si cette édition n'a pas paru de son vivant. S'il y a lieu, je signale, dans la Bibliographie, les réimpressions modernes des œuvres.
Dans les citations, je suis toujours l'orthographe de l'édition dont j'ai fait choix pour chaque auteur: j'ai seulement modernisé la ponctuation là où c'était nécessaire pour l'intelligence du sens; je me suis également conformée à l'usage d'aujourd'hui pour tout ce qui concerne l'emploi des *i* (*j'ai*, au lieu de *j'ay*), des *j* (*jour*, au lieu de *iour*), et des *u* (*j'avais*, au lieu de *j'auais*).

Planche I. — « Veüe et Perspective du Village et du Pont de Charenton », par Israël Silvestre (1621-1691). (Bibliothèque Nationale, Cabinet des Estampes, Œuvres, in-fol. Ve. 14, p. 101).

PREMIÈRE PARTIE

LE SENTIMENT DE LA NATURE ET LA SOCIÉTÉ

CHAPITRE PREMIER

LA SOCIÉTÉ

La paix et la vogue des traités d'agriculture. Les voyages ; les impressions de montagnes. Le goût de la nature calme, douce, l'emporte chez les dames : Mlle de Montpensier, Mme de Motteville. Les littérateurs mondains : Voiture, Balzac. Le caractère général du sentiment de la nature dans la société du temps.

Après les guerres funestes de la Ligue, après les longues années d'insécurité et de dissension, la France se voyait enfin, sous le règne de Henri IV, à la fois tranquille, unie, heureuse et prospère. Cet état de sécurité et de paix durait relativement encore sous la régence de Marie de Médicis et sous le règne de Louis XIII.

C'était, au fond, une période encore un peu rude, sous l'extérieur poli et raffiné de la vie mondaine (1). L'énergie de la race, accrue même par les guerres dans lesquelles elle se manifestait, cherchait maintenant d'autres moyens pour s'exprimer. La société se développe alors, et la littérature et l'art retrouvent une nouvelle vigueur.

Pendant les troubles de la Ligue, toutes les occupations et tous les plaisirs de la vie paisible avaient dû céder la place

---

(1) Voir pour la description de ce côté de la vie du temps les *Mémoires* de Bassompierre.

à la guerre. L'art et la littérature surtout avaient souffert et toute activité artistique restait comme suspendue. Ronsard, qui représentait peut-être le mieux l'esprit du seizième siècle, était mort avant le triomphe de Henri IV, et son génie, qui a su chanter avec tant de charme et tant de vivacité les délices de la vie champêtre et les beautés de la nature (1), n'eut pas, à cet égard, de successeur. Il en était de même pour toutes les diverses manifestations du génie : la Renaissance était finie, mais, pendant que les luttes intestines duraient, aucun mouvement nouveau ne se dessinait. Ainsi, à l'avènement de Henri de Navarre, la vie normale était à reconstituer à tous égards. Avec la paix, une nouvelle société commença à se former autour du roi et la vie reprit son cours ordinaire. La France se prépara ainsi à un renouvellement de la vie intellectuelle et artistique.

La paix encourageait naturellement tous les arts, mais, surtout et tout d'abord, elle donna un élan nouveau aux plaisirs de la campagne : on pouvait vivre enfin aux champs en toute sécurité et y jouir des agréments de la vie rustique.

Autrefois les gentilshommes passaient leur temps à la guerre, et les familles restées au foyer pleuraient des parents ou des amis exposés aux risques de la bataille. Mais aujourd'hui, on avait l'esprit assez libre pour jouir de la nature aussi bien que pour s'intéresser aux arts. Elle commençait à compter parmi les sources de plaisir de ce monde lettré et galant qui s'était formé autour de la cour. Toute la noblesse se promenait à la suite du roi dans les jardins royaux de Fontainebleau. Les grands seigneurs du royaume, comme le roi, se plaisaient à entourer leurs châteaux de parterres et de parcs à la mode du jour. La chasse était l'occupation de prédilection des gentilshommes, et dans leurs courses à travers les forêts, à la poursuite des sangliers et des cerfs, ils n'étaient pas toujours insensibles aux beautés qu'ils avaient sous les yeux. Le goût de la nature, sous quelques-uns de

---

(1) Cf. Paul Laumonier, *Ronsard, poète lyrique*, Paris, 1923, in-8°, surtout IIe Partie, chapitre I, *L'Ode rustique*, pp. 430-466; — Joseph Vianey, *Les grands poètes de la nature en France*, dans la *Revue des Cours et Conférences*, 15 décembre 1925, p. 3-10.

ses aspects au moins, se manifestait de la sorte chez les grands et les courtisans dès 1600 environ.

Ainsi, le dix-septième siècle voyait une renaissance du goût de la nature comparable à plusieurs égards à la renaissance du goût de la campagne au temps d'Auguste. Comme la France en 1600, Rome venait de passer alors par une période de révoltes et de guerres civiles et se trouvait enfin, à l'avènement d'Auguste, à la veille d'une époque plus heureuse. Sous son règne éclairé, Horace montrait dans ses *Odes* et dans ses *Épodes,* par une série de tableaux attachants, le contentement du sage dans sa retraite rustique. Virgile, de son côté, écrivait les *Bucoliques* et les *Géorgiques,* qui, plus qu'aucune autre œuvre latine, contiennent une expression parfaite des beautés champêtres.

On a souvent remarqué que rien n'incline plus les esprits aux idylles que les horreurs des guerres et des révolutions. Les Français du temps de Henri IV trouvaient leurs idylles dans les bergeries et dans les romans, mais, eux aussi, ils avaient leurs traités d'agriculture et des ouvrages célébrant la vie rustique, qui, s'ils n'avaient pas le haut mérite littéraire des œuvres de Virgile et d'Horace, étaient aussi sincères et, historiquement, aussi intéressants.

On commençait une étude systématique de la botanique. En 1609, Paul Contant publie son *Jardin et Cabinet poétique* (1), où il chante « les beautez de la terre nouvelle, les émaux printaniers de sa robe plus belle » (2), tout en décrivant les diverses espèces de plantes et leurs usages médicinaux. Un peu plus tard, Guy de la Brosse, médecin ordinaire du roi, publie une *Description du Jardin royal des Plantes médicinales* (3), avec un catalogue très détaillé des plantes et un plan du jardin. Dans sa préface, il insiste sur l'utilité ou

---

(1) Cf. Paul Contant, *Jardin et Cabinet poétique,* Poitiers, 1609, in-4º.

(2) Cf. Paul Contant, *Jardin et Cabinet poétique,* p. 1.

(3) Cf. Guy de la Brosse, *Description du Jardin royal des Plantes médicinales,* Paris, 1636, in-4º.

plutôt la nécessité d'un jardin de cette sorte et sur l'intérêt qu'il y aurait pour la France à être la première à l'instituer (1).

En même temps, des traités plus généraux apparaissent, surtout des réimpressions d'œuvres écrites à la fin du siècle précédent, dont *La Colombière et Maison rustique* de Hégémon (2) et *Le Plaisir des Champs* de Gauchet (3) sont les mieux connus.

Dans la *Maison rustique*, Hégémon donne des conseils pratiques, pour chaque mois de l'année. Il énumère les plantes et les arbres de la plus grande utilité et y ajoute un poème sur l'*Abeille*. Ce traité, outre le côté purement utilitaire, comprend un enseignement moral. Chaque mois est associé à un événement biblique dont l'auteur tire une leçon (4). Hégé-

(1) Cf. BROSSE *Description du Jardin royal des Plantes médicinales*, p. 19 : « ... Ce Jardin n'est pas seulement establi comme un vain ornement à la France et à Paris, mais pour une très-nécessaire et utile Escole de la matière médicinale. Ce sont des advantages qui ne se trouvent pas ailleurs ; ce sont des biens que l'on ne trouvera pas autre part; aussi ce sont les pièces, après la grandeur, disposition et beauté, qui le doivent faire estimer par toutes les Nations civiles et curieuses des belles et bonnes choses.

(2) Cf. HÉGÉMON, *La Colombière et Maison rustique*, Paris, s. d., in-12.

(3) Cf. GAUCHET. *Le Plaisir des Champs*, Paris, 1604. in-4°.

(4) Les descriptions d'avril et de mai sont caractéristiques du style et de la méthode d'Hégémon. Cf. *Maison rustique*, f° 17, *Avril* :

Au florissant Avril, que Noé, du Déluge
Préservé, sortit hors de l'Arche son refuge,
Trouvant un tapis verd tout damassé de fleurs,
Comme nous le voyons peint de toutes couleurs,
Embaumant terre et cieux d'une odeur délectable,
Qui ravit tous nos sens en la bonté mirable
De ce grand Dieu parfait, et par ses grands faveurs
(Nous maintenant sans fin) rejouit corps et cueurs :
Adoncq' tous les troupeaux ennuiez des fourrages
On mene par les champs remplis de pasturages...

f° 18, *Mai* :

Au gentil mois de May, esmaillé, gracieux,
Jesus-Christ (seul Sauveur) monta de terre aux Cieux,
Et nous l'a delaissé plein de magnificence,
Afin qu'en jouissant nous chantions sa puissance.
Le doux-flairant tapis, et des Monts, et des Vaux,
De tout l'Yver passé faict oublier les maux :
Car chacun s'esjouit de la saison nouvelle,
Et en cueillant les fleurs de grand'aise on saultelle.
Tous les Arbres adonc sont vestus de verdeur,
Tous les Champs esmaillez sont parfumez d'odeur,
Les oiseaux à l'envi chantent en leur ramage
Du Dieu vivant le los, cognu par son ouvrage.

mon, qui a le sentiment profondément religieux, voit dans les beautés de la nature l'œuvre de Dieu et n'oublie jamais de la louer en soulignant chaque nouvelle preuve de sa bonté et de sa puissance. En général, il fait peu de cas des joies esthétiques procurées par la nature, et il n'y voit que des frivolités; son idéal est plus sévère, d'ordre purement pratique et moral.

C'est l'auteur du *Plaisir des Champs* surtout qui sent les attraits de la campagne et qui se plaît à décrire ses aspects les plus charmants, en ne négligeant jamais cependant l'utile. Claude Gauchet, Dampmartinois, « aumônier ordinaire du Roy », donne un sens très large à son titre et des matières de toutes sortes trouvent place dans son livre. Avec un goût franc et vigoureux de tous les aspects de la vie rustique, Gauchet parle de la chasse, des chevaux et de leur dressage, de la disposition et de l'entretien d'une maison et d'une propriété à la campagne. Il donne même des conseils pour organiser et régler des danses champêtres et des fêtes villageoises. Il décrit aussi l'habillement le plus commode et le plus convenable pour le gentilhomme dans les diverses occupations champêtres. D'ailleurs, il ne s'occupe pas seulement des besoins du gentilhomme; il décrit aussi l'habillement qui convient à une jeune villageoise et donne des conseils pratiques au paysan. Une grande partie de son œuvre se compose tout simplement de descriptions. Très sensible aux beautés de la nature, Gauchet ne se borne pas à l'aspect utilitaire; il note avec plaisir toutes les merveilles qu'il aperçoit.

Naturellement, les beautés du jardin arrangé selon le goût du jour sont ce qu'il admire le plus (1), mais les charmes

---

(1) Son « jardin plaisant » (*Plaisir des Champs*, p. 3) contient un « dédalus », des fontaines et « un beau parterre » (p. 12) qu'il décrit avec un vif plaisir :

> Parterre vraiment beau, des plus beaux de la terre :
> Nous nous esbahissons de la diversité
> Des fruictiers qu'on y void en grande quantité :
> Nous admirons l'esprit du jardinier habile,
> Ayant entrelassé, d'une dextre subtile,
> Maint beau compartiment au milieu du jardin
> De rüe, et de lavande, et d'hysope, et de thim,
> Nous admirons l'assiette, et les arbres estranges
> Abondamment chargez de citrons, et d'oranges
> Nous admirons, au bas, les beaux prez tousjours verdz,
> Maintenant d'un émail diversement couvertz,
> Où, bordé de tilletz, et saulle rivagère,
> Marne court au milieu d'une course legère.

plus vrais et plus simples lui plaisent aussi. Il aime à jouir de la beauté d'une matinée d'été (1), et souvent il s'arrête pendant la chasse pour admirer un endroit pittoresque (2). Par exemple, en chasseur qui a l'âme sensible et poétique, il célèbre le moment où le soleil se lève et où hommes et chiens apparaissent au rendez-vous (3). Il accueille avec joie chaque saison, qui apporte ses occupations rustiques et ses délices particulières. Le printemps réjouit par le renouvellement de la verdure et par l'apparition des fleurs (4). L'hiver, froid et neigeux, est une saison triste (5). L'été, on chasse le cerf, et, à la fin d'une matinée passée à pousser les chiens, on s'arrête dans un endroit bien ombragé pour déjeuner. Claude Gauchet se repose alors, et admire les splendeurs de la nature qui l'environne (6). En automne, c'est la chasse au sanglier qui attire le gentilhomme aux champs (7).

(1) Cf. *Plaisir des Champs,* p. 8.
(2) Cf. *Plaisir des Champs,* « Foreste de Retz », p. 5.
(3) Cf. *Plaisir des Champs,* p. 9. Le soleil se lève :
Apollon se levant avoit encore, à peine,
Espars ses raies dorés par la fertile plaine.
... Son front trop radieux
Luisant directement nous esblouit les yeux,
... L'aimable flore
Nous fait sentir au nez ce dont elle redore
Et les bois, et les prez, et, d'un Email divers
Nous resjouyt les yeux non encor bien ouvers.
Dans le serein de l'air la folatre aloëtte,
Des æsles trémoussant, tirelirant quaquette :
Les plaisants Rossignols, cachez dans les buissons,
Essourdent les chemins de leurs douces chansons...
(4) Cf. *Plaisir des Champs,* p. 2 :
... La bize s'appaise et l'aimable flore
De cent mille couleurs la campagne redore.
(5) Cf. *Plaisir des Champs,* p. 150 :
... Je voy de tous costez
De loing blanchir les champs, et les monts escartez :
Je voy le blanc naïf sur les veusves boscages,
Sur les buissons couvers, sur les loingtains villages
Faire une couleur perse, et du costé du Nord
Un vent froid, et picquant, qui des montagnes sort.
(6) Cf. *Plaisir des Champs,* p. 150 :
Des oisillons voisins la musique meslée
Resjouyt, d'autre part, toute ton assemblée :
Ce qui peut, en esté, se voir de belles fleurs
Te contente le nez, et l'œil de ses couleurs :
Mille petits Zephirs volans par le boscage
Esbranlent doucement le verdoyant fueillage.
(7) Cf. *Plaisir des Champs,* p. 201-202.

Un sentiment sincère anime toute cette poésie (1). Ce petit livre renferme encore plus de détails pratiques que celui d'Hégémon, mais ses descriptions délicates et vraies le distinguent nettement des exposés techniques de Contant et de Guy de la Brosse.

*
**

Un grand stimulant pour le sentiment de la nature, ce sont les voyages. Une personne est d'habitude peu sensible aux beautés qui sont sous ses yeux tous les jours; mais si elle se met en face de décors naturels nouveaux, elle en ressent une impression forte. Les gens de condition et les bourgeois aisés voyageaient beaucoup au dix-septième siècle, et en racontant leurs voyages ils n'oubliaient pas de parler des aspects du monde extérieur.

Pendant toute la première moitié de ce siècle, la cour surtout se déplaçait souvent. Elle allait, à la suite du roi, de Paris à Blois, à Fontainebleau ou à Amboise pour la chasse, ou même jusqu'à Perpignan ou à Bayonne, selon les nécessités de la guerre ou de la politique. Les grands l'accompagnaient, avec toute leur maison, qui comprenait souvent des écrivains. Les nobles ou les bourgeois instruits voyageaient aussi pour leur plaisir, pour leurs affaires, pour des missions diplomatiques ou pour leur santé. Les villes d'eaux, déjà au dix-septième siècle, jouissaient d'une singulière vogue (2). Des étrangers, les Allemands et les Anglais surtout pour s'instruire (3), les Italiens pour y chercher fortune, visitaient

(1) Il est extrêmement intéressant de trouver cet amour de la vie champêtre à cette date, car dans un siècle où la vie de cour prenait une importance capitale, où toute la noblesse, grande et petite, se ruinait à faire grande figure devant le roi le gentilhomme campagnard jouissait de peu de considération. (Cf. Pierre de Vaissière, *Gentilshommes campagnards de l'ancienne France*, Paris, 1903). A plus forte raison le paysan est-il à peine mentionné. Les bergers de la poésie ne sont que des fictions élégantes.

(2) Cf. Jean-Baptiste de Cabias, *Les Merveilles des bains d'Aix-en-Savoye*, Lyon, 1623, in-8º; — Coulon. *Le fidèle conducteur pour les voyages de France* etc., Paris, 1654, in-8º, où il décrit surtout la renommée des bains de Bagnères-de-Bigorre, p. 185, et mentionne la vogue et la célébrité des bains minéraux en France, p. 20-21.

(3) Cf. Albert Babeau, *Les Voyageurs en France depuis la Renaissance jusqu'à la Révolution*, Paris, 1885, in-8º.

la France, et, de leur côté, les Français visitaient les pays étrangers. Les artistes français allaient tous étudier en Italie (1).

Pendant les premières années du siècle, les voyages en France devinrent si nombreux que plusieurs guides ou « descriptions » furent publiés. Les premiers, en latin, étaient écrits par des étrangers (2). Ensuite, plusieurs guides, destinés autant à l'usage des Français qu'à celui des étrangers, furent publiés en français (3). Ces guides toutefois s'intéressent plutôt aux monuments historiques, aux mœurs, qu'aux merveilles des diverses régions de la France. Par exemple, Coulon parle très peu des beautés naturelles dans ses deux guides. Alors qu'il décrit assez minutieusement les monuments historiques et les curiosités de Grenoble, il ne dit mot des montagnes superbes qui environnent la ville.

Même dans les récits de voyages proprement dits, plus descriptifs et moins secs, faits pour satisfaire la curiosité du public ou pour son instruction, les détails pittoresques manquent presque toujours. Vincent Le Blanc a visité les Indes et les deux Amériques, voyagé dans tout l'Orient, mais ses mémoires (4) ne font guère mention des aspects de la nature; il insiste surtout sur les singularités des mœurs, sur les faits curieux qu'il a pu apprendre. Un peu plus tard, en 1600, quand le jeune duc de Rohan entreprend un voyage pour s'instruire et pour se distraire, les faits qui l'intéressent sont à peu près les mêmes (5); il décrit les monuments historiques des vieilles villes romaines du Midi de la France, il

---

(1) Pour ne mentionner que quelques-uns, Vouët, Callot, Valentin, Poussin et Claude Lorrain passèrent beaucoup de temps en Italie.

(2) Cf. ALBERT BABEAU, *Les Voyageurs en France depuis la Renaissance jusqu'à la Révolution*, surtout le chapitre v, p. 85-94, où sont décrits plusieurs guides, surtout ceux de JODOCUS SINCERUS (ZINGERLING), *Itinerarium Galliae*, Lyon, 1616, et de GÖLNITZ, *Ulysse belgico-gallicus*, 1631, etc.

(3) COULON, *L'Ulysse François*, Paris, 1643, in-8º; — *Le Fidèle Conducteur*, Paris, 1654, in-8º.

(4) Ces mémoires racontent les voyages faits depuis 1567, mais ne furent publiés qu'en 1658 : *les Voyages fameux du Sieur Vincent Le Blanc, Marseillois*, Troyes, 1658, in-4º.

(5) Cf. *Voyage du duc de Rohan faict en l'an 1600*, Amsterdam, 1646, in-12.

Planche II. — Scène de Chasse, par Israël Silvestre (1621-1691).
(Bibliothèque Nationale, Cabinet des Estampes, Œuvres, in-8° Ed. 45 d, s. n.).

admire un parc de chasse, il fait mention de temps en temps d'une « rivière plaisante » ou de « beaux bois », mais il passe par les Alpes et séjourne dans les villes des montagnes de l'Italie sans y prêter presque aucune attention. A propos de tout ce qu'il voit, toutes sortes de souvenirs historiques remontent à sa mémoire. Le pittoresque ne dit rien à son imagination, mais la situation de Capoue frappe son attention parce qu'elle est « en pays si beau et si fertile qu'il a pris autrefois envie aux Romains d'abandonner leur ville pour aller là faire leur demeure » (1).

Cette tendance à donner la première place à l'homme et à ses œuvres accuse déjà, au commencement du dix-septième siècle, un goût qui se développera de plus en plus, avec le classicisme. Cependant au dix-septième siècle, on s'intéressait à la nature plus fortement que de telles relations ne le laisseraient supposer. Claude Lorrain, paysagiste incomparable, et Pierre Corneille, peintre des grandes âmes, étaient contemporains. De même, à côté des voyageurs que la nature n'attire guère, il y en a d'autres qui semblent éprouver pour elle un goût assez vif.

En 1618, Marc Lescarbot, « advocat en Parlement », publie son *Tableau de la Suisse* (2). Bien qu'il s'intéresse spécialement aux mœurs et à la politique, son attention se porte aussi sur les beautés naturelles de ce pays. Il les trouve remarquables et il fait effort pour les représenter dans ses vers :

> Peintre, ores que je suis sur la haute montagne
> Qui conduit d'un long trait la Gaule en Allemagne,
> Pein moi sur ce Tableau tout ce que de mes yeux
> Je contemple d'ici, et d'un art studieux
> Tire moi le pourtrait de ce grand païsage
> Que le Ciel a donné aux Suisses en partage... (3)

Naturellement, les cours d'eau et les lacs sont cités comme des traits frappants du paysage suisse :

> Pein moi premièrement toutes ces vives eaux,
> Ces rivières, ces lacs, et murmurans ruisseaux

(1) Cf. *Voyage du duc de Rohan*, p. 90.
(2) *Le Tableau de la Suisse et autres alliez de la France ès hautes Allemagnes*, Paris, 1618.
(3) Cf. *Tableau de la Suisse*, p. 1.

> Qui coulent de ces rocs qu'une glace éternelle
> Couvre de son manteau, et d'une course inelle (1),
> Viennent rapidement dans ce fleuve profond
> Qui cotoie là-bas les rives de ce mont
> Pour s'aller joindre au Rhin et lui rendre l'hommage
> Tel qu'il reçoit des eaux de tout ce paysage (2).

Les aspects riants du pays lui semblent les plus attrayants; il les met en contraste avec les aspects plus sévères de la nature:

> Tu peindras de diverses couleurs
> Tant de prés émaillés de cent sortes de fleurs
> Que tu vois çà et là, soit parmi la campagne,
> Soit au val arrousé des eaux d'une montagne,
> N'omettant en ceci d'enrichir ton tableau
> De bois frequens, qui font ce païsage beau.
> Et jaçoit que par tout la vigne ne s'y plaise,
> Que le citron, l'orenge, et l'olive à mal-aise
> Puisse y fructifier, le séjour toutefois
> N'en est désagréable à qui sçait faire choix
> De la beauté des lieux : car il y a des plaines
> Fertiles en moissons et bestes porte-laines,
> Il y a des coteaux et montagnes aussi,
> Mai qu. sont de beaucoup moindres que celles-cy (2).

Il ne sent pas la beauté sublime des Alpes; il frissonne plutôt à la grandeur de ces monts effroyables à voir » (3).

Ce sentiment de frayeur est celui qui est le plus souvent éprouvé par les voyageurs devant des paysages de montagne vraiment sauvages. Jouvin de Rochefort (4) aussi appelle les Alpes d' « affreuses montagnes ». Le goût de la montagne était très rare à cette époque. Par exemple, les environs de la Grande Chartreuse, près de Grenoble, en Dauphiné, inspiraient chez presque tous les gens du dix-septième siècle qu. les visitaient des impressions plutôt désagréables (5). Pourtant, si le site est sauvage, comme il est entouré de forêts de sapins et arrosé par un joli torrent, les aspects les plus rudes de la montagne ne s'y montrent guère. D'ailleurs, dès le dix-septième siècle, le couvent était assez accessible

---

(1) *Innel, isnel, inel*, etc., adj. agile, prompt. (GODEFROY, *Dictionnaire de l'ancienne langue française*, Paris, 1885).

(2) Cf. *Tableau de la Suisse*, p. 2.

(3) Cf. *Tableau de la Suisse*, p. 8, 21-22.

(4) Cf. A. JOUVIN DE ROCHEFORT, *Le Voyageur d'Europe*, Paris, 1672, in-12.

(5) Cf. plus loin, IIe partie, chapitre VI.

aux voyageurs venant de Chambéry ou de Grenoble (1), et bien que les chemins fussent étroits, ils étaient tenus en bon état (2) Néanmoins, tout le monde trouve le lieu « grandement affreux ». La description qu'en donne le Révérend Père Dorlande (3) peut être considérée comme le type de toutes celles qu'on rencontre partout dans les récits de voyages et même dans les poèmes du temps :

« Il y a au Daulphiné, au voisinage de Grenoble, un lieu affreux, froid, montagneux, couvert de neiges, environné de précipices et sapins, appellé d'aucuns Cartuse et d'autres grande Chartreuse, et en ce lieu Bruno désigna sa demeure, et n'ayant là aucunes cellules il demeuroit dans les pertuis des rochers ; vous eussiez veu les Antoines, les Pauls en cet Egypte, mais avec cette différence que ces lieux sont beaucoup plus horribles et espouvantables que ceux d'Egypte ou Palestine, puisque le Soleil n'y peut presque jetter ses rayons, empesché de ces hautes montagnes : ha ! qui pourra jamais conter la pauvreté et nécessité que patissoient ces pauvres gens au milieu de ces neiges et froidures ! » (4).

Des montagnes qui sont en réalité, moins sauvages, ou qui le paraissent moins si elles sont vues à distance, semblent inspirer des sentiments plus favorables. Dans une lettre à Mlle de Rambouillet, Voiture traduit l'admiration générale pour les montagnes de Dauphiné, qu'il a aperçues à dix ou douze lieues, pendant la descente du Rhône, « toutes chargées de neiges » (5). Dans une des lettres citées par Faret (6), M. d'Auby décrit les environs de Grenoble sans enthousiasme,

(1) Cf. *Le Voyageur d'Europe*. t. I, p. 70 : Jouvin de Rochefort dit qu'il n'y a que six heures de chemin à pied de Grenoble à la Grande Chartreuse, mais la montée est dure.
(2) Cf. *Le Voyageur d'Europe*, t. I, p. 59-63 : le chemin est bon, bien que ce soit un « chemin obscur et affreux où on ne voit que Rochers, que Précipices, et que Déserts », car la vallée n'a pas « vingt pas de largeur ».
(3) Cf. Pierre Dorlande, *Chronique ou histoire générale de l'ordre sacré des Chartreux*. Tournay, 1644, in-8º.
(4) Cf. *Chronique des Chartreux*, p. 4.
(5) Cf. Voiture, *Œuvres*, Paris, 1745, in-12. Lettre cxxviii, t. I, p. 276.
(6) Cf. Faret, *Recueil de Lettres nouvelles*, Paris, 1642, in-8º.

mais enfin il trouve que « l'air y est fort doux » et que « la diversité des montagnes et des plaines fait par tout un aspect assez agréable » (1).

Dans les deux cas les montagnes sont suffisamment éloignées pour n'être plus effroyables. Lorsque leurs hauteurs escarpées ne font qu'un contraste pittoresque avec les aspects plus riants de la nature, l'ensemble donne une diversité d'impressions qui ravit.

Jouvin de Rochefort note les multiples spectacles de la nature qu'il contemple et qu'il goûte avec ses deux compagnons de voyage :

« Etions-nous à la campagne, le Chevalier demandoit les belles prairies, ou quelque rivière pour en avoir la veuë et la suivre ; l'Abbé ne souhaitoit que les collines couvertes de vignes et d'arbres fruictiers, et bien souvent quelques plaines ; et moi je voulois toûjours ou les montagnes dans lesquelles par un changement continuel, on voit de la nouveauté, ou le bord de la mer qui, en la voyant, a de quoi contenter les plus mélancholiques. » (2)

Le goût du chevalier poitevin et de l'abbé pour la nature représente très bien le sentiment commun de l'époque. Quant à Jouvin de Rochefort, voyageur accompli et esprit original, on voit qu'il éprouve pour les beautés de la mer (3) et des montagnes une sympathie bien rare en ce temps. Ce sont les agréments si variés de la montagne qu'il goûte le plus (4).

(1) Cf. FARET, *Recueil de Lettres nouvelles*, II° Partie, p. 88.
(2) Cf. *Le Voyageur d'Europe*, t. I, p. 150.
(3) Il est d'ailleurs à peu près le seul voyageur qui semble prendre plaisir à regarder la mer. Mlle de Montpensier, dans une lettre de Saint Jean de Luz, où elle loue les charmes de la nature, mentionne à peine la mer : « L'on rêve bien doucement lorsqu'on se promène sur le bord de la mer ». (Lettre à Mme de Motteville, 14 mai 1660). Cf. *Mémoires*, Amsterdam, 1729, in-8°, t. VII, p. 3.
(4) Cf. *Le Voyageur d'Europe*, t. I, p. 59 : Le chemin est « d'autant plus agréable, encor qu'il soit rempli de Montagnes, qu'on y voit les Prairies, les Estangs, les belles Vallées, les grands Lacs, les Chasteaux, les Fontaines, et les Ruisseaux, qui font qu'on ne peut s'ennuyer en le faisant ». Voir p. 113 : « C'est de ce haut qu'on voit assez loin. On découvre la mer du costé de la Ciotat, éloignée seulement de deux lieuës. D'un autre costé, les montagnes sur montagnes, les rochers, les villes, les bourgades, et les campagnes qui récréent merveilleusement la veuë. »

De même, l'admiration de Coulon pour les montagnes de la Savoie tient à la variété qu'elles apportent au paysage. Il remarque à propos de cette province :

« Les grandes montagnes qu'elle contient en son enceinte font que les voyageurs y descouvrent tousjours quelque chose de nouveau, car tantost ils s'apperçoivent que les passages s'eslargissent, et tantost que les montagnes se retressissent; que maintenant elles se haussent, puis elles se baissent, elles s'avancent ici et là elles se retirent, tantost elles vous renferment dans un vallon, ce qui a fait dire que cette Province fait comme la gamme des Musiciens, et que les chemins sont distribués comme leurs tons. » (1)

D'ailleurs, il faut avouer que ni les montagnes voisines de la Sainte-Baume, ni celles du Languedoc si admirées par Jouvin de Rochefort (2), ni celles de la Savoie que célèbre Coulon n'ont la grandeur sauvage de celles du Dauphiné. Surtout, dans les environs de Chambéry, auxquels Coulon fait plus particulièrement allusion, les montagnes sont plus gracieuses, moins escarpées et presque toutes couvertes de verdure. Ce n'est donc pas l'aspect grandiose et la hauteur magnifique des montagnes qui charmaient les gens du dix-septième siècle.

Mme de Mottteville, avec l'originalité et la sincérité de sentiment qui sont toujours si charmantes chez elle, décrit les Pyrénées qu'elle visitait au printemps de 1660 au cours d'un voyage à Bayonne. Elle s'arrête à Bénac, maison du duc de Navailles, près de Lourdes, d'où elle fait des excursions dans les environs.

Voici d'abord Bénac qui se trouve à « l'entrée des Pirénées » (3) :

« Bénac est situé sur une élévation à l'entrée des petites Montagnes, qui plus avant se forment de très grandes. Il n'est pas loin de la Plaine de Bigorre, et il est à la vue des Pirénées, dont on voit les cimes couvertes de neige par les Fenêtres du Château. » (4)

Ce paysage admirable qui entoure le château a l'avantage de mêler les charmes de la montagne à ceux des plaines

---

(1) Cf. Coulon, *L'Ulysse françois*, p. 237.
(2) Cf. *Le Voyageur d'Europe*, p. 113 et p. 150.
(3) Cf. Mme de Motteville, *Mémoires pour servir à l'histoire d'Anne d'Autriche*, Amsterdam, 1723, in-8º, t. V, p. 61.
(4) Cf. Mme de Motteville, *Mémoires*, t. V, p. 65.

fertiles. « Il n'est pas, dit-elle, tout-à-fait privé des avantages du pays plat; car le Bénageois contigu à la Bigorre est une assez agréable vallée. » (1)

Pour Mme de Motteville aussi les hautes montagnes ont un aspect impressionnant, qui n'est pas précisément agréable. Elle les juge d'abord « affreuses ». Elle finit cependant par en sentir la beauté, par apprécier une variété de vues qui lui paraît fort charmante :

« Je m'étois toujours imaginé que les Pirénées étoient des Montagnes désertes et incultes, où nulle beauté ne se pouvoit rencontrer, que celle qu'une affreuse solitude, jointe à une prodigieuse hauteur, pouvoit leur donner; mais je fus étonnée de voir l'agréable et l'horrible y faire un mélange admirable de toutes les différentes beautés de la Nature. Il se forme d'espace en espace, dans ces hautes et monstrueuses Montagnes, de très belles Vallées. Si elles n'ont pas une assez vaste étendue pour donner aux yeux le plaisir d'une vue lointaine, elles ont du moins cet avantage, que la vue en est bornée par mille objets différens, qui sont agréables à voir. » (2)

Mme de Motteville remarque surtout la fertilité des vallons où le blé et les vignes sont cultivés en abondance, où les prés sont remplis de bestiaux en train de paître. Le contraste d'une haute montagne couverte de neige, « ayant des Nuées qui se forment à la moitié » de la pente, et des collines cultivées excite son admiration. Ce sont les montagnes incultes, cependant, celles « qui pour tout ornement n'ont que des Rochers affreux » qui frappent le plus son imagination. Ces rochers, « par une certaine horreur qu'ils inspirent dans l'esprit », lui font admirer « la Puissance de celui qui est le Créateur de toutes choses ».

Mme de Motteville aime à voir ces torrents qui sont un trait caractéristique des Pyrénées et elle trouve « admirables » les cascades qu'ils forment, dont « le bruit est agréable et tout ensemble étonnant » (3).

Elle écrit avec une sorte d'étonnement naïf qu'à Bossein le Pic du Midi n'est pas plus loin des fenêtres du château que le Pont-Neuf ne l'est du Louvre. Mais ce qu'elle semble

(1) Cf. Mme DE MOTTEVILLE, *Mémoires*, t. V, p. 66.
(2) Cf. Mme DE MOTTEVILLE, *Mémoires*, t. V, p. 66.
(3) Cf. Mme DE MOTTEVILLE, *Mémoires*, t. V, p. 67.

prendre le plus de plaisir à décrire, c'est la belle plaine, arrosée par le Gave qui s'étend au pied du château. Ses bourgs, ses abbayes et ses églises, ses prés et ses vergers l'intéressent (1).

En définitive, elle semble vraiment préférer les beautés tranquilles des vallons à la grandeur imposante et superbe des montagnes. Elle a su les apprécier, cependant, au moins en partie. Elle frissonnait à voir leur hauteur, leurs flancs escarpés et incultes, leurs torrents et leurs rochers, mais c'était un frisson de plaisir aussi bien que d'effroi. Mais, évidemment, quand les montagnes font naître des émotions de cette espèce, l'amour qu'elles inspirent n'est peut-être pas aussi profond qu'il pourrait être. Une fois sa curiosité satisfaite, Mme de Motteville, elle aussi, éprouvait du plaisir à se retrouver au fond des vallées. C'était surtout les plaines qui plaisaient au dix-septième siècle.

La Fontaine voyage et voit dans la gorge de Thréson un lieu à le faire frémir (2). Il trouve la Beauce ennuyeuse, mais il aime le calme du soleil couchant à Orléans (3).

Très souvent les impressions de cette espèce comptent parmi les plus vives. Après l'intérêt, prédominant, bien entendu, qui se porte sur les monuments et sur les souvenirs historiques, se place pour les voyageurs le plaisir de trouver un climat doux et de goûter les beautés naturelles du pays.

C'est ainsi que Voiture décrit à Mlle de Rambouillet son voyage sur le Rhône de Vienne jusqu'à Avignon. Ce n'est que le commencement du printemps, mais les voyageurs jouissent d'une belle journée telle « que l'on n'en voit jamais à Paris, que dans le plus beau tems de l'Eté ». Les montagnes du

---

(1) Cf. Mme de Motteville, *Mémoires*, t. V, p. 69.
(2) Cf. *Œuvres complètes*, Paris, 1817, in-8º, t. I, p. 428-432, lettre à Mme de La Fontaine :.
C'est un passage dangereux,
Un lieu pour les voleurs d'embuche et de retraite ;
A gauche un bois, une montagne à droite,
Entre les deux
Un chemin creux...
(3) Cf. *Œuvres complètes* t. I, p. 431 :
« ... Le soleil... soit qu'il dut se coucher au sein de quelque rivière charmante comme la Loire, ... s'étoit tellement paré que M. de Chateauneuf et moi nous l'allâmes regarder de dessus le pont. »

Dauphiné à gauche et, plus près, les collines couvertes de vignes et leurs vallons pleins d'arbres fleuris présentent un spectacle agréable et changeant. A Avignon ils se trouvent en plein printemps; les violettes sont partout (1).

De même, en Espagne, ce sont les douceurs du climat et du paysage que Voiture goûte surtout. Il écrit à M. de Chaudebonne que l'Andalousie l'a réconcilié avec tout le reste de l'Espagne. Il explique facilement sa préférence : « Vous ne trouverez pas étrange que je louë un païs où il ne fait jamais froid, et où naissent les cannes à sucre. » (2) D'ailleurs, les fruits y abondent et on voit « tout d'une veuë les montagnes chargées de neiges, et les campagnes couvertes de fruits ». Il ne dit pas un mot des plateaux arides et pittoresques du reste de l'Espagne (3).

Balzac, à Rome, prend plaisir à des beautés naturelles du même ordre. Il aime dans ce « pays de belles choses » (4), les « Hivers tièdes et fleuris » (5), et les fleurs et les fruits au point de le préférer à Paris (6).

Ceux aussi qui ne voyagent pas, mais qui restent chez eux, à Paris ou à la campagne, ont exactement les mêmes préférences. M. d'Auvray, à la campagne, décrit à ses amis de la Cour les beautés du printemps, qui le consolent parfaitement d'être si loin de la ville. Il énumère les délices de la saison : chant des oiseaux, abondance des fleurs, murmure des eaux, fraîcheur des zéphirs (7).

De même, quand Mademoiselle « se lasse de se pro-

(1) Cf. VOITURE, *Œuvres*, Paris, Jacques Clousier, 1745, in-8º, t. I, lettre cxxviii, (Avignon, Lundi-Gras, 1642), p. 276.

(2) Cf. VOITURE, *Œuvres*, lettre xxxix, t. I, **p. 91**. Cette réflexion de Voiture ne surprend pas, car on sait qu'il était très frileux et qu'il adorait les sucreries.

(3) Cf. VOITURE, *Œuvres*, description d'un paysage idéal de l'Espagne, *Histoire d'Alcidalis et de Zélide*, t. II, p. 195-196.

(4) Cf. BALZAC, *Œuvres*, Paris, 1665, in-fº, t. I, l. ii, lettre xxiii (à M. d'Ambleville), p. 99.

(5) Cf. BALZAC, *Œuvres*, t. I, l. ii, lettre iii (à M. le Cardinal de la Valette), p. 35.

(6) Cf. BALZAC, *Œuvres*, t. I, l. iv, lettre xxviii, (à M. Bourbon, professeur du Roy aux lettres grecques), p. **139**.

(7) Cf. FARET, *Recueil de Lettres nouvelles*, Paris 1642, in-8º, IIe Partie, lettre de M. d'Auvray, p. 319-321.

mener en carrosse et descend et vient à pied » par les champs, elle choisit un vallon pourvu de tous les charmes habituels. Une rivière « claire et pure » arrose ces lieux, et les prés « ont des fleurs en tout temps » (1).

M. de Verderonne, dans son portrait, avoue très nettement ce qu'il aime le mieux dans la nature à chaque saison :

Au Printemps j'aime les Prairies,
L'émail des campagnes fleuries,
Le bruit des murmurans ruisseaux,
Et le gazoüillis des Oiseaux.
L'Esté je chéris les ombrages,
A voir des Bois les verts feüillages,
Le Zephire les caresser,
Et la Nature nous tracer
Sur le cristal net et mobile
De quelque onde pure et tranquille,
La rare beauté de ces lieux,
Et l'azur qui pare les Cieux.
J'aime à voir au temps de l'Automne
Les fruits dont la Terre foisonne,
Poires, Pesches, Figues, et Raisins,
Soit chez moi, soit chez mes voisins.
Pui quand l'Hiver à barbe grise,
Accompagné du vent de bize,
Renferme dans un froid tombeau
Ce que la Terre avoit de beau,
Je cherche une maison commode... (2)

Aucun grand seigneur ni aucun écrivain ne s'est exprimé aussi clairement que M. de Verderonne; mais, à en juger par les diverses descriptions écrites à cette époque, ses vers représentent assez fidèlement le goût ordinaire des contemporains. Ils goûtent tous les aspects les plus aimables. Voilà le caractère général du sentiment de la nature au dix-septième siècle. Cependant, les sentiments éprouvés, avec des nuances individuelles très diverses, au spectacle des choses, même de leurs aspects les plus conventionnels, fournissent une étude d'un grand intérêt. Quiconque a laissé une description des beautés naturelles n'a pu qu'y laisser paraître un peu de son sentiment per-

---

(1) Cf. SEGRAIS, *Les Nouvelles françoises ou les Divertissements de la Princesse Aurélie*, Paris, 1656, in-8º, t. I, p. 20-21.

(2) Cf. *Recüeil des Portraits et Eloges dédié à Mademoiselle*, Paris, 1659, in-8º, t. I, p. 306-307.

sonnel et un peu de l'esprit de son temps. Princesses, dames de cour, hommes de lettres, ils comprennent tous la nature à leur façon. Chacun d'eux se place à un point de vue nouveau, même quand ils essaient d'en rendre à peu près les mêmes agréments, communément goûtés par leur génération.

Mlle de Montpensier prend plaisir à rêver d'une vie à la campagne et décrit minutieusement tout ce qu'elle aimerait y trouver. En grande princesse, habituée au luxe et aux cérémonies de la cour, ce n'est pas précisément la simplicité qu'elle y chercherait. Mais, malgré tout, l'idéal qu'elle se forme d'une habitation au milieu des champs est très intéressant. Elle écrit à Mme de Motteville :

« Il seroit bon de concerter tous ensemble du lieu, de l'habitation, et délibérer si l'on choisiroit les bords de la Loire ou ceux de la Seine. Quelques-uns auroient mieux aimé les bords de la mer. Pour moi, qui n'aime pas naturellement l'eau, j'aimerois mieux la vue de la mer et des rivières un peu en éloignement, et que ma maison fût située dans le voisinage d'un grand bois, et que l'on y arrivât par de grandes routes où le soleil se feroit voir à peine en plein midi. Je la batirois de la plus agréable manière que je pourrois l'imaginer... Je voudrois que cette maison fût environnée de jardins, et que le territoire en fût propre à produire les plus excellens fruits. Je prendrois un grand plaisir à faire planter et voir croître tous les arbres différens. S'il y avoit de quoi faire des fontaines, je n'en serois pas fâchée, mais j'aimerois mieux la vue que l'eau. Pour mieux dire, chacun feroit bâtir sa maison à sa fantaisie, les uns dans le fond d'un bois, les autres au bord de la rivière. La situation que je choisis pour moi laisse de quoi choisir aux autres, parce qu'au bas de la côte où je m'imagine cette belle forêt, et d'où l'on pourrait se faire une belle vue, je prétends qu'il y auroit de grandes prairies, et qu'elles seroient coupées de ruisseaux d'une eau claire et vive, qui, en serpentant sur l'herbe, iroient gagner la rivière. » (1)

Mme de Motteville reste d'accord avec sa royale amie sur les traits généraux du paysage, mais, pour son habitation, elle préférerait à un lieu élevé pour la vue, l'obscurité d'un bois. Elle désirerait aussi qu'un ruisseau s'y trouvât qui serpenterait dans une prairie près de sa demeure (2).

(1) Cf. MLLE DE MONTPENSIER, *Mémoires*, lettre à Mme de Motteville, t. VII, p. 3.
(2) Cf. MLLE DE MONTPENSIER, *Mémoires*, t. VII, p. 12.

Les gens de la Cour se plaisaient ainsi à rêver une vie pastorale idéale pourvue de tous les agréments estimés à l'époque. Mais ils vivaient très rarement dans un milieu vraiment champêtre. Balzac, lui, a des goûts plus simples, et passe une grande partie de sa vie à la campagne, dans ses terres, près d'Angoulême. Il est curieux de trouver chez cet écrivain, si souvent pompeux, de nombreuses descriptions charmantes des plaisirs simples de son existence à la campagne. Il aime surtout à se promener par les champs le long de la Charente. Les oiseaux et les fleurs le charment et il prend un vif plaisir à décrire, pour ses amis de Paris, les joies qu'il goûte à chaque pas. Lui aussi c'est toujours la nature souriante qu'il préfère; mais ses descriptions ont une fraîcheur et une vérité admirables.

Balzac s'amuse de temps en temps à décrire son existence de tous les jours, en opposant ses joies simples à la vie mondaine de Paris. Ses comparaisons semblent parfois un peu exagérées et prétentieuses. Cependant un sentiment sincère le pousse à ces longues promenades où son attention, s'écartant volontiers de son livre, se complaît à écouter le rossignol. Balzac n'y oublie pas son style grave et un peu pompeux, mais ses sentiments sont simples et vrais en dépit de la forme cherchée et spirituelle qu'il croit devoir leur donner parfois. Il écrit une longue lettre descriptive à **Mme Desloges** :

Pour les nouvelles du grand Monde que vous m'avez fait sçavoir, en voici de nostre village. Jamais les bleds ne furent plus verds, ni les arbres mieux fleuris. Le Soleil n'agit pas de toute sa force... Sa chaleur est douce et innocente, supportable aux testes les plus malades. La fraischeur et les rosées de la nuict viennent en suite, et resjouissent ce qui languiroit sur la Terre sans leur secours; mais ayant plutost abbatu la poussière que fait de la bouë, il faut advoüer qu'elles ne contribuent pas peu aux belles matinées dont nous jouissons. Je n'en perds pas le moindre moment, et les commençant justement à quatre heures et demie, je les fais durer jusques à midi. Durant ce temps-là, je me promène sans me lasser, et en des lieux où je puis m'asseoir quand je suis las. Je lis des Livres qui n'obligent point à méditer, et je n'apporte à ma lecture qu'une médiocre attention. Car en mesme temps, je ne laisse pas de donner audience à un nombre infini de Rossignols, dont tous nos buissons sont animez. Je juge de leur mérite, comme vous faites de celui des Poëtes au lieu où vous estes. Et en effet, si vous ne le sçavez pas, je vous apprens qu'il y a autant de différence de Rossignol à Rossignol que de Poëte à Poëte. Il y en a de la première et de la dernière classe. » (1)

Le plaisir que Balzac éprouve à se promener aux champs s'exprime dans plusieurs letttres. Toujours il en parle avec sincérité. Il prend plaisir à décrire chaque détail agréable. La situation même de ses terres le contente parfaitement. Il lui semble qu'y reste un peu de la félicité de l'âge d'or : « Nous sommes ici en un petit rond, tout couronné de montagnes, où il reste encore quelques grains de cet or dont les premiers siècles ont été faits. » (2)

Ce pays, d'après lui, ne connaît ni les animaux nuisibles ni les troubles des autres pays. Le printemps n'y apporte que des violettes et des roses. Les melons et les fraises y abondent. Les arbres sont toujours verts et à toute saison les « tourtres » et les faisans fréquentent les bosquets. Enfin, c'est un paradis où Balzac aime à se promener pour en distinguer les diverses beautés. Les fleurs et les eaux lui sont surtout agréables. Il estime le printemps pour ses fleurs : « Pour moi, écrit-il, qui fais mes moissons quand on cueille les roses et les œillets, et qui ne juge de la bonté de l'année que par l'abondance de ces belles fleurs, voici la saison que je demande, et j'ai en un même sujet de quoi mespriser les parfums de la ruë Sainct-Honoré, et les peintures de la foire St-Germain. » (3)

Il regarde ses champs se parer de couleurs vives : «...J'entre en une prairie, où je marche sur les tulipes et les anémones que j'ai faict mesler avec les autres fleurs, pour me confirmer en l'opinion que j'ai apportée de mes voyages que les Françoises ne sont si belles que les estrangères » (4).

(1) Cf. BALZAC, Œuvres, t. I, l. XIX, lettre XXVI, p. 777-778.
(2) Cf. BALZAC, Œuvres, t. I, l. I, lettre XV, à M. de la Motte-Aigron, p. 24.
(3) Cf. BALZAC, Œuvres, t. I, l. VII, lettre XXVI, à Mme Desloges, p. 296.
(4) Cf. BALZAC, Œuvres, t. I, l. I, lettre XV, à M. de la Motte-Aigron, p. 24. Cf. l. I, lettre XIV, à l'évèque d'Ayre, p. 23 : «... les premières fleurs nous auront amené les beaux jours... » ; l. III, lettre XXII, à Mme Desloges, p. 293 : « Quand le retour d'Avril ramenera les fleurs et les beaux jours... » ; l. VII, lettre XIX, à Mme Desloges, p. 288 : « Je perds dans la chambre les beaux jours qui luisent dans le jardin. Toutes les richesses de la campagne se cueillent sans moi. »

L'eau aussi ajoute ses charmes à « ceste agréable solitude ». La Charente serpente dans les prairies et « faict une infinité d'isles et de destours ». Enfin elle forme un canal fréquenté par les cygnes, « au bord duquel, écrit Balzac, je suis tousjours heureux, soit que je sois joyeux, soit que je sois triste » (1).

Balzac éprouve pour la campagne un amour plus constant que la plupart de ses contemporains. Il ne semble jamais se lasser de sa beauté. Très rarement il exprime un sentiment de regret pour les plaisirs de la cour, et alors il ne le fait peut-être que par politesse (2). Les autres écrivains du temps, bien qu'ils goûtent tout d'abord les charmes de la nature, s'en fatiguent plus vite.

M. d'Auvray, qui a décrit avec tant d'enthousiasme les beautés du printemps à la campagne, écrit un peu plus tard : «...Je commence fort à me lasser de la vie champestre et je me fasche que les oiseaux et les fontaines n'ont à me dire qu'une mesme chose. » (3) La plupart de ses contemporains sont d'accord pour dire qu'à Paris on « fait de plus belles moissons qu'aux champs ».

Très peu cependant se montrent aussi insensibles que Descartes qui à tous les charmes de la campagne préfère délibérément le confort et les plaisirs de la ville (4). Ils aiment à aller parfois à la campagne pour s'y promener et y

(1) Cf. BALZAC, *Œuvres*, t. I, l. I, lettre XV, à M. de la Motte-Aigron, p. 24.
(2) Cf. BALZAC, *Œuvres*, t. I, l. I, lettre XIV, à l'évêque d'Ayre, p. 23 : « Vostre compagnie... dans laquelle je trouve le Louvre et toute la cour », et l. VII, lettre XXVI, à Mme Desloges p. 296 : « ... Je ne veux pas songer à ce qui me manque » à la campagne.
(3) Cf. FARET, *Recueil de Lettres nouvelles*, IIe Partie, lettre XXVII, p. 385.
(4) Cf. RENÉ DESCARTES, *Œuvres*, éd. Charles Adam et Paul Tannery, Paris, 1897, lettre à Balzac, t. I, p. 202 :
« Quelque accomplie que puisse être une maison des champs, il y manque toujours une infinité de commodités, qui ne se trouvent que dans les villes ; et la solitude même qu'on y espère ne s'y rencontre jamais toute parfaite. Je veux bien que vous y trouviez un canal qui fasse rêver les plus grands parleurs, une vallée si solitaire qu'elle puisse leur inspirer du transport et de la joie ; mais malaisement se peut-il faire que vous n'ayez aussi quantité de petits voisins qui vous vont quelquefois importuner... Je me vais promener tous les jours parmi la confusion d'un grand peuple, avec autant de liberté et de repos que vous sçaurez faire dans vos allées ; et je n'y considère pas autrement les hommes que j'y vois, que je ferois des arbres qui se rencontrent en vos forêts, ou les animaux qui y paraissent ; le bruit même de leur tracas n'interrompt pas plus mes rêveries que feroit celui de quelque ruisseau... »

goûter des agréments dont ils sont privés dans leur vie ordinaire. Les Parisiens aiment à prendre le frais les soirs d'été à Vincennes (1). Le roi et la Cour sont contents de passer quelques jours ensemble à Fontainebleau pour y jouir à la fois des plaisirs de la chasse et de ceux de la campagne (2).

Le goût de la nature se borne parfois à l'admiration d'un beau jardin ; sous cette forme au moins il existe chez presque tout le monde. Les fleurs, les allées, les beaux parterres, les bosquets, les fontaines et les étangs sont universellement appréciés. Mlle de Montpensier loue les jardins de Chenonceaux, où « il ne manque que ce que l'on n'y veut pas faire » (3). Voiture décrit le parterre, le bois et la fontaine du jardin magnifique où « Madame la Princesse » prend plaisir à rêver « en attendant l'heure du souper » (4). Même Balzac,

(1) Cf. Coulon, *L'Ulysse françois*, p. 253 : Le bois de Vincennes « c'est le cours de Paris, où tous les soirs d'Esté vous voyez le beau peuple, qui va prendre le frais dans ces allées. Si les forests estoient tousjours aussi charmantes, ou si les animaux des déserts estoient aussi agréables aux yeux que sont ceux des bois de Vincennes aux plus beaux jours de l'année, j'ose asseurer que la plus part des Courtisans se feroient Hermites, et que les déserts de la Palestine, et de la Thébaïde n'auroient jamais esté si peuplés de solitaires, que les forests et les déserts de France ».

(2) Cf. Coulon, *L'Ulysse françois*, p. 229 :
« Fontainebleau est ainsi nommée à cause des eaux claires et vives qui y coulent de tous costez... C'est un bourg assis au milieu des bois et des rochers, dans un lieu sablonneux... Le Chasteau a été lieu de plaisance de tous les Roys ; Saint-Louis le nommait son désert, et sa solitude. »

Voir aussi Jouvin de Rochefort, *Le Voyageur d'Europe*, p. 7 :
« Fontainebleau est un Bourg renommé pour son grand Chasteau Royal, situé dans un lieu où l'on ne voit que Bois, que Rochers, que Déserts ; qui ne laisse pas néantmoins d'estre un séjour des plus charmans, et des plus agréables à ceux qui aiment la solitude ; ce qui fit que Louis XIII nomma son Désert et son Hermitage, où il se plaisait plus qu'en aucun lieu de France. »

(3) Cf. Mlle de Montpensier, *Mémoires*, t. I, p. 24 :
« ... Les eaux, les bois et toute la disposition naturelle qu'on peut souhaiter s'y trouvent le plus heureusement qu'il est possible. »

(4) Cf. Voiture, *Œuvres*, t. I, lettre x, à M. le Cardinal de la Valette, p. 21 :
« Le soleil se couchoit dans une nuée d'or et d'azur, et ne donnoit de ses rayons qu'autant qu'il en faut pour faire une lumière douce et agréable ; l'air estoit sans vent et sans chaleur, et il sembloit que la terre et le ciel, à l'envi de Madame du Vigean, vouloient festoyer la plus belle Princesse du monde. Après avoir passé un grand parterre, et de grands jardins tous pleins d'Orangers, elle arriva en un bois, où il y avoit plus de cent ans que le jour n'étoit entré qu'à cette heure-là qu'il y entra avec elle. Au bout d'une allée grande à perte de vue, nous trouvâmes une fontaine qui jettoit toute seule plus d'eau que toutes celles de Tivoli. »

qui aime si profondément les charmes simples de ses champs et de ses prés, imagine avec le plus vif plaisir les embellissements qu'il aimerait à apporter dans le jardin d'une amie, qui lui a demandé sa collaboration (1).

Les gens de la Cour et les hommes de lettres ne voient pas évidemment dans les jardins la perfection de l'œuvre divine comme le font les jardiniers, hommes simples et pieux, qui passent leur vie à étudier et à perfectionner la beauté naturelle d'après le goût du jour (2). En gens mondains et cultivés ils s'intéressent plutôt aux aspects artistiques et décoratifs des jardins; pour eux ce sont surtout des « lieux de plaisance ». Mais ils les aiment bien, à en juger par leurs propres paroles et par le nombre infini de jardins qui se projetaient à cette époque. Le jardin a l'avantage de mélanger agréablement les charmes de la nature et les commodités de la ville. C'est ce qui explique, sans doute, la faveur générale dont il jouit.

Ainsi, au dix-septième siècle, il se rencontrait dans la société mondaine peu d'esprits assez sensibles à la nature pour en goûter plus que les aspects les plus conventionnels et les

---

(1) Cf. BALZAC, *Œuvres*, t. I, l. VII lettre XXII, à Mme Desloges, p. 293 :

« Car quand le retour d'Avril ramenera les fleurs et les beaux jours, et vous conviera à la promenade, il faudra chercher de nouveaux plaisirs, et changer de divertissemens. Nous couvrirons de Cygnes et d'autres oiseaux étrangers cette eau, tout ensemble vive et paisible, qui lave le pied de vos murailles. Nous planterons des arbres, et dresserons les allées de vostre jardin. Nous produirons des fontaines de tous costez et découvrirons des trésors qui se perdent sous la terre, et que je n'estime pas moins que des veines d'argent, parce que j'en juge sans avarice. »

(2) Cf. CLAUDE MOLLET, *Le théâtre des Plans et Jardinages*, Paris, 1652, in-f°, p. 184. Il parle de la culture des fleurs :

« Si le Jardinier veut considérer le tout, il trouvera que DIEU lui a donné le moyen de faire choses esmerveillables, ce qui lui doit esmouvoir le courage, lequel doit repousser toutes les laschetez qui lui empeschent d'élever et édifier de toutes les sortes de fleurs contenuës en ce traité. »

Et JACQUES BOYCEAU, *Traité du Jardinage*, 1638, in-f°, ch. I, p. 3, commence son étude en écrivant :

« Parlerons-nous de ces œuvres de Dieu merveilleuses sans admirer sa grandeur ? Posséderons-nous son heritage sans lui rendre hommage ? Penserons-nous à elles sans craindre et révérer sa puissance ? Et nous réjouirons-nous les voyant, sans chanter les loüanges de sa gloire et de sa bonté, qui les a faictes pour nous ? ».

plus aimables. Les voyageurs s'y intéressent assez rarement. Mme de Motteville montre une vraie originalité quand elle découvre la beauté des Pyrénées. Mais même Mme de Motteville trouve les vallons fertiles plus intéressants que les rochers noirs et fantastiques et que les sommets couverts de neige. Dans le grand monde du temps, c'est la règle d'aimer et d'admirer les beautés traditionnelles et souriantes de la terre. Les quelques exceptions qu'on rencontre ne servent qu'à faire ressortir la vérité de cette constatation générale. Cependant, il serait injuste de supposer qu'un sentiment sincère y manque absolument. Au contraire, les gens de 1600 à 1660 goûtent très profondément certains aspects de la nature. Des champs fleuris, des ruisseaux clairs et vifs, des oiseaux qui chantent gaiement, la rose et l'or du ciel du couchant, sont capables de les émouvoir et d'exciter leur admiration. Et surtout ils aiment la nature dans les jardins où elle apparaît sous les aspects les plus conformes à leur goût.

CHAPITRE II

LES JARDINS

La persistance des formes primitives du jardin, déjà modifiées par l'influence italienne. Le jardin français à la fin du seizième siècle. Les modifications : de Claude Mollet, le parterre en broderies; d'André Mollet, les lignes d'ensemble et les écoinçons; de Jacques Boyceau, les ornements et surtout les fontaines. Le jardin français avant Le Nôtre. Le jardin et l'esprit du siècle.

Au dix-septième siècle, le goût pour la nature trouvait son expression concrète dans les jardins. C'est un fait admis par tous que l'art du jardin atteignit son apogée dans la deuxième moitié du dix-septième siècle, sous la direction d'André Le Nôtre. Mais la période qui va du commencement du siècle à l'avènement de Le Nôtre, vers 1660, est moins bien connue : elle est pourtant plus intéressante peut-être, parce qu'elle marque le début du jardin français proprement dit.

C'est une époque de transition et de préparation des plus importantes, car quelques-uns des caractères qui se manifestent alors dans l'art du jardin se font jour aussi dans d'autres domaines. L'art du jardin, éminemment social, reflète, plus qu'on ne le pense généralement, les habitudes et les goûts d'un moment et d'une nation. Ainsi les jardins du dix-septième siècle témoignent d'un goût de l'ordre de plus en plus développé, qui se manifeste également sur bien d'autres points.

Tout le progrès dans l'art du jardin, depuis les jardins à demi italianisés de la Renaissance jusqu'aux compositions de Le Nôtre, est réalisé par trois hommes : Claude Mollet, son fils André, et Jacques Boyceau de la Barauderie. Ce sont là les devanciers et les précurseurs immédiats du grand maître. Ce sont eux qui introduisirent dans le jardin de la Renaissance toutes les modifications qui, perfectionnées plus tard par le génie de Le Nôtre, établirent les principes essentiels du jardin français classique.

A la fin du seizième siècle, les jardins en France jouissaient d'une grande faveur auprès des princes comme auprès des grands seigneurs; ils avaient même atteint dès cette époque un beau développement. Cependant, de leurs ancêtres directs, les « préaux » du moyen âge, ils conservaient encore plusieurs traits originaux, quelque peu modifiés peut-être, mais toujours reconnaissables. Ainsi on faisait encore des parterres carrés; le jardin primitif français était caractérisé par sa pelouse carrée ou rectangulaire et par de simples « carreaux » (1). Des pavillons de treillage, des tonnelles de verdure et des fontaines d'un dessin très simple, décors habituels des jardins anciens, continuaient à être des ornements favoris au début du dix-septième siècle. Les « carreaux » étaient encore parfois délimités par des palissades basses ou balustrades en bois, bien que celles-ci fussent déjà moins employées à cette époque. Le petit nombre de fleurs alors connues et la difficulté d'ordonner les espèces afin d'entretenir des « carreaux » toujours en fleurs avaient amené les jardiniers à employer beaucoup de gazon et des plantes basses à feuilles vertes de plusieurs tons différents. pour faire de simples dessins. Les fleurs étaient, le plus généralement, plantées espèce par espèce dans des carrés spéciaux, leurs couleurs y assurant une ornementation suffisante en dehors de tout autre artifice d'arrangement. Des arbres rares, tels que des orangers en caisses, constituaient toujours une décoration appréciée. Parfois aussi, on avait des fleurs rares en pots. Afin de bien faire ressortir les « carreaux », les sentiers étaient sablés; mais ils restaient relativement étroits. Le résultat en était une belle régularité, mais une régularité un peu rigide.

A ces traits fondamentaux et véritablement français s'en ajoutèrent d'autres, d'importation étrangère, au temps de la Renaissance, à la suite des guerres de Charles VIII en Italie et d'une véritable invasion de jardiniers italiens en France. A cette époque, la pelouse du moyen âge se transforma en

---

(1) « *Carreau de parterre* est un espace quarré ou figure avec une bordure de bouis nain, et rempli de fleurs ou de gazon dans le compartiment d'un parterre de pièces coupées.» (Thomas Corneille, *Dictionnaire des Arts et des Sciences*, Paris, 1694.)

parterres, ou petits compartiments, encore carrés, où les fleurs et les plantes à feuilles décoratives remplacèrent en grande partie le gazon. Ces parterres étaient séparés par des allées sablées qui commençaient à devenir plus larges. Ils étaient nombreux, et ils restèrent le trait essentiel en matière d'ornementation des jardins pendant tout le dix-septième siècle. Sous l'influence italienne, on donna à l'embellissement floral une importance capitale, on fit un premier essai pour réaliser l'accord harmonieux de la demeure et du jardin, on ajouta des ornements architecturaux, tels que promenoirs, petits pavillons et enfin on introduisit des sujets d'ornementation empruntés à l'antiquité, tels que statues en marbre ou en bronze, et fontaines richement décorées. De l'Italie vint aussi l'habitude d'orner de dessins plus ou moins artistement travaillés les parterres jusqu'alors si simples. Toutes ces innovations avaient été vite adoptées par les maîtres jardiniers français, et bien avant la fin du seizième siècle ils les avaient incorporées à leurs propres méthodes, afin de donner à leurs jardins un caractère tout à fait particulier et même national, en dépit de ces origines largement italiennes.

Ces traits généraux, de provenance antique ou italienne, étant donnés, le jardin type du commencement du dix-septième siècle a dû être disposé à peu près comme il suit.

L'espace carré ou rectangulaire du jardin, le parterre, était divisé en petits carrés appelés « parquets ». Leur ensemble formait une figure en forme de damier, dont tous les carrés étaient séparés les uns des autres par des allées sablées. On a comparé, et avec raison, cet assemblage à la juxtaposition régulière d'une série de carrés dans les broderies de « Venise ».

Chaque « parquet » avait un dessin différent. Quelquefois une large plate-bande encadrait la partie centrale du damier, qui pouvait être de gazon. Le tout était enclos d'une haie ou d'une palissade en treillis recouvert de verdure. Tel est, dans ses grandes lignes, l'aspect général de tout jardin d'agrément de quelque importance antérieurement à Claude Mollet.

Dès 1582, celui-ci travaillait à donner aux jardins plus de variété et plus de beauté. Au commencement du dix-septième siècle, ses modifications avaient déjà triomphé, au moins dans les jardins de quelques grands seigneurs, et spécialement dans les jardins du roi. Il écrivit l'histoire de ce développement du jardin français, et dans cet ouvrage il résume toutes les expériences de sa vie. Bien que l'œuvre n'ait été publiée qu'en 1652 elle avait été écrite en 1610 à 1612, et les principes qui y étaient exposés avaient été appliqués plusieurs années avant.

Le livre de Claude Mollet, *Le Théâtre des Plans et Jardinages*, contient toutes sortes de renseignements utiles et de conseils pratiques sur tous les aspects de la question. Même l'exposé des sujets techniques y est intéressant; mais les chapitres sur les « jardins de plaisir » sont les plus instructifs et les plus curieux à lire. Mollet y explique toutes ses réformes. La plus importante est, sans contredit, l'invention du « parterre en broderies ».

« Le temps passé, écrit-il, il y a environ quarante ou cinquante ans qu'il ne se faisoit que de petits Compartimens dans chacun quarré d'un Jardin de diverses sortes de Dessins. » (1) Il a changé complètement cet arrangement.

Il ne s'attribue pas le mérite absolu de cette innovation. Le sieur de Pérac, architecte du roi, à son retour d'Italie, lui avait montré « comment il fallait faire de beaux Jardins, de telle manière qu'un seul Jardin n'estoit et ne faisoit qu'un seul Compartiment, mi-parti par grandes roïales » (2).

Il adopta cette méthode et « ce sont les premiers Parterres et Compartimens en broderie qui aient été en France ».

C'est une modification des plus importantes pour l'avenir du jardin français. En effet, en commençant à en élargir l'ordonnance, Claude Mollet exprime pour la première fois l'idée d'établir un seul et même grand plan et pour la demeure et pour le jardin; il pense obtenir ainsi un ensemble harmonieux, aussi beau dans son aspect général que dans ses détails. De plus, en reconnaissant, le premier, la valeur décorative des broderies dans un parterre et aussi la variété qui

(1) Cf. CLAUDE MOLLET, *Théâtre des Plans et Jardinages,* Paris, 1652, in-fº, p. 203.
(2) Cf. *Théâtre des Plans et Jardinages,* p. 200-201.
— *Roïale.* Aucun des dictionnaires de l'époque ne donne cette forme. Elle paraît être dérivée du mot « roie » (vieux mot signifiant ligne, raie et voie, selon Thomas Corneille), et comme le mot « voyale », dérivé de « voie » et également introuvable, le mot « roïale » désigne les allées principales du jardin.

résulte d'un mélange, aussi heureux, aussi parfait que possible de parterres à broderies et de parterres à compartiments diversement conçus, il annonce déjà nettement l'embellissement qui trouvera sa suprême expression dans les jardins de Le Nôtre.

Les dessins de broderies présentés par Mollet dans son livre sont déjà fort riches. Il nous montre parfois de grands parterres de broderies rectangulaires, mais la plupart de ses dessins représentent le carré primitif découpé en quatre carrés plus petits par deux allées en forme de croix. Souvent une fontaine est édifiée au croisement de ces allées. Dans toutes ces compositions, à part la partie centrale, lorsqu'un parterre est divisé comme il est dit plus haut, et même dans le cas des grands parterres rectangulaires, les contours sont nets et coupés à angle droit, sans décrochements ni écoinçons. C'est bien là la marque essentielle et caractéristique des parterres de Claude Mollet.

D'ordinaire ces dessins en forme de broderies sont exécutés à l'aide de plantes basses à feuilles vertes ou grises sur un fond d'ardoises et de briques pilées ou de sable de couleur. Dès le commencement du dix-septième siècle, Claude Mollet emploie le plus souvent le buis qui peut braver les rigueurs de l'hiver et qu'il est si facile de tailler et de soigner. Au besoin, Mollet combine les dessins en broderies et les compartiments en fleurs, ce qui lui permet, fort heureusement, de donner plus de couleur et de variété à ses conceptions.

Claude Mollet a, le **premier,** formulé les principes du dessin harmonieux et du bon entretien des décorations florales. Il avait à sa disposition beaucoup plus de variétés de fleurs que n'en avaient ses devanciers cent ans plus tôt. Ainsi les tulipes, qui avaient été introduites en Europe à la suite de la prise de Constantinople par les Turcs et qui constituèrent pendant tout le dix-septième siècle une décoration si utile, avaient été peu à peu cultivées sur tout le continent. Il n'en reste pas moins que la flore, au seizième et au dix-septième siècle, était beaucoup moins riche que de nos jours. Ainsi, en 1612, Claude Mollet cite encore les « fraisiers blancs et rouges » comme plantes de choix parmi celles « qui se tiennent basses, rampantes contre terre, lesquelles feront un grand ornement, et diversité de verts aux compartiments » (1). Toutefois les rosiers (2), les tulipes (3) et les œillets (4), par la diversité de leurs couleurs, lui sont souverainement utiles pour l'ornementation de ses compartiments.

« Pour faire paroistre une belle décoration », il faut planter les diverses espèces dans leur ordre, afin qu'elles « fleurissent en divers temps et saisons » (5) et les entremêler « afin que lorsqu'une fleur sera passée, la place ne soit point dégarnie, et que l'on puisse y voir tousjours de toutes sortes de couleurs de fleurs autant d'un costé du Compartiment que de l'autre » (6).

L'arrangement même des fleurs dans un compartiment est exactement indiqué. Les espèces hautes doivent être plantées dans la lisière de six pieds de large qui fait « une ceinture tout à l'entour des quatre quarrez » (6). Les fleurs basses, comme « Violettes de toutes sortes, Marguerites ou Paquerettes, Camomilles doubles, Anémones, Jacinthes, Primevères, Pensées, et toutes sortes de petites fleurs basses, sont fort propres pour planter dedans toutes sortes de compartiments tant en broderies qu'autres » (7).

Pour mettre bien en valeur les contours des compartiments il ne faut planter les fleurs qu'à un pied des bordures, « afin qu'elles soient toujours libres, et que l'on puisse voir le traict de la bordure, ou autrement vostre compartiment ne pourroit pas paroistre en belle forme » (7).

Si l'on prend toutes ces précautions, les compartiments ressembleront à un « tapis de Turquie », suivant la propre expression de Mollet. Cette conception atteste déjà un souci d'ensemble harmonieux qui ne tardera pas à se préciser.

Claude Mollet apprécie aussi les palissades, les portiques et les berceaux en bois qui « apportent un grand embellisse-

---

(1) Cf. *Théâtre des Plans et Jardinages*. p. 178-179.
(2) Cf. *Théâtre des Plans et Jardinages*, p. 172.
(3) Cf. *Théâtre des Plans et Jardinages*. p. 175-176.
(4) Cf. *Théâtre des Plans et Jardinages*, p. 179-187.
(5) Cf. *Théâtre des Plans et Jardinages*. p. 184.
(6) Cf. *Théâtre des Plans et Jardinages*. p. 189.
(7) Cf. *Théâtre des Plans et Jardinages*. p. 189-190.

ment aux Jardins tant Parterres que Potagers » (1). Les haies de cyprès étaient déjà bien connues, mais Mollet, les trouvant trop délicates pour pouvoir supporter les hivers rigoureux, recommence à faire usage du buis, depuis longtemps tombé en désuétude. Il en fait des palissades et des berceaux, des « fenestrages », des portiques, des colonnes, des pilastres, des dédales et des labyrinthes de toutes sortes, pour donner de la variété aux parterres de ses grands jardins (2). Il y ajoute encore des bosquets.

L'on sent là un effort très réel vers l'idéal d'ordre et de raison qui devait définitivement triompher dans la seconde moitié du dix-septième siècle.

Suivant la même voie, André Mollet, malgré sa longue collaboration avec son père, manifeste dans son art un caractère bien personnel. Pour exposer ses vues, il écrivit un livre intitulé *Le Jardin du Plaisir*, où il donne beaucoup de conseils pratiques et de renseignements intéressants. Pour lui aussi la tulipe est une des fleurs les plus propres à l'embellissement d'un parterre (3), mais il fait aux arbres beaucoup plus de place que ne leur en accordait son père. Il les utilise dans les allées aussi bien qu'en bosquets, avec un juste sentiment de leur valeur artistique, de leurs formes et de leurs couleurs (4).

Ses dessins pour parterres, et ils sont nombreux, marquent un réel progrès sur ceux de son père. Ses dessins de broderies sont plus larges, et, par conséquent, mieux adaptés à l'effet général dont il se préoccupe avant tout ; les compartiments y sont conçus selon un plan d'ensemble plus vaste. Bien qu'ils conservent pour la plupart la forme carrée ou rectangulaire, les écoinçons sont généralement employés, ce qui ajoute quelque variété aux contours en rompant la trop grande monotonie des angles. Mais les « voyales » ou allées se coupent presque toujours à angle droit. D'ailleurs, les compartiments ont toujours les mêmes dimensions, ce qui contribue à rendre

(1) Cf. *Théâtre des Plans et Jardinages*, p. 193-198.
(2) Cf. *Théâtre des Plans et Jardinages*, p. 199-203.
(3) Cf. *Jardin de Plaisir*, Stockholm, 1651, in-f° chapitre VIII.
(4) Cf. *Jardin de Plaisir*, chapitre IX.

l'ensemble un peu monotone. Cependant André Mollet a essayé de remédier à ce défaut en donnant à ses compartiments une plus grande diversité, tout en conservant le principe de la symétrie. Aux compartiments en broderies il ajoute de curieuses mosaïques, et même des pièces d'eau.

Le désir de l'ordre et d'un harmonieux accord entre la maison et le jardin se manifeste plus nettement chez André Mollet. Il décrit même ce qu'il considère comme le modèle d'une « Maison Royale ». Naturellement la demeure doit être située dans un endroit « commode ». Tout d'abord une grande avenue à double ou triple rang d'ormes ou de tilleuls, placés dans un alignement perpendiculaire à la face principale de la maison, lui font le plus beau décor d'entrée. Derrière, se développent les jardins. Les parterres en broderie doivent être placés le plus près possible de la demeure, pour qu'ils puissent être contemplés des fenêtres, sans aucun obstacle d'arbres ou autres ornements trop élevés.

Faisant suite aux parterres en broderies, les parterres ou compartiments de gazon, et aussi les bosquets, les allées et les palissades hautes et basses recouvertes de verdure se trouvent « en leurs lieux convenables ». Le tout doit être arrangé de telle sorte que la plupart des allées se terminent toujours à quelque statue ou à quelque fontaine. Pour suppléer à un manque possible de la nature, on peut placer aux extrémités des allées de belles perspectives peintes sur toile, moyen tout à fait artificiel pour donner au jardin le charme et l'illusion de l'espace. En réalité, ce moyen ne semble pas avoir jamais été adopté.

Pour perfectionner son œuvre, il pose les statues sur des « piedestaux », et y admet les grottes « basties en leurs lieux plus convenables ». « Puis », ajoute-t-il, il faut « eslever les allées en terraces suivant la commodité du lieu, sans y oublier les volières, fontaines, jets d'eau, canaux et autres tels ornemens, lesquels estans deüement practiquez, chacun en leur lieu, forment le jardin de plaisir parfaict » (1).

Les bosquets, très beaux par eux-mêmes, ajoutent un charme de plus : étant composés de toute espèce d'arbrisseaux,

(1) Cf. *Jardin de Plaisir*, chapitre XI.

Planche III. — « Palais de la Reyne Catherine de Médicis, dit les Tuilleries, basty l'an 1564 et augmenté l'an 1630 par Henry quatre qui fit faire le jardin dudit Palais », par Israël Silvestre (1621-1691). (Bibliothèque Nationale, Cabinet des Estampes, Œuvres, in-fol. Ve. 14, p. 3).

ils « attireront naturellement toute sorte d'oiseaux sans contrainte, et par ce moyen on aura une volière naturelle » (1).

Le progrès accompli par André Mollet est facile à remarquer. Déjà chez lui on distingue une tendance à élargir le dessin de la broderie, à modifier avec grâce les lignes droites des parterres par l'adoption générale des écoinçons, à introduire dans l'art du jardin une ornementation plus grande, et, enfin, fait plus important encore, il essaye de réaliser un accord harmonieux entre la demeure d'une part, et, d'autre part, les jardins et les parcs qui l'environnent. Il y a déjà là comme une lointaine prescience de l'art de Le Nôtre.

Jacques Boyceau, contemporain d'André Mollet, donne de l'art du jardin les mêmes caractères essentiels dans son *Traité du Jardinage*. Il recommande surtout l'ordre, la symétrie, et fait cette remarque que les jardins les plus variés seront toujours jugés les plus beaux parce qu'ils sont en cela conformes à la nature. En conséquence, il signale les avantages d'une « assiette inégale » ; celle-ci, en effet, offre un champ plus commode à la diversité d'ornementation et permet de contempler d'un lieu élevé les parterres bas. La vue d'une terrasse ou d'un autre point élevé est de la plus grande importance, car « la disposition et département de tout le jardin, estant veuë de haut, est remarquée et reconnuë d'une seule veuë, ne paroist qu'un seul parterre dans lequel sont distinguez tous les ornemens : vous jugerez de là la bonne correspondance qui est entre les parties, qui toutes ensemble baillent plus de plaisir que les parcelles » (2).

Le premier, Boyceau reconnaît les désavantages des formes carrées et tâche, autant que possible, d'en varier les contours afin d'éviter la monotonie.

Mais dans la pratique, Jacques Boyceau n'a pas réussi à se libérer du carré. Tous les grands jardins qu'il a dessinés pendant qu'il était intendant des Jardins du Roi, ceux de Versailles comme ceux du Luxembourg, se limitent toujours à cette forme pour l'ensemble et le plus souvent aussi pour les détails des parterres. C'est pourquoi, malgré l'introduction de

(1) Cf. *Jardin de Plaisir*, chapitre XI.
(2) Cf. *Traité du Jardinage*, 1638, in-fol°, p. 71.

quelques courbes et de quelques ronds, ses ensembles souffrent toujours d'une certaine rigidité.

Moins soucieux qu'André Mollet de l'harmonie entre la demeure et le jardin, Boyceau porte tout spécialement son attention sur les détails de la décoration des terres qui entourent la maison.

Comme toujours, les parterres sont la partie principale de l'ornementation. Affectant diverses formes, toujours séparés par des allées de sable de couleurs différentes, ils forment « les embellissements bas des Jardins ». Leurs bordures sont faites d'arbrisseaux et d' « arbustes aux teintes variées, qui peuvent former des compartiments de feuillages, de passements (1), de moresques (2), d'arabesques (3), de grotesques (4), de guillochis (5), de targes (6), d'écussons d'armes, de chiffres et de devises ». Ou bien encore ces parterres sont simplement formés de planches aux formes géométriques diverses où poussent des plantes rares, des fleurs ou des herbages plantés avec symétrie. On peut faire aussi des pelouses d'une

---

(1) En empruntant leurs dessins à la broderie, les jardiniers y empruntaient aussi des termes descriptifs. « *Passement*, dentelle, ouvrage qu'on fait avec les fuseaux pour servir d'ornement, en l'appliquant sur des habits. » (FURETIÈRE, *Dictionnaire universel*, La Haye, 1690).

(2) « Peinture faicte à la manière des Mores, qui consiste en plusieurs grotesques et compartiments, qui n'ont aucune figure parfaite d'hommes ni d'animaux... Les Brodeurs et les Damasquineurs sont ceux qui s'en servent le plus. » (FURETIÈRE).

(3) « On appelle aussi *Arabesques* certains rinceaux, ou fleurons d'où sortent des feuillages faits de caprice, et d'une manière qui n'a rien de naturel. On s'en sert d'ordinaire dans les ouvrages de damasquinerie, et dans quelques ornemens de peinture, ou de broderie. » (FURETIÈRE).

(4) « Figure capricieuse de Peintre, de Graveur, de Sculpteur, qui a quelque chose de ridicule, d'extravagant, de monstrueux, telles que sont celles dont on pare les grottes. » (FURETIÈRE).

(5) « On appelle *guillochis de parterre*, des Compartimens quarrés faits de gazon ou de bouis dans des parterres. » (THOMAS CORNEILLE).

(6) « *Targe* se dit, en termes de Jardinage, d'un ornement en manière de croissant, qui est fait de traits de bouis et arrondi par les extrémités. Il entre dans les compartimens des parterres, et est imité des anciens boucliers appelés Targes. » (THOMAS CORNEILLE).

seule ou de plusieurs couleurs. Le tout doit ressembler à un tapis de pied (1).

En contraste avec ces « embellissements bas », ou parterres, sont « les corps relevez » qui leur donnent du relief et qui par eux-mêmes ont « grande grâce dans les Jardins ». Ils servent à marquer et à diviser les espaces, et arrêtant la vue, font valoir les ouvrages qui les environnent. Leurs « couverts » et ombrages forment toujours des séjours agréables. Il en existe de toutes sortes : des allées ou galeries plantées d'arbres, faites en berceaux ou plafonds; des chambres ou cabinets, décorés de portiques et de « fenestrages » d'un travail achevé dans la verdure. De simples haies même tout unies, n'ayant d'autre artifice que « la tondure », peuvent avoir leur beauté, bien que des formes plus recherchées, avec des arcades, des niches et d'autres fantaisies architecturales, l'emportent de beaucoup sur ce point. D'autre part, des arbres isolés, aux silhouettes harmonieuses, disposés avec ordre et symétrie, donnent au jardin un cachet tout particulier de grâce et de beauté.

Les ornements purement architecturaux n'y sont point oubliés. Au contraire, ils sont plus riches, plus soignés qu'à aucune période antérieure. Des promenoirs et des logements, recouverts de plomb ou d'ardoise, richement décorés de peintures et de sculptures, contribuent puissamment à l'embellissement général quand leur architecture est « exquise ». Les fontaines, elles aussi ornées de sculptures, les groupes de figures en marbre ou en bronze, les colonnes, les pyramides, les balustrades et les perrons tiennent une place de choix dans l'ornementation du jardin, à la condition toutefois d'être disposés avec art aux endroits convenables (2).

A tous ces arrangements artificiels Boyceau en ajoute un autre, et celui-ci choque encore davantage notre goût moderne qui veut plus de naturel et moins d'artifice : ce sont les grottes. Ces grottes ne sont pas simplement « ornées d'ouvrages rustiques », de « pierres spongieuses et concaves » et de « cailloux bigarrés », mais de diverses sortes de coquillages, qui, par « leurs formes et couleurs bien ordonnées, sont de

---

(1) Cf. *Traité du Jardinage*, p. 73-74.
(2) Cf. *Traité du Jardinage*, p. 74.

beaux enrichissemens ». Chose plus extraordinaire encore, avec de l'eau, on y peut faire marcher des figures, jouer des instruments, siffler et chanter des oiseaux, tandis que les murs peuvent être embellis par des peintures ou des fresques (1). C'est la dernière exagération du goût du pittoresque ; heureusement avait-elle très peu de vogue sous cette forme extrême.

Boyceau est mieux inspiré quand il parle des fontaines et des eaux. Ayant compris leur importance et les ressources infinies qu'elles peuvent offrir en matière d'ornementation, il fait une étude approfondie des différentes façons dont il est possible de les utiliser. Il s'en sert de toutes manières : fontaines bouillonnantes ou jaillissantes, rivières, ruisseaux ou étangs peuvent embellir n'importe quel jardin. Il préfère les fontaines ou ruisseaux naturels, mais l'art de les faire servir artificiellement à l'embellissement de ses jardins lui était bien connu. Il admire surtout les eaux courantes. « Cette vivacité et mouvement, écrit-il, semblent estre l'esprit plus vivant des Jardins. » (2) Il remarque que les fontaines bouillonnantes, « qui n'ont peu de grace comme chose naturelle », se prêtent moins facilement que les fontaines jaillissantes aux embellissements de l'art (3). Celles-ci, en effet, par le moyen d'artifices architecturaux et sculpturaux, peuvent produire des effets de la plus grande beauté.

A considérer l'ensemble de l'œuvre de ces trois maîtres jardiniers, il est facile de tracer les grandes lignes d'un progrès continu vers cette perfection qui caractérisa les conceptions de Le Nôtre. Les parterres en broderies, inaugurés par Claude Mollet, puis les écoinçons employés par son fils, et enfin les formes de décoration plus variées suggérées par Jacques Boyceau vont constituer les principaux éléments de beauté dans les jardins de cet artiste. Les grandes lignes d'ensemble, déjà si chères à André Mollet, par suite du développement de cet art et grâce au génie du grand jardinier de Louis XIV, allaient

---

(1) Cf. *Traité du Jardinage*, p. 82.
(2) Cf. *Traité du Jardinage*, p. 75.
(3) Cf. *Traité du Jardinage*, p. 77.

devenir l'« ordonnance » tant admirée de la période classique. Les fontaines, les parterres à eaux, les canaux et les ruisseaux introduits par André Mollet, et employés avec maîtrise par Jacques Boyceau, de même que différents modes d'ornementation créés par lui, vont trouver leur expression la plus harmonieuse et la plus belle dans les jardins de Versailles et ceux de Vaux-le-Vicomte.

Tous les jardins du dix-septième siècle, depuis ceux de Claude Mollet jusqu'à ceux d'André Le Nôtre, sont beaux, mais il est plus difficile de dire dans quelle mesure ils impliquaient un amour sincère de la nature. Certes, la nature telle qu'elle apparaît, ordonnée et ornée, dans ces jardins, était en grande faveur au dix-septième siècle. Partout, dans les romans et dans les poèmes de cette période, la description d'un beau jardin est la source d'une vive satisfaction. Les romanciers choisissent ces heureux séjours pour y faire entretenir leurs héros (1). Souvent les poètes trouvent de jolis vers pour chanter un parterre ou un bosquet (2).

Ainsi mêlé à l'existence réelle et à la littérature, le jardin avait une place assez importante dans la vie à cette époque. Certes, l'amour des beaux parterres, de leurs broderies compliquées ou de leurs brillants effets de couleurs, est bien souvent plutôt un faible pour l'art de la décoration et un hommage rendu à la beauté ornementale qu'un véritable sentiment de la nature. Les gens du dix-septième siècle aimaient ces beaux effets de perspective comme ils aimaient un tapis de Turquie auquel Mollet les comparait si volontiers. Mais ceci mis à part, ne peut-on pas trouver là un sentiment plus profond? Les gens pour lesquels les jardiniers façonnaient tant de merveilles ne goûtaient-ils pas les vraies beautés de la nature? Pour nous qui avons une tout autre conception de la nature, surtout depuis l'école romantique, ils l'aimaient trop

---

(1) Cf. *Polexandre*, t. I, l. I, p. 165 ; t. II, l. III, p. 409-410 ; — *Carithée*, l. II, p. 58 ; — *Astrée*, Ie Partie, l. II, p. 48-49; IIIe Partie, l. VII, p. 116 ; IVe Partie, l. VII, p. 604, 607 ; — *Cyrus*, t. I, l. III, p. 981; t. II, l. III, p. 1137-1142; — *Clélie*, t. X, l. II, p. 880-889, etc.

(2) Cf. MALHERBE, *Œuvres*, ed. Lalannes, t. I, *Sonnet* p. 138 ; RACAN, *Bergeries*, acte V, p. 140 ; SAINT-AMANT, *Œuvres*, 1629, *La Vigne*, p. 222, etc.

ornée, trop apprêtée et trop artificiellement ordonnée. Mais, enfin, ils l'aimaient à leur façon puisque c'était pour eux que les jardiniers avaient créé non seulement de belles perspectives et des parterres, mais aussi des grottes fraîches, des étangs tranquilles, des cabinets de verdure, des bosquets où les oiseaux pouvaient chanter en toute liberté, tous agréments dont on ne jouit que de près. D'ailleurs, on remarque une tendance progressive à élargir les allées depuis le commencement de la Renaissance. Ceci prouve qu'on avait pris l'habitude de se promener dans les jardins afin d'admirer dans leur détail les beautés naturelles au lieu de se contenter de les regarder par les fenêtres ou du haut d'une terrasse.

DEUXIÈME PARTIE

LE SENTIMENT DE LA NATURE DANS LA LITTÉRATURE

CHAPITRE PREMIER

L'ASTRÉE

La vogue de l'*Astrée*. Le roman représente le pays natal de d'Urfé et l'auteur le décrit avec tendresse. La place de son sentiment personnel dans le roman. Les Alpes et la mer furieuse. Les aspects habituels de la nature dans l'*Astrée*, la vie pastorale, les paysages et les jardins idéalement beaux.

Honoré d'Urfé (1), soldat et gentilhomme, dans sa retraite forcée en Savoie passa vingt ans à écrire l'*Astrée*. Il en publia la première partie en 1607, la deuxième en 1612, la troisième en 1619. La quatrième, laissée en état d'être imprimée, et la cinquième, achevée d'après des notes laissées par l'auteur, furent publiées par Théodore Baro, son secrétaire, après sa mort.

L'apparition de l'*Astrée* marque une époque dans l'histoire littéraire du dix-septième siècle. Depuis 1559, il y avait beaucoup de romans plus ou moins dignes de l'appellation de « romans sentimentaux » (2), mais, fidèle interprète des tendances de son temps, l'*Astrée* seule inaugura une période

---

(1) Pour la vie de Honoré d'Urfé, voir Aug. Bernard, *Les d'Urfé*, Paris, 1839 ; Chanoine O. C. Reure, *La vie et les œuvres de Honoré d'Urfé*, Paris, 1910; et notre Bibliographie, nos 70-75.

(2) Cf. G. Reynier, *Le Roman sentimental avant l'«Astrée»*, Paris, 1908.

nouvelle et exerça une influence très profonde sur la société et sur la littérature.

Dès sa publication, l'*Astrée* fit fureur dans la haute société (1); on attendait avec la plus grande impatience l'apparition de chaque nouvelle partie. Bientôt l'œuvre de d'Urfé devint en quelque sorte le premier manuel de galanterie de la nouvelle société, lettrée et raffinée, qui commençait à se former, et ainsi elle présida au commencement du mouvement qui allait organiser définitivement la vie mondaine.

Nous n'avons pas à nous occuper ici de l'influence générale de ce grand roman. Ce qui nous intéresse, c'est qu'on y voit paraître un certain amour de la nature, qui lui aussi, a eu son influence. De même que la période était mûre pour l'analyse de la passion amoureuse, elle l'était pour l'expression des beautés naturelles, et pour la même raison: la paix, qui permettait à la galanterie de devenir un art, procurait aussi le loisir de contempler la nature.

Les Français de 1600 environ, las des troubles civils et enfin assurés d'un peu de tranquillité, s'éprirent facilement de belles descriptions idéalisées de la vie simple et pastorale. Cette tendance avait déjà commencé à se manifester et nous avons noté plus haut le goût des choses champêtres, de la vie rustique et des jardins. L'*Astrée* répondait à ces préoccupations nouvelles et elle les fortifia.

Bien que quelques épisodes du roman soient de purs récits chevaleresques, la plupart sont des bergeries en prose. La nature en est le cadre, bien entendu, mais elle est quelque chose de plus. D'Urfé choisit le Forez, son pays natal, comme la scène principale de l'action. Pour lui, c'est une terre de délices; il la décrit avec attendrissement et amour. Pour ses successeurs, la nature devait encore servir de décor, mais aucun autre romancier, sinon d'Urfé, n'a choisi alors pour ses descriptions un endroit particulier, auquel il s'intéressât personnellement. Aussi trouve-t-on dans ses descriptions plus de sentiment vrai que dans celles des romanciers contemporains.

---

(1) Cf. A. LE BRETON, *Le roman au dix-septième siècle*, p. 4-5 ; AUG. BERNARD, *Les d'Urfé*, p. 167 ; PATRU, *Plaidoyers*, IIe Partie, p. 103.

Honoré d'Urfé était un sincère ami de la campagne. En Savoie, au milieu d'un paysage entièrement différent de son Forez natal, il se rappelait volontiers les bocages ombragés, les rivières, les fontaines et les gracieuses collines de cet aimable pays. Les tableaux qu'il représente sont beaux en eux-mêmes, mais la tendresse avec laquelle il en parle donne à ses descriptions une saveur de plus. Il est naturel qu'en évoquant, après une vie déjà longue, ce pays si cher à son cœur, il lui accorde un peu de la tendresse qu'il a pour sa jeunesse évanouie. En général, ce sentiment se devine derrière les mots plutôt qu'il n'est exprimé de façon explicite. Cependant, une fois il définit exactement l'émotion qu'il ressent :

« Belle et agréable Rivière de Lignon, sur les bords de laquelle j'ai passé si heureusement mon enfance et la plus tendre partie de ma première jeunesse, quelque payement que ma plume ait pu te faire, j'advouë que je te suis encore grandement redevable pour tant de contentemens que j'ai receus le long de ton rivage, à l'ombre de tes arbres feuillus et à la fraîcheur de tes belles eaux, quand l'innocence de mon âge me laissoit joüir de moi-mesme, et me permettoit de gouster en repos les bonheurs et les félicitez que le Ciel d'une main libérale respandoit sur ce bien-heureux païs que tu arroses de tes claires et vives ondes. » (1)

Ces endroits aimés lui ont inspiré ses pages les plus attendries; ils ont été comme la toile de fond devant laquelle il a pu faire mouvoir ses bergères vertueuses et ses vaillants bergers. Où peut-on trouver un paysage plus beau que le Forez ?

« Auprès de l'ancienne ville de Lyon, du costé du Soleil couchant, il y a un pays nommé Forests, qui en sa petitesse contient ce qui est de plus rare au reste des Gaules. Car estant divisé en plaines et en montagnes, les unes et les autres sont si fertiles, et sçituées en un air si temperé, que la terre y est capable de tout ce que peut désirer le Laboureur. Au cœur du pays est le plus beau de la plaine, ceinte, comme d'une forte muraille, des monts assez voisins, et arrousée du fleuve de Loire, qui, prenant sa source assez près de là, passe presque par le milieu, non point encore trop enflé ni orgueilleux, mais doux et paisible. Plusieurs autres ruisseaux en divers lieux la vont baignant de leurs claires ondes; mais l'un des plus beaux

---

(1) Cf. *Astrée*, Paris, 1647, 5 v. in-8°, *L'Autheur à la Rivière de Lignon*, au commencement de la troisième partie.

est Lignon qui, vagabond en son cours, aussi bien que douteux en sa source, va serpentant par cette plaine, depuis les hautes montagnes de Cervières et de Chalmasel jusques à Feurs, où Loire le recevant, et lui faisant perdre son nom propre, l'emporte pour tribut à l'Océan.

« Or, sur les bords de ces délectables rivières, on a veu de tout temps quantité de Bergers qui, pour la bonté de l'air, la fertilité du rivage et leur douceur naturelle, vivent avec autant de bonne fortune qu'ils recognoissent peu la fortune. » (1)

La nature ici est bienveillante, douce. Le laboureur trouve dans ce paradis une fertilité idéale, comme les bergers y trouvent des prés et des rivages délicieux. On y voit des montagnes dont les lignes escarpées sont adoucies par des bois. Dans tout ce beau pays un été perpétuel semble régner, ou, si la saison change, ce n'est jamais ni l'automne ni l'hiver qui succède à l'été, mais un printemps encore plus beau que lui. D'Urfé, tout campagnard et vieux soldat qu'il fut, parle très peu des éléments en colère et des lieux sauvages : sans doute ne veut-il pas troubler sa pastorale par de violentes peintures.

A cette époque on s'intéressait peu aux grands spectacles de la nature, à ses scènes sauvages et grandioses. En vérité, on les évitait autant que possible, car ils inspiraient plus d'horreur et de peur que d'admiration. Quand Céladon, à l'occasion d'un voyage dans les Alpes, décrit à son retour ce qu'il a vu, il parle surtout des « précipices affreux » et « des effroyables rochers » (2). Ils éveillent dans son âme des terreurs presque superstitieuses et des réflexions profondément tristes.

Cette époque n'aimait la nature que là où elle se trouvait à la mesure de l'homme. Les exceptions sont rares et s'expliquent par un état d'âme anormal et temporaire. Le véritable amour des montagnes ne viendra que beaucoup plus tard ; ce sera une conséquence des enthousiasmes romantiques de J.-J. Rousseau.

Il en est de même pour la mer et pour les tempêtes. Ces spectacles étaient trop grandioses, trop violents pour être aimés des âmes de ce temps, éprises avant tout de raison et de mesure. On n'en trouve que deux descriptions dans l'*Astrée*. L'une,

(1) Cf. *Astrée*, Iᵉ Partie, l. I, p. 1-2.
(2) Cf. *Astrée*, IIᵉ Partie, l. x, p. 699-702.

c'est la description d'un ouragan sur la mer, — tableau impressionnant, il faut l'avouer, et peint avec vigueur :

« Il advint en Esté, lorsque les estudes cessent.... que nous mettant cinq ou six de compagnie, nous fismes résolution de nous baigner... et prenant la coste de la Ligurie, allions cherchant la pointe d'un rocher qui s'advançoit en Mer... Mais à ce coup quand nous eusmes monté cet escueil, et que nous commencions de nous deshabiller, nous en fusmes empeschez par un tourbillon qui survint, et qui peu après fut suivi de quelques esclats de tonnerre.

« Incontinent le Ciel se noircit d'une espaisse nuée, et les ondes commencèrent de s'eslever si hautes, qu'à peine estions-nous asseurez sur cet escueil, tant les flots rompus heurtoient de furie contre le dos du rocher : c'estoit une chose espouvantable de voir le jour presque changé en nuict, d'ouïr le mugissement de la mer, de sentir l'ébranlement du rocher, par le heurt des ondes, et bref de considérer le Cahos, et la confusion de tout ce grand élément. Et ne faut point douter que la pluie et l'orage ne nous eussent contraints de nous en aller, si quelque bon Démon ne nous y eust arrestez.

« ...L'orage dura plus de deux heures, et lorsque nous commencions de nous ennuyer..., il sembla que le Ciel s'esclaircissoit, et peu après la pluie cessa... Le vent enfin chassa toutes les nuës et le Soleil commença d'esclairer ; toutesfois les ondes ne s'abbaissoient point, parce que les vents continuoient aussi grands qu'ils avoient esté tout le jour. » (1)

L'autre est la description d'un orage qui a fait déborder le Lignon. Cette dernière surtout vaut la peine d'être remarquée, car bien qu'elle soit pleine d'inventions et de fantaisies poétiques, on y relève néanmoins les marques d'une observation pénétrante :

« ...Quand la nuict fut arrivée, et qu'elles (les bergères) virent que l'air estoit tout chargé de brouillards et que le Ciel parmi l'obscurité, leur envoyoit de temps en temps des esclairs, qui sembloient promettre autant de foudres, alors une grande frayeur les saisit... L'air se deschargea... par une... grande abondance de pluie et par de... grands esclats de tonnerre...

« Lignon, qui n'est jamais plus orgueilleux que lors qu'il a receue, comme en depost, des montagnes voisines, toutes les marques qu'elles ont euës de la colère de l'air, s'enfla si fort en moins de deux heures, par le moyen de nuées qui se fondirent en eau, que tenant en cela de la nature des torrents, il

(1) Cf. *Astrée*, IIᵉ Partie, l. xii, p. 846-848.

sembla qu'il fust plustot destiné pour noyer les campagnes que pour les arrouser. Dans cette gloire, par laquelle il prétendoit se faire craindre à Loire mesme, qui le reçoit tous les jours dans son sein pour le rendre à la mer, qui est sa mère, il ouvrit ses bras, et portant ses bords en des lieux qu'il n'avoit jamais moüillez, il enferma dans son humide lict toutes les fleurs qui auparavant estoient nées sur ses rivages... » (1)

Ces deux exceptions à part, la nature dans l'*Astrée* est toujours souriante. D'Urfé, d'ailleurs, cherche tous les moyens d'ajouter encore à ses charmes réels.

Le Forez, tel qu'il est dépeint dans le roman, est sans conteste le plus beau pays du monde, et la vie dans ces lieux charmants se passe d'une manière délicieuse. Écoutons l'un des personnages :

« ... L'on me disoit des merveilles de la beauté du lieu, de la douceur de l'air, de la quantité des rivières, et du bien qu'elles rapportoient, soit à la félicité des campagnes soit à l'abondance des poissons. Mais quand on me racontoit la douce vie des Bergers et Bergères de Loire, de Furant, d'Argent, de Serant, mais sur tous de Lignon, je demeurois ravie et estonnée que toute l'Europe ne vint habiter en Forest, ou que le Forest ne s'estendit par toute l'Europe... » (2)

La douceur de cette existence tenta si fort les lecteurs du roman que certains firent le rêve de la transporter dans leur propre vie. La Grande Mademoiselle elle-même, dans une lettre à Mme de Motteville, se déclarait prête à se retirer loin de la cour, dans quelque lieu solitaire et agréable, à la manière des personnages de l'*Astrée*. Seulement elle projetait, tout en continuant à vivre librement parmi les bois et les ruisseaux, d'ajouter aux plaisirs naïfs des bergers du Lignon, les distractions moins simples de la Cour (3).

Mme de Motteville, qui apprécie elle aussi cette simplicité, renoncerait volontiers aux plaisirs mondains et se contenterait d'unir aux joies rustiques les joies d'une conscience chrétienne :

« Dans l'inclination que j'ai toujours eue, écrit-elle, d'estimer la solitude, j'avois souvent trouvé que les bois, les prez, les ruisseaux et les rivières qui formeroient un agréable désert

(1) Cf. *Astrée*, Vᵉ Partie, l. vIII, p. 566-567.
(2) Cf. *Astrée*, IIIᵉ Partie, l. IV, p. 343.
(3) Cf. *Mémoires de Mlle de Montpensier*, t. VII, p. 3.

seroient sans doute une délicieuse retraite pour des personnes raisonnables qui voudroient mépriser le monde, et qui, le connoissant bien, la voudroient pour vivre dans une vie innocente et entièrement soumises aux divines Loix de l'Evangile. » (1)

L'attrait du contraste est toujours considérable. Les bois et les rivières étaient d'autant plus goûtés que les occupations de la Cour paraissaient plus cérémonieuses et ses devoirs plus lourds. Cette vie pastorale faisait entrevoir à la noblesse une existence exempte d'intrigues et de rivalités, aussi bien que des fatigues et des ennuis de la société. Il lui semblait doux de vivre dans des endroits délicieux, sans autre souci que l'amour.

D'Urfé, dans son roman, représentait le Forez comme le lieu de retraite volontaire spécialement choisi par des bergers qui ne sont pas des bergers de naissance mais d'adoption. Il représentait leur vie comme un modèle à suivre, surtout parce qu'elle était acceptée avec une grande noblesse d'âme et un infini désintéressement. Céladon explique ainsi l'origine de cette vie de berger si peu conforme à sa naissance noble : les gens qui habitaient le long des rives de Loire, de Furan, d'Argent et de toutes les autres rivières, avaient tant souffert de l'ambition des Romains qu'ils s'assemblèrent dans la grande plaine qui est autour de Mont-Verdun ; ils y jurèrent d'éviter à jamais toute sorte d'ambition, car elle seule était cause de leurs souffrances, et de vivre désormais, eux et les leurs, avec l'habit simple des bergers (2).

D'Urfé, évidemment, n'introduisait pas là une idée tout à fait nouvelle. Cependant il faut faire ici une petite observation. Les gens de la Cour daignaient s'intéresser au décor simple de la vie pastorale, mais à la condition que les personnages fussent distingués. Céladon est d'une naissance illustre aussi bien qu'Astrée. La plupart des autres personnages également : si pauvres et si dépouillés de prétentions qu'ils soient, ils ont quitté, ou de leur gré ou à la suite de revers, des situations merveilleuses et une condition élevée. Ce détail fait assez voir combien était superficiel ce goût de la vie campagnarde.

Cette réserve faite, les longs passages de description, qui

(1) Cf. *Mémoires de Mlle de Montpensier*, t. VII, p. 12. Réponse de Mme de Motteville.
(2) Cf. *Astrée*, Ie Partie, l. I, p. 69.

étaient lus avec passion, prouvent évidemment l'intérêt que l'on portait aux aspects charmants de la nature. Mais, pour plaire, il était indispensable que cette nature fût idéalisée. De même qu'on s'intéressait seulement aux gens nobles, de même on aimait exclusivement des paysages embellis. Les bergers passaient leur vie dans des plaines et des forêts délicieuses. Les amants s'entretenaient dans des jardins admirables. Ils ne semaient ni ne moissonnaient. Même, bien qu'ils fussent bergers, ils ne s'occupaient guère de leurs troupeaux. Sans doute, au commencement du roman l'auteur remarque que Céladon et Astrée ont l'habitude de faire paître leurs troupeaux ensemble, mais ensuite il n'est plus question de moutons ni de brebis. Dans une description exacte de la vie pastorale, on verrait les bergers faire sortir les troupeaux le matin et les faire rentrer le soir. Dans *Daphnis et Chloé* même il y a plus de réalisme. Pour d'Urfé, la vie pastorale n'est qu'une fiction élégante, un cadre artistique et idéalisé (1).

Ces conventions, sans doute nécessaires, n'empêchaient pas d'ailleurs qu'il n'y eût dans les descriptions quelque part de réalité. Le charme que ressentait le chevalier étranger, quand il regardait du haut de la colline le Forez étendu à perte de vue devant lui, pouvait être aussi facilement ressenti par n'importe quel lecteur.

Que voyait-il ? D'un côté les fertiles montagnes de Cousant, aboutissant peu à peu à de petites collines, leurs cimes couronnées de bois épais, leurs flancs couverts de vignobles, puis la plaine où se trouvaient une telle quantité de petits ruisseaux et d'étangs que « la veuë ainsi diversifiée en estoit beaucoup plus plaisante » (2).

(1) D'Urfé avoue nettement dans sa préface qu'il ne prétend pas faire une fidèle peinture de la vie rustique, quant aux mœurs tout au moins. Il dit en s'adressant à son héroïne :
« ... Si l'on te reproche que tu ne parles pas le langage des villageois, et que toi ni ta troupe ne sentez guère les brebis ni les chèvres, réponds-leur, ma bergère, que pour peu qu'ils aient connaissance de toi, ils sauront que tu n'es pas, ni celles qui te suivent, de ces bergères nécessiteuses, qui pour gagner leur vie conduisent les troupeaux aux paturages, mais que vous n'avez toutes pris cette condition que pour vivre plus doucement et sans contrainte. Que si vos conceptions et paroles étaient véritablement telles que celles des bergères ordinaires, ils auraient aussi peu de plaisir à vous écouter que vous auriez beaucoup de honte à les redire ».
(2) Cf. *Astrée*, IIIe Partie, l. vi, p. 475-476.

Les personnages de l'*Astrée*, tout bergers et bergères qu'ils soient, et bien que l'époque du roman soit représentée comme ancienne, sont des hommes et des femmes, plus même, des cavaliers et des dames du temps de d'Urfé. Il a dépeint les caractères humains comme il les connaissait, en exagérant et en idéalisant évidemment, mais leur fond est véritable. Inutile de chercher dans le roman, à la suite de Patru, des aventures du monde et de l'interpréter comme une œuvre à clefs (1), mais d'Urfé était trop l'homme de son siècle pour falsifier les sentiments ou les pensées de ses personnages. La vérité contemporaine de ses peintures explique bien en partie la popularité de l'ouvrage. Les dames et les chevaliers de 1607 aimaient à voir un reflet de leur vie, de leurs mœurs, dans un livre, comme l'aimeraient les gens de nos jours. Certains avaient déjà éprouvé tous les sentiments exprimés dans le roman; les autres savaient qu'ils pouvaient les éprouver. Ainsi un examen des sentiments des personnages de l'*Astrée* n'est pas sans intérêt, car il donne à la fois la mesure du goût de l'auteur, qui est extrêmement sensible, et la mesure du goût des lecteurs.

Quelles sont donc les émotions que d'Urfé prêtait à ses personnages en face de la nature? Dans un roman aussi rempli que l'*Astrée* des sentiments de l'amour, il serait tout à fait étrange de ne pas trouver quelque rapport entre les aspects de la nature et cette passion.

Comme il a toujours été habituel aux amants, Céladon trouve de jolies comparaisons pour sa maîtresse dans les spectacles qu'il contemple tous les jours autour de lui.

Il voit dans la nature une confidente toujours sympathique : elle se mêle tout le long du roman à son amour. Solitaire, désespéré, en exil, loin de sa bien aimée, voici en quels termes il s'adresse à la rivière du Lignon :

> Belle onde de Lignon que j'enfle de mes pleurs,
> Campagnes qui sçavez quelles sont mes douleurs,
> Tesmoins de mes ennuis, ô Forests solitaires,
> Echo de qui la voix respond à mes accents,
> Air rempli de souspirs et de cris languissants,
> Ayez part à mon heur comme à tant de misères.

(1) Cf. *Plaidoyer de Patru* : *Eclaircissement sur l'histoire de l'Astrée*, IIe Partie, p. 103.

> De tempestes tousjours le mont de Marcilly,
> Quoiqu'il soit eslevé, n'a le dos assailli,
> Tousjours impetueux Lignon ne se courrouce,
> L'espoir de mes moissons ne nous déçoit tousjours,
> Par divers changements s'entresuivent nos jours,
> Et d'un branle divers, le temps mesme se pousse...
> En sa course Lignon reflotte moins de fois,
> Nos champs jaunissent moins, Isoure a moins de bois,
> Et moins de voix Echo, bien qu'elle soit son âme,
> Moins d'eslans a cet Air d'un grand vent agité,
> Que mon cœur n'a d'Amour, ma Nymphe de beauté,
> Que mon Amour de foi, que sa beauté de flamme. (1)

Que d'images attendrissantes, quelle sincérité, quelle profondeur d'accent Céladon trouve dans son âme triste et amoureuse ! Cependant, bien que ces plaintes soient un peu plus sincères que d'autres appartenant à la même période, la véritable originalité des vers consiste dans les souvenirs qu'on y retrouve des paysages particuliers du Forez. Le second morceau contient moins de détails précis ; il se rapproche davantage de la plupart des vers galants du temps ; la pensée y est plus ingénieuse et plus élégante :

> Rivière que j'accrois couché parmi ces fleurs,
> Je considère en toi ma triste ressemblance :
> De deux sources tu prens en mesme temps naissance,
> Et mes yeux ne sont rien que deux sources de pleurs.
> Tu n'as point tant de flots que je sens de malheurs :
> Si tu cours sans dessein, je sers sans espérance ;
> En des sommets hautains ta source se commence ;
> D'orgueilleuses beautez procèdent mes douleurs.
> Combien de grands rochers te rompent le passage ?
> De quels empeschements ne sens-je point l'outrage ?
> Toutefois en un point nous différons tous deux :
> En toi l'onde s'accroist des neiges qui se fondent,
> Plus on gèle pour moi, plus mes larmes abondent,
> Quoique tu sois si froide, et moi si plein de feux. (2)

Évidemment un tel sonnet peut être adressé à n'importe quelle rivière. En général, à cette époque, dans les romans autres que l'*Astrée*, les amoureux qui cherchent dans la nature une amie compatissante, se soucient peu de préciser dans leurs

(1) Cf. *Astrée*, IIe Partie, l. x, p. 683.
(2) Cf. *Astrée*, IIe Partie, l. viii, p. 545-546.

Planche IV. — « Veüe et Perspective de la Cascade du Jardin de l'Illustre Archevesque de Paris à Sainct Cloud », par Israël Silvestre (1621-1691). (Bibliothèque Nationale, Cabinet des Estampes, *Œuvres*, in-fol. Ve. 14, p. 65).

plaintes les traits du paysage qu'ils prennent pour confident de leurs douleurs. Un bois, une rivière quelconque leur suffisent.

Bien d'autres morceaux de poésie de l'*Astrée*, sonnets ou chansons, mélangent dans un tout harmonieux et les soupirs d'un cœur affligé et les beautés de la nature (1).

Pendant son exil, Céladon cherche à se consoler autrement que par des vers. Il ne peut pas imaginer une façon plus glorieuse d'honorer son amie absente que de lui dédier un temple rustique. Il choisit d'abord un endroit naturellement beau avec des bois épais, de l'herbe verte, et un gros chêne, dont trois branches d'une égale grosseur se séparent au sortir du tronc pour se réunir ensuite et former ainsi une merveille naturelle, dominant tous les autres arbres du bocage sacré. Bien qu'il prenne soin de conserver les beautés naturelles du lieu, il s'ingénie à en ajouter d'autres : il place une tonnelle à l'entrée de son temple, arrange tout, orne tout, et dans cet endroit délicieux il vient tous les jours rendre les honneurs divins au portrait de sa belle (2).

La nature, si sympathique aux amants malheureux dans leurs moments de détresse, n'était pas moins secourable aux bergers dans le cours ordinaire de leur existence. La fraîcheur des bois, les murmures de l'eau étaient des agréments qu'ils goûtaient fort. Combien de fois on les voit, pour échapper aux rayons du soleil de midi, se réfugier dans quelque futaie propice (3) ! Un ombrage délicieux était l'endroit favori pour le commencement d'une aventure; un somme tranquille, à midi, donnait souvent l'occasion de quelque rencontre ou de quelque événement inattendu (4).

Mais l'ombrage était encore le lieu de repos et de recueillement pour les amants ou pour les voyageurs pendant la chaleur du jour (5). Et c'était aux bois, dans quelque retraite

---

(1) Cf. *Astrée*, IIIe Partie, l. x, p. 950-951. :
« Son cœur a plus d'ennuis que les champs de moissons. »
Astree, IVe Patrie, l. vi, p. 487-488.
(2) Cf. *Astrée*, IIe Partie, l. v, p. 301-303; p. 316.
(3) Cf. *Astrée*, IIe *Partie*, l. iii, p. 177-178 ; IVe Partie, l. iv, p. 266-267 ; Ve Partie, l. iii, p. 224-225.
(4) Cf. *Astrée*, I^e Partie, l. xi, p. 400.
(5) Cf. *Astrée*, Ve Partie, l. iii, p. 224-225.

fraîche (1), que les bergers et les bergères du Lignon discutaient les événements nouveaux ou échangeaient de longs propos. Car quand ils n'étaient pas occupés à garder leurs troupeaux, — ce qui, en vérité, n'arrivait pas souvent, — ils « alloient se promenans ensemble, cherchans les fresches ombres et les agréables sources des fontaines... » (2).

C'est la fraîcheur des arbres et des eaux, et le murmure des sources ou des ruisseaux qui font surtout leurs délices. Regarder les ondes du Lignon quand elles sont claires et pleines de poissons (3) paraissait aussi agréable que d'admirer leur puissance quand elles étaient grossies et impétueuses (4).

Les bergers admiraient aussi les rives du fleuve tapissées de fleurs (5), les clairières où poussaient l'herbe verte et « espaisse » (6), les beaux arbres (7). Ils se plaisaient à entendre chanter les oiseaux (8) « qui des boccages font retentir leur voix avec mille Echos. »

Il est intéressant de remarquer que c'est d'une façon générale qu'ils s'intéressent aux arbres, aux oiseaux ou aux fleurs : ils n'admirent spécialement aucune espèce particulière d'arbres, aucune couleur particulière (9) d'oiseaux ou de fleurs. A de rares exceptions près, d'Urfé ne nomme pas les

(1) Cf. *Astrée*, IIe partie, l. III. p. 177-178; l. IV p. 214.

(2) Cf. *Astrée*, IIe Partie, l. III, p. 177-178.

(3) Cf. *Astrée*, IIe Partie, l. VII, p. 474, 512 ; IVe Partie, l. VI p. 553.

(4) Cf. *Astrée*, Ie Partie, l. I, p. 6.

(5) En tête de la IIIe Partie, *L'Autheur à la Rivière de Lignon* ; IIIe Partie, l. IV, p. 315 ; l. XII, p. 1127 ; IVe Partie, l. VI, p. 497-498.

(6) Cf. *Astrée*, IIe Partie, l. V, p. 301-303 ; l. VIII, p. 541 ; IIIe Partie, l. V, p. 374.

(7) Cf. *Astrée*, IIe Partie, l. V, p. 316 ; IIIe Partie, l. VII, p. 616 ; l. XII, p. 1127 ; Ve Partie, l. IX, p. 665.

(8) Cf. *Astrée*, IIe Partie, l. VII, p. 512 ; IVe Partie, l. VI, p. 497-498.

(9) Dans la IVe Partie, l. VI, p. 497-498, on lit que « les fleurs émaillent de cent diverses couleurs » les prés. Mais aucune couleur particulière n'est notée.

arbres, les oiseaux, les fleurs (1). Des indications générales lui suffisent pour encadrer son roman.

Nous signalons une exception : la description des tableaux qui ornent la grotte de Damon (2). Elle est intéressante d'abord par la précision des détails qui y abondent, et puis comme exemple de ce que d'Urfé considérait comme une belle peinture de paysage (3). Une représentation du Lignon et de Damon faisant paître son troupeau est remarquable par sa netteté. Le druide fait observer avec quel soin comment l'ombre et la clarté y sont représentées. Le tableau de la nuit (4) et celui du lever du soleil (5) sont plus intéressants encore. On n'aurait pas imaginé que d'Urfé fût capable d'observer si délicatement ces « estoiles qui semblent trémousser », « ces nuages... bien représentez, qui en quelques lieux couvrent le ciel avec espaisseur en d'autres seulement comme une légère fumée, et ailleurs point du tout ; selon qu'ils sont plus ou moins eslevez ils sont plus ou moins clairs » (6).

Dans sa description du lever du soleil, toutes les particularités sont notées avec une exactitude étonnante :

(1) Ces exceptions sont les suivantes : chesne, IIe Partie, l. v, p. 316 ; IIIe Partie, l. v, p. 372-373 ; orangers, IVe Partie, l. vii, p. 604 ; aulnes, Ie Partie, l. xi, p. 798-801 ; saule, Ve Partie, l. vi, p. 384-385 ; cerisier, IIe Partie, l. iii, p. 177-178 ; IIe Partie, l. iv, p. 214 ; rossignol, IVe Partie, l. vi, p. 497-498 ; alloüettes, cha-huant, Ie Partie, l. xi, p. 815 ; roses, œillets, lys, Ie Partie, l. iv, p. 315 ; gui, IIIe Partie, l. v, p. 372-373 ; cresson, IIe Partie, l. vii, p. 474.
On remarquera que les fleurs apparaissent seulement pour accompagner une description de l'aube et que les autres noms n'apparaissent qu'une seule fois, ou par exception deux fois. Les descriptions des tableaux de la grotte de Damon, plus détaillées, où apparaissent oiseaux, alouettes et chats-huants, sont la preuve que cette absence de noms précis ne tient pas à un manque d'observation, mais est plutôt l'effet d'un choix de l'auteur. Les termes généraux lui suffisent ordinairement.

(2) Ici nous ne nous intéressons qu'au troisième, qu'au quatrième, et qu'au sixième tableau, Ie Partie, l. xi, p. 798-804, 807-811, 814-815, qui traitent tous de la nature.

(3) Cf. Astrée, Ie Partie, l. xi, troisième tableau, p. 798-801.

(4) Cf. Astrée, Ie Partie, l. xi, quatrième tableau, p. 807-811.

(5) Cf. Astrée, Ie Partie, l. xi, sixième tableau, p. 814-815.

(6) Cf. Astrée, Ie Partie, l. xi, p. 807-811.

« Voici le lever du Soleil : prenez garde à la longueur de ses ombres, comme d'un costé le Ciel est encore un peu moins clair. Voyez ces nuës qui sont à moitié air, comme il semble que peu à peu elles s'aillent eslevant; ces petits oiseaux, qui semblent en montant chanter et trémousser de l'aile, sont des alloüettes qui se vont seichant de la rosée au nouveau Soleil; ces oiseaux mal formez, qui d'un vol incertain se vont cachans, sont des chat-huans, qui fuyent le Soleil, dont la montagne couvre encore une partie, et l'autre reluit si claire qu'on ne sçauroit juger que ce fust autre chose qu'une grande et confuse clarté. » (1)

Cette description est un chef-d'œuvre d'exactitude. Aucun détail pouvant servir à compléter l'image n'est oublié.

Une belle vue était toujours fort admirée (2). Pour les contemporains de l'*Astrée*, la présence de terres cultivées dans un paysage était plutôt un embellissement (3); c'était particulièrement vrai de la culture de la vigne en Forez.

Voici une description idéale qui peut servir à résumer toutes les beautés champêtres considérées comme admirables à ce moment :

« Non point trop loing de la source de nostre gentil Lignon, Eleuman et Ericanthe ont une demeure sur les bords de cette......... rivière, qu'il semble que la Nature se soit pleuë d'embellir de tout ce qui la pouvoit rendre agréable; elle est posée sur une colline qui lui donne une veuë, quoi qu'un peu limitée à cause des autres petites montagnes assez voisines, toutefois si belle qu'il semble que ceux qui peignent des païsages ayent pris le patron sur sa situation. Lignon prend son cours au bas de cette coste, que les prez d'un costé et d'autre vont accompagnant presque autant que la veuë se peut estendre; les saussayes qui séparent ces prez, et les petits fossez par lesquels on dérobe les claires eaux de Lignon, semblent autant de petits ruisseaux qui vont abbreuvant ces belles prairies. Tout le penchant de la colline est couvert de l'ombrage de quantité d'arbres disposez en allées, par lesquelles on descend, sans incommodité du Soleil ni de la descente, jusques sur l'agréable rivage de cette claire rivière, que les fleurs presque en tout temps esmaillent de cent

(1) Cf. *Astrée*, Ie Partie, l. xi, p. 814-815.
(2) Cf. *Astrée*, Ie Partie, l. x, p. 693 ; p. 694 ; IIIe Partie, l. I, p. 6 ; Ve Partie, l. ix, p. 665.
(3) Cf. *Astrée*, Ie Partie, l. xi, p. 781-782 ; IIe Partie, l. viii, p. 541 ; IIIe Partie, l. vi, p. 475-476 ; l. x, p. 950-951.

diverses couleurs; les Rossignols qui semblent avoir choisi ce lieu pour leur demeure ordinaire, le peuplent de telle sorte qu'on jugeroit, à ouïr les divers chœurs qui se respondent à la voix les uns des autres, qu'ils ont abandonné tous les autres endroits de la contrée, pour à l'envi venir chanter parmi ces arbres; et la nature a tant de grâces, n'ayant pas voulu estre avare de ce qui pouvoit embellir entièrement ce lieu, y a fait sourdre tant de fontaines tout le long de ce penchant, qu'on diroit qu'elles y sont conduites par artifice : bref, ce lieu est la délice et le plaisir de tous les hameaux voisins... » (1).

La beauté douce, la fertilité, des rivières vagabondes, des ruisseaux clairs, de nombreuses fontaines, de beaux arbres rangés en allées de préférence, des champs bien cultivés, des prés verts, des fleurs de diverses couleurs et des oiseaux chantants, voilà ce qu'on admire, ce qu'on préfère aux spectacles sauvages et impressionnants de la montagne et de la mer.

Pour ajouter plus d'intérêt aux paysages, les poètes avaient pris l'habitude de peupler les bois d'êtres mythologiques, à peu près comme les grands dessinateurs de jardins embellissaient alors leurs carrefours et leurs allées de vases et de statues antiques. D'Urfé, bien qu'il écrivît en prose, n'omit point de décrire une apparition de cette sorte, celle de Neptune et des Naïades, à Alcidon dans la fontaine de la forêt (2). Dans son adresse au Lignon il fit mention des « gentilles Naïades », des Dryades, et de Diane et de ses Nymphes (3). Une fois aussi il décrivit l'apparition d'Aurore — lieu commun, toujours gracieux d'ailleurs, de la poésie depuis Homère. Mais, en général, d'Urfé n'a pas besoin de beautés artificielles de ce genre pour embellir ses paysages. Des personnages d'origine mythologique, comme Galathée et sa cour de nymphes, ou légendaire, comme Adamas le druide, ont des rôles importants dans le roman, mais ces noms d'emprunt cachent des personnages actuels et parfaitement réels.

Cette apparition de Neptune mise à part, — elle est expliquée, d'ailleurs, par Adamas comme un rêve extraordinaire, — les paysages du roman sont simples, vrais, beaux selon le goût de

(1) Cf. *Astrée*, IVe Partie, l. vi, p. 497-498.
(2) Cf. *Astrée*, IIIe Partie, l. iii, p. 218.
(3) Cf. *Astrée*, en tête de la I^e Partie.

l'époque, mais avec quelque chose de plus vivant par le sentiment personnel de d'Urfé qui décrit ces scènes chères à sa jeunesse.

Les jardins qu'il décrit sont du type ordinairement admiré. Plusieurs fois on constate que les allées d'arbres sont considérées comme une grande beauté. C'en était une pour les contemporains, nous l'avons déjà dit. On n'était pas choqué, à ce moment, de trouver des allées dans un endroit peu soigné à d'autres égards (1) ; car partout où on pouvait ajouter les agréments de l'art à ceux de la nature, ils n'étaient que trop bien accueillis. Nulle part dans l'*Astrée* n'existe le contraste entre la nature que l'art n'a pas embellie et celle qu'a transformée la main de l'homme. Cependant, bien que l'on se plaise dans une épaisse forêt ou dans des prés fleuris, c'est pour les jardins réguliers qu'on réserve le plus d'admiration. Même d'Urfé, malgré ses raisons toutes personnelles d'aimer la campagne du Forez, ne peut pas se tenir tout à fait écarté de la mode et si ses descriptions de jardins sont un peu froides, elles sont aussi très nombreuses et très détaillées (2). En représentant un jardin très élégant il lui donne un peu du charme dont sont pleines ses descriptions des paysages du Forez :

« ... Elle s'alla promener dans ces beaux jardins de l'Athénée, où le Rhosne et l'Arar s'assemblans, il se fait une plage très agréable entre ces deux grands fleuves, que depuis les Rois ont embellie de toutes sortes d'artifices, la peuplant d'arbres, l'enrichissant de fontaines somptueuses et l'embellissant de parterres et de diverses allées, qui, se perdans d'une confusion très-agréable les unes dans les autres, présentent toujours quelque chose de nouveau à l'œil curieux de celui qui s'y promène. Il est bien vrai qu'en ce temps-là les arbres se ressentoient encore de la rigueur du froid, d'autant que la saison n'estant encore guère avancée, n'avoit eu le loisir de leur rendre l'agréable verdure de laquelle le prochain hiver les avoit despouillez. Mais le Roi pour en couvrir le deffaut ayant fait ouvrir les voûtes, où il faisoit conserver grande quantité d'Orangers, les fit arranger si industrieusement le long des

---

(1) Cf. *Astrée*, Ve Partie, l. III, p. 224-225.

(2) Il y a d'autres jardins dans l'*Astrée* : I^e Partie, l. II, p. 48-49 ; l. III, p. 158 ; IIIe Partie, l. VII, p. 616 ; IVe Partie, l. VII, p. 667.

allées, qu'il sembloit que l'Esté fust revenu au lieu du Printemps. » (1).

Ce passage représente parfaitement les jardins du type qui allait se perfectionner avec Le Nôtre à Versailles. Ici comme à Versailles on voit les beautés habituelles : des parterres de vives couleurs, une orangerie, de nombreuses fontaines disposées au croisement des allées, des arbres magnifiques, le tout formant une diversité ravissante.

Ainsi l'*Astrée* ne manque pas non plus de décrire ce dernier aspect de la nature, qui se rencontre dans les jardins, où l'homme accroît par son art la beauté naturelle des arbres et des fleurs.

En somme, tous les traits essentiels de la nature, telle que l'ont représentée la plupart des écrivains de cette période, se trouvent déjà dépeints dans ce roman. Par l'influence de l'*Astrée* sans doute, elle tiendra une assez grande place dans beaucoup de romans qui suivront ; mais le sentiment personnel de la nature, qui, dans l'*Astrée*, a paru très visiblement, ne reparaîtra dans le roman que beaucoup plus tard, surtout chez Rousseau, au dix-huitième siècle.

(1) Cf. *Astrée*, IVe Partie, l. vii, p. 604.

CHAPITRE II

LA POÉSIE DE 1600 A 1620

L'aspect général de la nature pendant cette période : la persistance du modèle de l'*Astrée*. Les poètes : Malherbe et les règles; d'Aubigné, un attardé; Régnier, la réaction et la liberté. Des poètes moins importants, mais intéressants : Le Digne, Estienne Durand, Lortigue, Lingendes. Les tendances classiques disparaissent pour le moment.

La nature telle qu'elle est dépeinte dans l'*Astrée* se retrouve avec les mêmes traits chez les poètes de cette période. Cependant, à côté des traits généraux qui nous avons déjà trouvés chez d'Urfé, prennent place des détails nouveaux qui donnent aux descriptions des poètes un intérêt original. Naturellement aussi, quoique le sentiment de la nature soit toujours pour le poète plus personnel que pour le romancier, quelques-uns des caractères de ce sentiment au début du siècle s'expliquent par les mouvements littéraires contemporains. Ainsi, la nature chez Malherbe, devancier des classiques et créateur de règles étroites, se distingue nettement de celle de Durand et des autres poètes qui réclament plus de liberté dans l'art. En général, dans cette période, la nature est peinte plutôt que sentie : on en montre les aspects matériels, extérieurs et physiques, plutôt qu'on n'exprime à son propos des sentiments délicats de l'âme.

Les descriptions déjà si fréquentes dans l'*Astrée* réapparaissent dans toute la poésie de cette époque. L'ombre et la verdure sont toujours les charmes principaux d'un paysage. Malherbe, comme Régnier, sait apprécier un « feuillage sombre » et la beauté d'une « campagne verte » (1). Lortigue et

---

(1) Cf. MALHERBE, *Œuvres complètes*, éd. Lalanne, Paris, Hachette, 1862, 5 v., in-8º, t. I, Poésies, LXXI; *Chanson*, p. 226; — RÉGNIER, *Les Epistres et autres Œuvres*, Londres, 1730, in-8º, *Poésies meslées, Plainte*, p. 77 ; — LORTIGUE, *Poèmes divers*, Paris, 1617, in-12, *le Plaisir rustique*, p. 163 ; *Pour le plaisir champestre* p. 166 ; — DURAND, *Le livre d'Amour*, Paris, 1906, gr. in-8º, *Chanson*, p. 32.

Durand se plaisent à se reposer sous les « doux ombrages » des arbres. Les ruisseaux et les fontaines (1) sont fréquentés presque autant par les poètes que par les bergers du Forez, et leurs retraites préférées sont souvent « ornées de cent ruisseaux », ou tout au moins d'un seul. Les fleurs (2), admirées pour leur « gracieux émail » ou pour leur « agréable peinture », y ajoutent un parfum qui « embaume tous les champs » (3). Souvent le chant des oiseaux (4), surtout du rossignol (5), égaie les bois. C'est le « mignard » printemps qui est la plus douce des saisons, car il ramène les fleurs et la verdure, « nourrit les zéphirs », « adoucit les nuits » et « renouvelle » les jours (6). De temps en temps le ciel du matin est décrit (7). La nature fournit aussi aux amants heureux ou infortunés les comparaisons habituelles dont ils flattent leurs amantes (8), les décors qui conviennent à leur tristesse (9), et les retraites où ils peuvent soulager leur douleur (10). L'amour est presque le seul « sentiment » que ces poètes éprouvent en face de la nature. Deux d'entre eux, cependant, dépeignent assez bien le contraste entre la simplicité de la nature et la vie du monde cérémonieuse et

(1) Cf. MALHERBE, Œuvres, t. I, p. 138 ; — RÉGNIER, Œuvres, p. 77 ; — DURAND, Livre d'Amour, p. 93 ; — LINGENDES, Changements de la Bergère Iris, Paris, 1618, in-12, f. 10 vo, 11 ro.

(2) Cf. MALHERBE, Œuvres, t. I, p. 175, 226 ; — LE DIGNE, Fleurettes du Premier Meslange, Paris, 1601, in-12, p. 16-17, 100, 26 ; — DURAND, Livre d'Amour, p. 93, 104, etc.

(3) Cf. LE DIGNE, Meslanges, Ode, p. 16-17.

(4) Cf. LE DIGNE, Meslanges, Pastorelle, p. 26. — RÉGNIER, Œuvres, Epistre I, au Roy, p. 1 ; — DURAND, Livre d'Amour, Chanson, p. 32.

(5) Cf. MALHERBE, Œuvres, t. I, Chanson, p. 226 ; — LORTIGUE, Poèmes divers, le Plaisir rustique, p. 163.

(6) Cf. MALHERBE, Œuvres, t. I, Plainte, p. 175; — LE DIGNE, Meslanges, Ode, p. 16-17 ; Sonnet, p. 159 ; — DURAND, Livre d'Amour, Ode, p. 93 ; — LINGENDES, Bergère Iris, f. 10-11.

(7) Cf. MALHERBE, Œuvres, t. I, Larmes de St. Pierre, p. 17-18 ; — RÉGNIER, Œuvres, Epitre, I, au Roy, p. 1.

(8) Cf. MALHERBE, Œuvres, t. I, Plainte sur une absence, p. 175 ; — LE DIGNE, Meslanges, Sonnet, p. 100.

(9) Cf. LE DIGNE, Meslanges, Sonnet, p. 159 ; — DURAND, Livre d'Amour, Ode, p. 93.

(10) Cf. LE DIGNE, Meslanges, Ode, p. 16-17 ; — DURAND, Livre d'Amour, Chanson, p. 32 ; Stances de l'Absence, p. 82 ; Stances, p. 104.

décevante (1). Plusieurs fois aussi reparaissent, comme dans l'*Astrée,* des descriptions de la vie pastorale (2).

D'une manière générale, on peut dire que les poètes s'attachent souvent dans leurs descriptions aux traits physiques de la nature, mais sans insister beaucoup sur les détails. C'est l'effet général qui importe pour eux, et c'est l'aspect matériel de cette nature qui frappe leur attention. Déjà les poètes les plus personnels en matière d'amour exprimaient parfois des sentiments artificiels pour leurs amantes. Il en est de même, à plus forte raison, pour le sentiment de la nature, qui souvent apparaît sous une forme purement conventionnelle. Enfin, comme il arrive souvent en poésie, l'amour et la nature sont presque toujours associés.

Mais si tous les poètes se sont contentés de peindre le monde extérieur à peu près selon la même formule, on peut déjà distinguer deux façons différentes de le regarder : les uns ont une tendance à la froideur et à l'impersonnalité, et montrent peu de goût pour la campagne. Parmi eux, on peut citer Malherbe. Les autres éprouvent pour elle un amour personnel, sincère, mais encore superficiel et sans grande profondeur. Parmi eux, on peut citer Durand.

Par là, le sentiment de la nature se trouve étroitement lié aux mouvements littéraires du début du siècle, car Malherbe et Durand représentent deux doctrines opposées en littérature.

Au point de vue de l'histoire littéraire, ces vingt premières années du dix-septième siècle sont intéressantes, dans le domaine de la poésie, surtout par le nom de François Malherbe. Les autres poètes, ses contemporains, sont moins célèbres, mais ils offrent avec lui un contraste fort instructif.

A tous égards, Malherbe est le grand homme du commencement du siècle. Il inaugura une tendance nouvelle dans la littérature française : il essaya d'atteindre la perfection en observant rigoureusement certaines règles. Pour nous le résultat le plus important de cette limitation volontaire de l'inspiration poétique, c'est la suppression de toute sensibilité personnelle et, par conséquent, un sentiment très limité de la nature.

(1) Cf. LE DIGNE, *Meslanges, Sonnet,* p. 35 ; — LORTIGUE, *Poèmes divers, Pour le Plaisir champestre,* p. 166.

(2) Cf. LE DIGNE, *Meslanges, Pastorelle,* p. 26.

Malherbe, sans doute, n'a pas cultivé le genre tragique, suprême expression de l'art classique. Cependant, il résume en lui toutes les aspirations du classicisme, qui sont impliquées dans ses efforts incessants vers la perfection de la forme et vers la souveraineté de la raison dans la poésie. Cette doctrine entrave l'inspiration, limite le choix des sujets, et ne se réclame que de la mesure et de la raison.

Les doctrines de Malherbe ne furent pas acceptées sans protestations par ses contemporains. Il trouva des disciples, mais aussi des adversaires, ou, tout au moins, des poètes qui soutinrent les droits de la libre inspiration. On se révolta tout d'abord contre les formes trop strictes instituées par Malherbe. En réalité, la révolte était plus profonde : on réclamait la liberté complète en matière de poésie. Ces poètes voulaient rester libres de s'inspirer de sujets extravagants ou triviaux aussi bien que de sujets où régnaient la mesure et la raison. Surtout ils voulaient être libres de montrer de la sensibilité, de l'émotion, de la personnalité dans leurs vers. Par là, ils s'opposaient nettement à Malherbe. Ils s'inspiraient souvent de la nature et, en mettant dans leurs peintures leurs sentiments personnels, ils la traduisaient avec une richesse et une chaleur inconnues de Malherbe.

A ses débuts donc l'esprit classique se montre hostile au sentiment de la nature et à son expression dans la poésie ; par contre, les poètes épris de liberté sont ceux qui la sentent et l'expriment le mieux. Cette opposition de l'esprit classique et de l'inspiration libre persiste pendant toute cette période et en est même le trait le plus frappant. Les poètes ont tous de la nature une conception plutôt conventionnelle ; ils n'en relèvent aucun aspect original. Ils se contentent d'en décrire les charmes habituels sans en découvrir de nouveaux. Ce ne sont donc pas leurs simples descriptions qui nous intéressent ; elles ne diffèrent guère entre elles. Ce qui nous importe, c'est leur manière de regarder et de sentir. Ils y montrent une originalité et une personnalité des plus instructives.

Malherbe est à peu près seul à représenter les principes classiques. Il a peu de sensibilité personnelle et il ne s'intéresse guère aux beautés du monde extérieur. On peut même citer de lui ce vers, si étrange à propos de son séjour à Fontainebleau avec la cour :

Et je deviens plus sec, plus j'y vois de verdure (1).

De même, dans plusieurs lettres (2), il vante les avantages de la ville sur la campagne.

Il estime l'humanité bien plus que la nature. Ce sont surtout les hommes et leurs actions qui l'intéressent : ses lettres le disent nettement. Cependant, il serait injuste de le croire tout à fait sur parole, car, s'il n'a pas beaucoup aimé la nature, il ne se refuse pas à la décrire en quelques occasions (3).

Certes, de ses vers corrects, polis et froids, il tâche d'éliminer tout sentiment personnel. Néanmoins, ses descriptions du matin et ses peintures de jardins ne manquent pas de détails qui révèlent une observation exacte et minutieuse.

La description de l'aube et du lever du soleil, dans les Larmes de Saint-Pierre, nous offre quelques exemples caractéristiques de sa manière de peindre. Les trois premiers vers, un peu secs peut-être, donnent succinctement les détails descriptifs indispensables. Il n'y a pas là, à proprement parler, de la part du poète, de réaction personnelle à propos des choses vues, mais Malherbe y montre une précision et une concision qu'on retrouve souvent chez lui :

> Tandis la nuit s'en va, ses lumières s'éteignent,
> Et déjà devant lui les campagnes se peignent
> Du safran que le jour apporte de la mer.

Suit une personnification de l'aube sous le nom d'Aurore, artifice habituel des poètes, mais Malherbe y insiste plus que d'ordinaire, jusqu'à forcer peut-être quelque peu l'image. Sous les ornements du style poétique on note la justesse des détails et même un certain bonheur d'expression :

> L'Aurore d'une main, en sortant de ses portes,
> Tient un vase de fleurs languissantes et mortes ;
> Elle verse de l'autre une cruche de pleurs,
> Et d'un voile tissu de vapeur et d'orage,
> Couvrant ses cheveux d'or, découvre en son visage
> Tout ce qu'une âme sent de cruelles douleurs.

---

(1) Cf. MALHERBE, Œuvres, t. I, Sonnet, xxxv, p. 139.
(2) Cf. MALHERBE, t. III, lettre à Perrin, 22 juillet 1614, p. 444 ; et t. IV, lettre à Racan, 10 septembre 1625, p. 15-21.
(3) Cf. MALHERBE, Œuvres, t. I, les Larmes de Saint-Pierre, p. 17-18 ; Sonnet, p. 138 ; Plainte sur une absence, p. 75 ; Chanson, p. 226.

Même procédé pour décrire le lever du soleil : là encore, la description est chargée d'images. Ce sont les oiseaux qui s'éveillent et ne daignent pas chanter, ce matin-là, parce que c'est le matin d'un jour malheureux (1).

Moins ornée, et plus vraie par conséquent, la *Chanson* décrit des beautés naturelles. Le parfum des roses, les couleurs des fleurs dont « la vive peinture défend à l'art d'imiter la nature », l'ombre agréable, le rossignol « déployant ses merveilles », tout y a sa place et ajoute à l'effet général. Mais une fois de plus le soleil est personnifié (2). La note est juste, mais il n'y a pas de sentiment vraiment personnel. Les mêmes qualités d'observation et de description se manifestent dans deux autres morceaux, courts d'ailleurs, dont l'un dépeint un jardin « pourvu toujours de fleurs et d'ombrages verts » (3) et l'autre décrit un printemps et ses fleurs (4). Mais ce qui manque toujours c'est une impression originale.

On peut conclure que si Malherbe, n'ayant pas de prédilection spéciale pour les beautés extérieures de la création, en parle tout de même un peu, c'est uniquement parce que c'est la mode. Mais ici comme ailleurs, il conserve toujours sa manière exacte et précise.

Les autres poètes de ce temps sont tous plus ou moins les adversaires de Malherbe et de son idéal poétique. Leur inspiration est plus libre; la nature leur parle plus intimement. Leurs vers ne sont pas froids, bien qu'ils aient encore un sentiment de la nature peu profond. Ils la décrivent en vers moins achevés que ceux de Malherbe, mais, par contre, leurs descriptions sont beaucoup plus personnelles. C'est le cas de d'Aubigné, de Régnier, de Le Digne et de Durand.

(1) Cf. MALHERBE, *Œuvres*, t. I, *Poésies*, III, *les Larmes de Saint-Pierre*, p. 17-18.
(2) Cf. MALHERBE, *Œuvres*, t. I, *Poésies*, LXXI, *Chanson*, p. 226.
(3) Cf. MALHERBE, t. I, *Poésies*, XXXIV, *Sonnet*, p. 138.
(4) Cf. MALHERBE, t. I, *Poésies*, LI, *Plainte sur une absence*, p. 175.

D'Aubigné, qui vit à la même époque que Malherbe, fait avec lui un contraste frappant. Déréglé, violent, personnel dans son œuvre, bien qu'il n'ait guère commencé à écrire avant 1600, il appartient au seizième siècle et s'oppose de toute manière à Malherbe et aux tendances qu'il représente.

La nature occupe une place importante dans ses poèmes. D'une part, des comparaisons tirées du monde extérieur lui servent d'ordinaire pour exprimer ses colères de huguenot (1). D'autre part, il aime véritablement la nature d'un amour tendre et profond. Enfin il aime à découvrir dans la création l'œuvre de Dieu (2).

D'autres poèmes, où il décrit des scènes profanes, sont pleins de cette sensibilité d'âme qui prend un vif plaisir à contempler les beautés et les merveilles du monde (3). La fraîcheur de sentiment qu'il y montre est vraiment personnelle.

Ses sentiments trop violents et l'originalité même de ses impressions sincères contribuèrent à isoler d'Aubigné et lui ôtèrent toute influence. Il fut complètement oublié par ce siècle auquel il n'appartenait guère en réalité.

Mathurin Régnier, qui lui appartient davantage, bien qu'il admirât sincèrement les tentatives de réforme de Malherbe, ne voulut jamais se soumettre au joug de ce dernier. Il reste tout à fait indépendant et puise ses inspirations dans le seizième siècle et l'antiquité, mais son œuvre est empreinte d'une forte originalité.

Étant par tempérament poète satirique, Régnier n'avait guère l'occasion de chanter les beautés de la nature. Cependant,

(1) Cf. Théodore Agrippa d'Aubigné, *Œuvres complètes*, Paris, 1873, 6. v., in-8º, t. IV, *les Tragiques*, l. i, p. 35, 37-38, 47 ; l. ii, p. 74, 82, 98 ; l. v, p. 213-214.

(2) *La Création* est une glorification pieuse de Dieu. La sensibilité, la sincérité et la foi caractérisent cette œuvre. Lire surtout: ch. v, p. 356-361 ; ch. vi, p. 362-366 ; ch. vii, p. 368-374 ; ch. viii, p. 375-383 ; ch. ix, p. 384-391 ; ch. x. p. 392-402, au t. III des *Œuvres*.

(3) Cf. d'Aubigné, *Œuvres*, t. III. *Printemps*. Il y exprime tous les sentiments que la nature lui inspire. Cf. l. iii, xxiii, p. 168-171 ; l. i, lxvi, p. 50. 70 ; l. ii, ii, p. 74-75 ; l. ix, p. 88-89 ; l. iii, xii, p. 142-143 ; l. i, xix, p. 24 ; l. iii, xxxi, p. 183-184.

on trouve dans ses œuvres deux morceaux où elle est peinte d'une manière quelque peu précise. Sa description de l'aube fait contraste avec celle de Malherbe par sa simplicité; sa *Plainte,* simple elle aussi, dégage une tristesse poignante, accuse une sensibilité extrême et un regret personnel (1).

*
**

Chez quatre poètes mineurs, Durand, Le Digne, Lingendes, Lortigue, cette même note de personnalité persiste. Comme Régnier, ils sont indépendants, résistent à l'influence de Malherbe et se rattachent à la tradition de la libre inspiration. A vrai dire, leur poésie, exubérante et colorée, est comme la suite de la poésie du seizième siècle. D'autre part, bien qu'ils soient moins profonds et, à l'exception de Durand, moins doués, leur manière d'exprimer le sentiment de la nature annonce déjà celle de Racan, de Théophile et de Saint-Amant.

Chez Le Digne, la personnalité s'accuse dans sa façon d'interpréter la nature. Dans ses vers *Sur des œillets* (2), destinés à servir d'étrennes à quelque dame de sa connaissance, la nature seule et ses plus rares fleurs lui fournissent des comparaisons dignes de sa bien-aimée. Quand il voit les charmes d'un « gentil petit vallon » tout émaillé de fleurs, il lui semble que sa Blanche lui sourit ou que, « toute mignarde », elle joue avec lui (3). Le printemps, la plus belle des saisons, qui apporte les fleurs avec leurs couleurs vives, les zéphyrs, la douceur des nuits, est particulièrement goûté du poète à cause des sentiments d'amour qu'il fait naître et qu'il favorise (4). Toujours associant l'amour et la nature, mais ayant, pour sa part, l'humeur sombre, l'amant malheureux souffre du renouvellement du monde, et, à mesure que la saison avance et s'égaie, il n'en devient que plus triste (5).

Ces vers galants, assez peu sincères en général, mais qui renferment de jolies descriptions d'une note assez personnelle,

(1) Cf. RÉGNIER, *Œuvres, Epistre I,* au Roy, p. 1 ; *Poésies meslées, Plainte,* p. 77.
(2) Cf. LE DIGNE, *Meslange, Sur des œillets,* f. 33.
(3) Cf. LE DIGNE, *Meslange, Sonnet,* CLII, f. 100.
(4) Cf. LE DIGNE, *Sonnet,* CCXX, f. 159.
(5) Cf. LE DIGNE, *Ode,* f. 16-17.

ne contiennent guère de détails précis. Les couleurs des fleurs y sont vives ou belles, mais ne sont pas indiquées plus exactement (1). Dans toutes ces peintures, c'est l'impression générale qui importe; la valeur pittoresque et décorative des détails n'est pas encore recherchée pour elle-même.

D'une humeur plus sérieuse, Le Digne trouve dans les bois et les prés la source de sentiments philosophiques. Un sonnet, inspiré par le contraste de l'existence libre de la campagne avec la vie mondaine et artificielle, manifeste un jugement plus raisonné que sentimental de la nature.

La première strophe exprime son goût pour la vie simple :

Que j'aime l'air des champs ! je voy en mille endroits
A tout premier object la nature en son estre;
Je voy d'un franc désir cette troupe champestre
Reverer la Justice et honorer ses Rois.

La strophe suivante représente l'existence délicieuse des bergers :

Les petits bergerotz d'une contente voix
Eu chantant le matin meinent leur troupeau paistre;
Leur père seul leur sert et d'escolle et de maistre,
Pour suivre mesme trace et vivre en mesme lois.

Le Digne nous montre leur félicité, loin des embarras et des soucis des cités :

Heureuses bonnes gens d'estre aussi loing des villes,
Loing de l'ambition, loing des meurs inutilles,
Loing des traicts de la Cour pleins d'infidélité.

Et, enfin, par une image heureuse, il encadre là ses déceptions :

C'est un théâtre ouvert pour jouer les misères
Chacun tourne la voille au cours des vents prospères
Et jamais nul n'aborde à la félicité (2).

Trouver dans les champs et les bois un asile heureux, loin des ambitions et des faux plaisirs d'une cour peu sincère, ce n'est point là un sentiment isolé. C'est la raison du séjour des bergers de l'*Astrée* dans le pays du Forez. Mais l'interprétation de la nature est toujours personnelle chez Le Digne.

(1) Cf. Le Digne, *Meslange, Pastorelle,* f. 26 ; *Sur des œillets,* f. 33 ; *Sonnet,* CLII, f. 100 ; *Sonnet,* CCXX, f. 159.
(2) Cf. Le Digne, *Meslange, Sonnet,* XLV, f. 35.

Planche V. — « Veuë des Jardins, et Parterre, de la Maison de Gondy à Sainct Cloud », par Israël Silvestre (1621-1691). (Bibliothèque Nationale, Cabinet des Estampes, *Œuvres*, in-fol Ve. 14, p. 66).

72

Dans ses joies, elle lui est chère s'il trouve en elle une sérénité qui correspond à la sienne. Quand il est déçu et triste, elle lui offre une retraite sûre. Ainsi il demeure toujours dans une intimité étroite avec elle.

Estienne Durand, mort jeune, et vite oublié malgré son grand talent, n'a laissé qu'un mince volume, mais qui contient une quantité de belles choses.

En feuilletant son livre, on est frappé tout de suite de ce qu'il y a de robuste plutôt que de délicat dans son talent, et on sent son amour de la vie et de ses plaisirs. Il est païen : il aime les jouissances des sens et, dans la nature, ce qu'il goûte par-dessus tout, c'est ce qui parle aux sens. D'autres poètes déjà avaient décrit les beautés physiques des choses; mais Durand les sent d'une façon plus intime et plus profonde. Il mêle toujours à l'expression de ses transports d'amour le souvenir des beautés naturelles, et la nature est le théâtre le plus habituel de ses aventures sentimentales. Ce trait frappe le lecteur à chaque page. Toujours la nature et l'amour sont étroitement liés. Presque toujours ses descriptions sont gaies, et la passion qu'il dépeint est heureuse, triomphante, insouciante (1). La nature est alors comme le miroir qui reflète les joies du poète. Mais, pour lui aussi, l'amour a ses déceptions, et alors il recourt à la nature pour exprimer sa peine.

Voici quelques vers, rapides, fermes, jolis, bien représentatifs de son talent :

> O Bois, que vous m'estes aimables,
> Que vostre silence m'est doux!
> Si mes ennuis sont incurables,
> Pour le moins les soulagez-vous...
>
> O Bois, qui vers moi pitoyable,
> Ecoutez mes cris ennuyeux,
> Quelque autre Amant plus misérable
> S'est-il jamais plaint en ces lieux? (2)

Le sentiment y est caractérisé par un appel à la nature

---

(1) Cf. DURAND, *Livre d'Amour*, Ode. I, p. 93.
(2) DURAND, *Livre d'Amour*, Chanson, p. 32.

plus direct, plus franc, plus simple, que chez les autres poètes; pour Durand elle est la plus familière des compagnes dans toutes les joies comme dans toutes les tristesses de son âme.

*
**

Après Le Digne et Durand, Lingendes et Lortigue n'ajoutent rien de nouveau. Le premier, dans le fade décor habituel à cette époque, dépeint l'amour des bergers, où tout est traité selon la mode traditionnelle (1). Lortigue chante la vie pastorale (2) et les plaisirs champêtres, les plus doux (3), et loue de sa simplicité la fille de la campagne, qui, « beauté des champs, paroist sans artifice » (4).

En résumé, la plupart des poètes de cette période s'intéressent surtout à l'aspect extérieur et physique de la nature ; ils n'éprouvent guère devant elle d'émotions d'ordre sentimental, religieux ou philosophique. C'est chez. Le Digne, Durand, Lortigue et Lingendes, tous quatre représentant la tradition de la liberté, qu'une interprétation plus personnelle et plus vraie commence à paraître. Le Digne, avec une intuition, un sens toujours bien à lui, des beautés naturelles, et Durand, avec sa jouissance plus franche, représentent le mieux cette tendance nouvelle. Ils annoncent déjà une poésie plus riche en émotion.

(1) Cf. LINGENDES, *Changements de la Bergère Iris*, f. 10 v° et 11.
(2) Cf. LORTIGUE, *Poèmes divers, L'Hymne de l'Ortie*, p. 112.
(3) Cf. LORTIGUE, *Pour le Plaisir champestre*. p. 166.
(4) Cf. LORTIGUE, *Le Plaisir rustique*. p. 162, 163.

CHAPITRE III

LE ROMAN DE 1620 A 1640

La nature représentée par les romanciers : la pastorale cède la place au roman d'action. Gombauld, Desmarets, Boisrobert, Camus. L'originalité de Gomberville.

Dans la période de vingt ans qui s'étend de 1620 à 1640 environ dominent les poètes : l'auteur de l'*Astrée* n'avait pas en effet de successeurs dignes de lui. Les seuls romanciers du siècle qui lui soient comparables, La Calprenède et Mlle de Scudéry, n'écrivaient pas encore leurs œuvres importantes.

L'*Astrée*, nous l'avons vu, était à la fois un roman de chevalerie et une bergerie en prose. La bergerie prédominait, fournissant à l'auteur l'occasion de nombreuses descriptions de la nature. D'ailleurs, comme nous l'avons fait remarquer, d'Urfé prenait un vif plaisir à peindre le pays du Forez, et par ces peintures son roman se rapprochait quelque peu de la réalité.

Les romanciers de cette période, Gombauld, Desmarets, Boisrobert, Gomberville et Camus, s'écartent du chemin tracé par l'*Astrée*. Plus de bergers, plus de scènes pastorales et champêtres ; toutes ces visions tranquilles cèdent la place aux aventures galantes, guerrières, politiques même. Ces romanciers, par là, se rattachent aussi bien à l'*Amadis* qu'à l'*Astrée*. Les scènes pastorales avaient plu au commencement du siècle ; leur lecture reposait alors des guerres qui venaient de finir. S'il y avait dans l'*Astrée* des princes, des soldats, des hommes d'action enfin, les bergers amoureux y occupaient la première place. Maintenant la mode a changé : les gens, après cette courte période de repos, aspirent de nouveau à l'action et, dans les romans, c'est aux actions surtout qu'ils s'intéressent. Les nouveaux romanciers renoncent aux bergers, aux druides, aux nymphes, et les remplacent par des figures plus modernes, des rois, des princesses, des généraux et des cavaliers. Mais les réalités de la nature, ils les négligent absolument. Seul Gomberville essaye de piquer l'attention du lecteur par des descriptions de pays lointains et étrangers. Pour les autres, la nature n'est que le décor du roman : ils sont indifférents aux traits du paysage, et que l'histoire se passe en Sicile ou ailleurs, c'est un pays quelconque qu'ils peignent, sans aucune précision.

Il arrive même qu'on ne trouve pas de description de la nature dans plusieurs romans. Aucune dans l'*Histoire Indienne d'Anaxandre et d'Orazie* de Boisrobert, ni dans l'*Ariane* de Desmarets de Saint-Sorlin, malgré la grande faculté d'invention de l'auteur ; une seule dans l'*Endimion* de Gombauld : encore ne remplit-elle qu'une demi-page et n'a-t-elle rien d'original. L'auteur se contente en effet de nous représenter son héros passant agréablement son exil « sous les frais ombrages, le long des ruisseaux, parmi les fleurs et les herbes odorantes » (1).

Camus et Gomberville, chez qui les descriptions de ce genre tiennent tant de place, comprennent la nature un peu comme d'Urfé dans l'*Astrée*.

La Sicile, scène choisie par le pieux évêque de Belley pour son *Agathonphile*, n'est qu'une manière de paradis. Il dépeint comme un séjour de délices « ce territoire si aimable pour la beauté de ses plaines, pour la douceur de ses collines, pour la suavité de ses vallées, pour la verdure de ses bois, pour la multitude de ses villes, pour la facilité de ses rivages, pour la seureté de ses ports et pour la vivacité d'esprit de ses habitans » (2). Il insiste sur la douceur du climat. Même l'Etna, tout « bruslant » et malgré la beauté presque surnaturelle qu'il lui prête, n'apparaît guère menaçant et terrible. Enfin, « les pâturages verdoyans qui émaillent ces sommitez d'un perpétuel Printemps de fleurs convient les Pastres à y conduire leurs troupeaux et à y dresser leurs cabanes ».

Gomberville, tout en choisissant des pays encore plus

---

(1) Cf. GOMBAULD, *Endimion*, Paris, 1624, in-8o, l. IV, p. 236-237.

(2) Cf. CAMUS, *Agathonphile*, Paris, 1638, in-8o, l. I, p. 1-2.

exotiques, se sert des traits traditionnels quand il veut décrire un séjour idéal. Almanzor, un des personnages de son *Polexandre*, cherche l'Ile Inaccessible où régnait la princesse puissante courtisée par tant d'amoureux, jeunes et ardents. Il demande des renseignements au sujet de cette île bienheureuse, réputée le plus bel endroit du monde, et en réponse le prisonnier portugais célèbre sa verdure, ses fleurs et ses moissons merveilleuses. « La verdure et les fleurs y sont éternelles, dit-il, les moissons et les fruicts y passent l'espoir et le desir des plus avares. » (1)

Ce sont encore les agréments traditionnels qui sont évoqués dans les deux passages qui suivent. La scène se passe en Afrique, où l'on ne serait pas étonné de trouver toute sorte d'aspects étranges de la nature. Mais non : le jeune héros « descend par une pente fort douce », car les approches même de ces lieux charmants doivent être agréables. Il arrive à « des vallons délicieux, soit pour les petits ruisseaux dont ils sont coupez soit pour les fontaines qui coulent du haut des colines ». Comme dans l'*Astrée*, comme chez les poètes, les ruisseaux et les fontaines forment un des agréments les plus goûtés. Mais ces vallons ne manquent pas d'autres beautés presque aussi indispensables : « les prairies couvertes de mille sortes de fleurs » et la verdure des « petits bois dont elles sont environnées » (2).

Un peu plus loin « ils rencontrent des plaines fleuries », plus attirantes même que celles de nos climats, car elles sont « coupées de plusieurs chemins qui font honte aux plus belles allées des jardins et des parcs de l'Europe... » (3).

Elle est toujours la même, cette nature, en Europe ou en Afrique : elle est toujours belle, séduisante et fleurie. La seule différence, c'est que les rivières, les ruisseaux et les fontaines y sont plus nombreux et plus jolis, les fleurs plus belles, les prés plus verts. Le Nil, comme le Lignon, a ses bergers qui mènent une vie charmante. La petite Isle, au milieu du courant du Nil, au-dessous de « l'ancienne ville d'Alexandre », constitue

(1) Cf. GOMBERVILLE, *Polexandre*, Paris, 1637, 5 v., in-8º, t. I, l. I, p. 117.
(2) Cf. GOMBERVILLE, *Polexandre*, t. II, l. III, p. 567.
(3) Cf. GOMBERVILLE, *Polexandre*, t. II, l. III, p. 570.

pour eux une retraite charmante. Il y a « un nombre infini » d'herbes et de fleurs et une quantité de beaux arbres. Le Nil, « respectant un lieu si délicieux », ne déborde jamais pour ne pas faire tort aux beautés de ses rivages. Cet endroit si merveilleusement adapté à la vie pastorale est, en effet, le séjour préféré de plusieurs « gentils Bergers et plusieurs belles Bergères ». Ils y goûtent à leur aise les plaisirs de cette existence idéale, que, en réalité « on ne sçauroit esgaler à la félicité des plus grands Rois du monde, sans diminuer infiniment de ses plaisirs et de ses contentemens » (1).

Afrique ou Forez, la scène ne semble guère changer. L'existence aussi ne contient pas de nouveauté, car les bergers de Gomberville mènent une vie en tous points semblable à celle de Céladon et de ses compagnons. Comme eux, laissant paître leurs troupeaux sans beaucoup de surveillance, ils cherchent d'habitude l'ombre pour éviter la chaleur de midi. Ils la trouvent le plus souvent dans une petite saussaie où « tous les Bergers de ceste contrée avoient accoustumé de s'assembler pour passer la chaleur du jour » et aussi, — car les bergers sont partout bavards, — « pour s'y entretenir des nouvelles qu'ils avoient apprises ». Ce lieu de repos n'est pas seulement « environné » d'un petit ruisseau, mais encore il est arrosé « d'une belle et claire fontaine », que, par une fantaisie charmante, « la nature avait pris plaisir de faire couler par le tronc d'un saule » (2).

Tout comme dans l'*Astrée,* les fontaines et les ruisseaux sont des agréments fort appréciés. Que les fontaines « vives et claires » ne fassent qu'arroser les loges des personnages dans un endroit désert (3), ou qu'elles suppléent aux rivières en embellissant un lieu sacré (4), ou qu'elles ajoutent leur charme aux beautés naturelles et artificielles d'un jardin (5), elles avaient toujours une place importante dans chaque paysage.

(1) Cf. Gomberville, *La Carithée,* Paris, 1621, in-8º, l. III, p. 224-225.
(2) Cf. Gomberville, *La Carithée,* l. III, p. 262.
(3) Cf. Gomberville, *Polexandre,* t. I, l. I, p. 69.
(4) Cf. Gomberville, *La Carithée,* l. II, p. 120.
(5) Cf. Gomberville, *Polexandre,* t. I, l. I, p. 165.

Les jardins, très à la mode pendant cette période, fournissent toujours l'occasion de peindre la nature sous un aspect des plus aimables. Il en existe plusieurs descriptions dans les œuvres de Camus et de Gomberville.

Camus, qui a dépeint si amoureusement les charmes de la Sicile, en ajoutant à toutes les beautés réelles de cette île tous les agréments qu'il peut imaginer, ne s'éloigne guère des procédés des écrivains de son temps. Le jardin de Fulgent répond pareillement au goût du jour. Préoccupé de soucis sans nombre, le jeune homme se dirige vers un bocage, endroit agréable où l'art du jardinier s'est plu à façonner tous les artifices dont il était capable. « Divers destours en forme de labyrinthe » s'y trouvaient, et en quelques recoins on avait fait des « cabinets d'orangers et de grenadiers ». Ces cabinets de verdure étaient si sombres et si couverts que « le soleil n'y enfonçant jamais la pointe de ses rayons, la fraischeur et le silence y residoient, à l'ombre d'un gratieux et impenetrable fueillage... » (1).

La fraîcheur, douce compagne de l'ombre, — toutes deux caractéristiques nécessaires de tout lieu d'agrément, — est appréciée comme il convient. A l'ombre s'ajoute le silence. Les traits charmants du paysage ordinaire, encore embellis par les artifices de l'homme, forment un jardin idéal d'après le pieux romancier.

Dans les romans de Gomberville aussi les jardins sont souvent décrits et à peu près sur le même modèle: Il semble prendre plaisir à dépeindre tous les ornements qu'on peut imaginer pour les embellir. Aux agréments communs aux jardins de l'Europe il ajoute celui de l'odeur délicieuse répandue par les arbres aromatiques des climats chauds (2). D'ailleurs, ses jardins ont toutes les beautés à la mode : de longues allées bien couvertes, où les oiseaux se plaisent à chanter (3), de petits bois d'arbres rares, des dédales habilement imaginés, des fontaines embellies par l'art (4).

(1) Cf. CAMUS, *Palombe*, Paris, 1625, in-8º, l. IV, p. 345.
(2) Cf. GOMBERVILLE, *Polexandre*, t. I, l. I, p. 165 ; t. II, l. III, p. 409-10.
(3) Cf. GOMBERVILLE, *Polexandre*, t. II, l. III, p. 409-10.
(4) Cf. GOMBERVILLE, *Polexandre*, t. I, l. I, p. 165 ; t. V, l. IV, p. 441.

Un jardin typique est celui dans lequel Zalmatide conduisit Polexandre pour l'entendre raconter ses aventures. C'était vers le soir, et la chaleur du jour était « tempérée d'un petit vent qui sembloit, par sa fraischeur, esteindre le feu que le soleil avoit respandu sur l'horizon ». Les arbres, les pins, les palmiers, les cèdres et les orangers, car la scène se passe en Afrique, donnaient un parfum délicieux. Les longues allées couvertes formaient un lieu admirable pour la conversation et la promenade. Les charmes en étaient même trop abondants : « la douce importunité d'un nombre infini de sereins qui ne cessoient de chanter sur les arbres » les incommodait dans leurs entretiens, selon l'élégante exagération de l'auteur (1).

Toujours souriante, encore suivant l'exemple de d'Urfé, la nature de Gomberville est aussi sympathique aux amants infortunés que celle de l'*Astrée*. Mais le cas est plus rare, et les amants tristes ne s'expriment pas aussi souvent en vers que les bergers du Lignon. Étant surtout des hommes d'action, ils ne perdent pas beaucoup de temps en plaintes languissantes. La seule fois qu'un amant triste essaye d'apaiser ses peines en les confiant à la nature, il soupire des vers (2) semblables aux sonnets et aux chansons mélancoliques de l'*Astrée*. Conformément à la tradition des poètes, les charmes de la nature ne servent qu'à tourmenter l'amant qui a perdu sa belle, et la « peinture » des fleurs, le chant des oiseaux, l'ombre des bois et « la douce solitude » augmentent son inquiétude et sa tristesse.

Une autre fois, un amant malheureux, le Cérinthe de la *Carithée,* trouva tellement émouvant « tant de parterres et tant de fleurs », quand il ouvrit sa fenêtre le matin après une nuit sans sommeil, qu'il commença à proférer doucement une plainte (3).

Voilà dans quelle mesure les descriptions contenues dans ces romans sont conformes aux modèles de l'*Astrée* et nous présentent une nature douce et idéalisée. Maintenant il est temps d'examiner une tendance divergente. Tout d'abord ce sont les trois orages décrits dans les romans de Camus et de

---

(1) Cf. GOMBERVILLE, *Polexandre*, t. II, l. III, p. 409-10.
(2) Cf. GOMBERVILLE, *La Carithée*, l. V, p. 510-11.
(3) Cf. GOMBERVILLE, *La Carithée,* l. II, p. 58.

Planche VI. — Frontispice du « Jardin de la Noblesse française », par Abraham Bosse (1602-1676).

(Bibliothèque Nationale, Cabinet des Estampes, *Œuvres,* in-fol. Ed. 30e, G. D. 1301.)

Gomberville. Il n'y a que deux descriptions d'orages dans toute l'*Astrée*, et elles sont très sommaires.

Le bon évêque qui a su dépeindre si admirablement des scènes paisibles et charmantes, ne se montre pas, à l'occasion, moins habile à représenter une tempête. Il suit le développement de l'orage dans tous ses détails et le décrit avec une justesse d'observation peu commune à cette époque.

C'est d'abord l'aspect du ciel et de l'air au commencement de l'orage :

« Voilà, écrit-il, que l'air auparavant balayé et tout estincelant de lumière commence à s'espaissir en nuages, ces nuages à desrober à la terre les rayons du Soleil, une clarté confuse et ténébreuse à occuper la splendeur de cet astre, les esclairs à tenir la place de ses rayons, le tonnerre à gronder dans la nuée, la foudre à esclater de toutes parts, l'orage à faire rage, les vents à lascher leurs impétueuses bouffées, comme donnans le deffi aux ondes de la mer. »

Dans leur ordre, étape par étape, les changements sont notés. D'abord c'est l'obscurcissement du soleil et l'accumulation des nuages. Ensuite le caractère de la lumière change et on remarque « une clarté confuse et ténébreuse », mots justes pour décrire cet état de l'atmosphère qui n'est ni clarté ni obscurité. Enfin, les éléments de l'air se mettent en action et l'orage éclate.

La seconde moitié de la description concerne la mer, soulevée en tempête :

« La mer, d'autre part, agitée de ses tourbillons, s'esbransle peu à peu dans son lit, et enfin dépitément courroucée, se souslevant de sa place semble se vouloir mettre en possession de l'élément de l'air, pour serrer cet air en prison dedans les vastes ouvertures de son sein ; elle qui durant le calme paroissoit polie comme la glace d'un miroir, desvient inesgale et raboteuse, comme si elle eust esté partagée en vallées et en montagnes ; ses mugissements font retentir les Echos des cavernes voisines : grand contraste entre ces deux furieux et perfides elemens. » (1).

Ici encore Camus suit dans sa description l'ordre naturel. La mer se soulève peu à peu, mais au comble de sa rage ne semble guère vouloir se borner à son lit. Par une image pitto-

---

(1) Cf. CAMUS, *Agathonphile*, l. I, p. 3.

resque et vive, prêtant à la mer le désir de serrer l'air en prison « dedans son propre sein », l'auteur ajoute à l'effet de son tableau. Enfin, comme détail final, et ce n'est pas le moins important, il décrit le bruit effroyable des vagues.

Cette description est surtout remarquable par sa sobriété, sa rapidité, le réalisme des détails, et l'impression qu'elle laisse est si forte qu'on a le sentiment que Camus ne raconte pas là une tempête imaginaire, mais bien une tempête véritable, réellement vue et minutieusement observée. Auparavant, dans les descriptions de la nature douce, jolie, il était fade et n'arrivait pas à produire cet effet de réalité. Mais ici, évidemment, il a puisé dans sa propre expérience pour les traits de sa peinture, et il a réussi, sans recourir aux exagérations ni au style emphatique, à donner une idée à peu près juste de ce spectacle impressionnant. Sachons gré au digne évêque de sa sincérité.

D'ailleurs, il y a si peu d'orages dans la littérature de l'époque ! L'orage, comme la montagne, est un spectacle trop sauvage pour le goût contemporain : le classicisme naissant préfère la douceur et la clarté à la violence et au trouble.

Cependant il y a aussi deux descriptions d'orage dans *Polexandre*, mais elles ont beaucoup moins d'importance. Il faut avouer pourtant que par leur vérité elles font contraste avec les autres descriptions, d'ordinaire si artificielles, qu'on trouve dans les romans de Gomberville. Toutes les deux possèdent la force de la chose vue et sont assez impressionnantes.

La première esquisse, en quelques traits rapides mais frappants, une tempête s'élevant dans une mer inconnue des matelots. La description est des plus sommaires :

« Dès le deuxième jour que je fus sur l'Ocean, mes matelots qui n'avaient jamais navigué que sur la mer Méditerrannée, furent accueillis d'un vent qu'ils ignoroient ; et contre lequel par conséquent ils ne peurent se deffendre. Les vagues estoient si furieuses que trois jours durant nous nous vismes de quart en quart d'heure, portez du Ciel aux Enfers, et des Enfers au Ciel... » (1).

Il y a ici une parcimonie frappante de détails, mais la simplicité même lui donne de la force. L'autre morceau est beaucoup plus riche en détails pittoresques, et malgré sa brièveté

---

(1) Cf. GOMBERVILLE, *Polexandre*, t. II, l. v, p. 1006.

on y remarque le même ordre qu'on a trouvé plus haut dans la description de Camus :

« L'air s'obscurcit tout à coup comme pour faire mieux paroistre le feu des esclairs; le tonnerre se mit à gronder avec des bruits espouvantables; les vents adjoustèrent de nouveaux tumultes à cette confusion de l'air, et la mer, réduite à souffrir ses supplices ordinaires, ne trouva pas mesme de la tranquillité dans ses ports. » (1).

Toute cette description, bien que ne formant qu'une seule phrase, est juste et vigoureuse. Les étapes de la tempête sont marquées avec une précision exceptionnelle. Gomberville ne dit que ce qui est utile à la suite de son récit. Il a besoin d'un orage, il l'indique dans le moins de mots possibles en mentionnant des faits saillants et précis, et cette esquisse lui suffit. Un autre eût pris plaisir à décrire un spectacle d'une beauté si grandiose et si effrayante; lui n'a retenu dans sa description que les détails absolument nécessaires. Au surplus, comme ses contemporains, il aimait mieux donner ses soins à l'évocation des beautés riantes de la nature qu'à l'évocation des beautés violentes.

Enfin, Gomberville a laissé dans son *Polexandre* un passage très court, mais extrêmement curieux, contenant une appréciation tout à fait originale à cette époque d'un spectacle de la nature. Il vaut la peine d'être cité :

« ... Je mis pied à terre, et du milieu de ce rocher dont les arbres rangez les uns au-dessus des autres font une admirable piramide, je fus quelque temps à considérer cette vaste estenduë de mer, qui par je ne sçay quelle horreur pleine de majesté, estonne l'entendement en même temps qu'elle ravit les sens. » (2)

D'abord, dans ces quelques lignes, la description des arbres qui forment une « admirable piramide » est intéressante, parce que leur valeur pittoresque y est sentie à peu près pour la première fois. Mais le fait le plus important, c'est l'effet évident de la mer sur ce personnage fictif : « Il fut quelque temps à considérer cette vaste estenduë de mer. » Cette contemplation n'a rien qui lui ressemble dans la littérature de cette période.

(1) Cf. GOMBERVILLE, *Polexandre,* t. III, l. I, p. 57.
(2) Cf. GOMBERVILLE, *Polexandre,* t. I, l. I, p. 92.

Ailleurs, un amant contemple parfois la nature et se livre à des méditations sentimentales, mais ici rien de semblable. Le sentiment éveillé dans l'âme du personnage est d'une autre sorte. Il est, on le voit, saisi d' « horreur » en face de la mer, et il sent aussi la « majesté » d'un spectacle qui « estonne l'entendement et ravit les sens ». Le mot « horreur » au dix-septième siècle possédait une signification quelque peu différente de celle qui lui est communément donnée aujourd'hui, car il indiquait du respect aussi bien que de l'effroi (1). Ainsi ce n'est pas une aversion qu'il ressent, c'est plutôt un saisissement religieux qu'il éprouve en contemplant ce vaste élément. De plus, sa grandeur même fait une forte impression sur lui, mais en même temps, ses « sens ravis » doivent y trouver de la beauté. Dans aucun roman ni aucun poème de cette période ne se trouve une observation aussi juste au sujet de la mer. Aux autres écrivains, la mer inspire toujours de l'effroi ; ils ne savent pas découvrir ses beautés. Cette observation semble révéler chez l'auteur une sensibilité assez originale.

Mais, pour être juste, Gomberville n'était pas sans originalité, et, même s'il n'a pas manifesté ailleurs une sensibilité très nouvelle, au moins il a su trouver un moyen personnel pour faire valoir les intrigues d'amour et les aventures de ses héros. Il a eu le premier l'idée d'employer des peintures exotiques pour ajouter à ses récits un intérêt nouveau.

Aucun autre romancier n'a songé à exploiter cette source d'intérêt. Dans l'*Histoire Indienne d'Anaxandre et d'Orazie*, pour ne citer qu'un seul roman, l'occasion était admirable pourtant de décrire des pays étranges : Boisrobert ne s'y est point essayé. Gomberville, lui, a essayé et y a réussi dans une certaine mesure. Il est même probable que sa popularité tient à cette nouveauté. Certes, c'est une innovation importante dans la manière de regarder la nature. Malheureusement, malgré sa prétention de peindre des pays lointains et curieux, il ne réussit souvent qu'à évoquer des paysages européens auxquels il ajoute un ou deux traits étrangers. Ainsi sa *Carithée* va d'Italie en Afrique ; Polexandre poursuit ses bonnes fortunes partout, sur les côtes de la Méditerranée, dans l'Ile Inconnue,

---

(1) Cf. G. CAYROU, *Le Français Classique*, Paris, 1923.

sur l'Océan. Naturellement, Gomberville trouve l'occasion de parler de palmiers, de cèdres, de cyprès, de citronniers, là où ses confrères ne parlaient que de chênes et d'autres arbres connus en France (1). Au lieu de chasser la biche ou le sanglier, on chasse des loins et des léopards (2). Le Nil et le Niger remplacent le Lignon et la Seine (3), mais malgré tout, la nature africaine que Gomberville décrit ne diffère guère de celle du Forez qu'avait décrite Honoré d'Urfé. Les mêmes choses lui plaisent et le charment. Et s'il admet des corsaires, il n'exclut pas entièrement les bergers, nous l'avons vu (4).

La plupart des descriptions de Gomberville ont ce caractère, et par là elles se rattachent directement aux paysages conventionnels de l'*Astrée*. Cependant, il y en a d'autres où la recherche de l'exotisme est plus marquée. Souvent, d'ailleurs, il donne pour des réalités exotiques des inventions exagérées, fantastiques ou fabuleuses, mais c'est une tentative originale qui vaut d'être remarquée.

Parmi les passages qui ne contiennent que de simples renseignements géographiques se trouve la description du Niger, « qui se desborde comme le Nil, couvre les terres de cette province durant les mois de juillet, d'août et de septembre, et les rend si fertiles que les habitans ne manquent d'aucune des choses nécessaires à la vie » (5).

Plus intéressante et plus romantique, si l'on peut employer ici ce mot alors inconnu, est la description de la retraite du corsaire Bajazet dans son île fortifiée. Forteresse inexpugnable, grâce aux avantages naturels et aux fortifications ajoutées par les pirates, cette île aux énormes murailles de pierre renferme un jardin délicieux.

Aux agréments habituels des jardins s'ajoute une fontaine remarquable où l'eau « sortant par la trompe d'un Elephant qu'un Rhinoceros avoit renversé, portoit son jet si haut qu'on le perdoit de veuë longtemps devant qu'il fût tout à

(1) Cf. GOMBERVILLE, *Polexandre*, t. I, l. I, p. 165 ; t. II, l. III, p. 409-410.
(2) Cf. GOMBERVILLE, *Polexandre*, t. I, l. I, p. 69.
(3) Cf. GOMBERVILLE *Polexandre*, t. IV, l. III, p. 678-679.
(4) Cf. GOMBERVILLB, *La Carithée*, l. III, p. 224-225.
(5) Cf. GOMBERVILLE, *Polexandre*, t. IV, l. III, p. 676-677.

fait monté ». Plus extraordinaire encore que cette fontaine, est une grande chute d'eau « de six pieds de large, qui comme une glace attachée sur le penchant de cette montagne estoit recueillie dans un grand bassin » (1). En général, on ne rencontre guère de grandes chutes d'eau dans les descriptions de jardins, car les cascades de grandes proportions, comme les montagnes et la mer, étaient des beautés trop violentes pour être vraiment goûtées à cette époque. Ici, cependant, dans cette île exotique, où tout a quelque chose d'extraordinaire, dans un jardin entouré d'immenses remparts de pierre, cette chute d'eau colossale semble bien à sa place.

Une autre aventure, d'un caractère fantastique peu inférieur à quelques épisodes de l'*Histoire vraie* de Lucien lui-même, est celle des beaux fruits qui deviennent des serpents aussitôt qu'on les mange. Les voyageurs, las de leurs marches longues et pénibles, parcourent un beau parc naturel, où, dans des cabinets et des allées de verdure, mûrissent des fruits magnifiques. Quelques-uns en mangent, et au bout de quatre jours ils meurent, leurs entrailles dévorées par des serpents (2).

Sans doute les personnages de Gomberville s'intéressent presque uniquement aux scènes les plus étranges; sans doute il y a dans leur admiration plus de curiosité que de sensibilité; sans doute, ses descriptions sont trop souvent fades ou invraisemblables. Il reste cependant, au point de vue qui nous occupe, le seul romancier original de la période. Il paraît avoir soupçonné le premier le rôle que peut remplir la nature dans un roman; il a été le seul à exprimer un sentiment à peu près juste de la mer; il résume ainsi dans ses œuvres tout le progrès qu'a accompli le sentiment de la nature dans les romans de 1620 à 1640. S'il n'a pas réussi à développer tout ce que ses intentions semblaient promettre, il a eu du moins le mérite de s'essayer parfois dans une voie nouvelle.

(1) Cf. Gomberville, *Polexandre*, t. I, l. i, p. 165.
(2) Cf. Gomberville, *Polexandre*, t. III, l. i, p. 29.

CHAPITRE IV

LA POÉSIE DE 1620 A 1640

La nature est une grande source d'inspiration à cette époque. La nature telle qu'elle est représentée chez les poètes. Les interprétations individuelles : Maynard et Ménard, Racan, Théophile, Tristan, Saint-Amant, Hardy et Rotrou.

La période précédente avait vu l'effort entrepris par François Malherbe pour réaliser un idéal d'ordre et d'impersonnalité. Mais, déjà chez d'autres poètes, par exemple chez Durand et Le Digne, se manifestait, au nom de la liberté, une réaction contre ses principes. C'est cette tradition d'indépendance et de personnalité qui continue à dominer, en poésie, toute la période suivante, jusqu'à 1640 environ.

La poésie, à cette époque, abonde en descrpitions ; la nature est l'une des sources les plus fécondes d'inspiration et les plus exploitées par tous les poètes de quelque valeur. Maynard, malgré ses préoccupations de galanterie, à plus forte raison le naïf Racan et Théophile, ce fier révolté, Saint-Amant et Tristan, tous deux si sensibles, les auteurs dramatiques eux-mêmes, Rotrou et Hardy, tous se sont inspirés d'elle dans de nombreuses pages. Ils ont tous leur manière personnelle de la sentir et leur talent, vigoureux et libre, a su fort bien rendre leurs émotions.

Cependant, il est évident, à première vue, que leur personnalité, leur originalité propre, se manifestent plutôt par leur façon de voir et de décrire les beautés naturelles que par une originalité frappante dans le choix de leurs thèmes. Par exemple, la nature, telle que Racan nous la dépeint, ressemble beaucoup plus à la nature enjolivée, fade et assez conventionnelle des romanciers du temps, qu'à la vraie nature. Toutefois, de temps à autre, un trait naturel ou un sentiment réel y viennent ajouter une note nouvelle, d'une saveur piquante qui fait valoir tout le reste. De même pour les autres poètes, car bien qu'ils ne soient pas de tout premier plan, chacun d'eux a, sur ce point, un talent original. On peut même affirmer qu'en général ils sont plus sincères et plus vivants que les romanciers.

Sans doute la convention ne manque pas chez eux. Que de fois ces poètes ne répètent-ils pas l'exclamation de Racan : « Agréables Déserts, Bois, Fleuves et Fontaines » ? (1).

Un paysage idéal est fait de tous ces charmes; mais il peut en posséder bien d'autres encore. Les poètes goûtent particulièrement, par exemple, la solitude, loin des tumultes et des ennuis de la vie mondaine, loin des déceptions et des faux plaisirs de la Cour. La tristesse y trouve un soulagement (2), l'inquiétude une détente (3). Ainsi un val peut être solitaire et sombre, et cependant procurer tous les plaisirs (4). Les « agréables déserts » sont le « séjour de l'innocence » et du repos (5). L'amoureux peut sans crainte y exhaler ses plaintes dans le silence (6).

La nature est aimée par tous ces poètes pour ses véritables beautés. Théophile l'appelle « inimitable » et nous dit l'impossibilité pour l'art de rien inventer qui soit aussi beau que ce qu'on découvre en elle (7). Ce n'est pas là un sentiment bien en harmonie avec l'esprit du siècle, et, en l'exprimant, Théophile montre sa forte originalité.

Saint-Amant observe avec des « yeux enchantez » les charmes que la nature étale devant lui (8). Tristan se déclare

---

(1) Cf. Racan, Œuvres, Paris, 1724, 2 v. in-12, t. I, Bergeries, acte II, p. 50. « Désert », signifie à cette époque des lieux peu fréquentés, point trop embellis par l'art, nullement sauvages cependant, et toujours « agréables ».

(2) Cf. Jean Rotrou, Œuvres, Paris, 1820, 5 v. in-8º, t. II, Filandre, acte I, sc. i, p. 530.

(3) Cf. Saint-Amant, Œuvres, Paris, 1629, in-4º, t. I, La Solitude, p. 6-16.

(4) Cf. Théophile, Œuvres, Paris, 1631, in-8º, Iᵉ Partie, La Solitude, p. 209.

(5) Cf. Racan, Œuvres, t. I, Stances, p. 193-195.

(6) Cf. Racan, t. I, Ode, p. 159.

(7) Cf. Théophile, Œuvres, IIᵉ Partie, Ode, p. 70-71.

(8) Cf. Saint-Amant, Œuvres, t. I, La Jouissance, p. 140.

Planche VII. — Les « Quatre Paysages » : Le Moulin à Eau, par Jacques Callot (1592-1635). (Bibliothèque Nationale, Cabinet des Estampes, Œuvres, t. II, in-fol. Ed. 25 m, M. 717.)

suffisamment heureux s'il jouit des « largesses » de la nature, de l'or du soleil qui se lève sur les montagnes et de l'argent qui brille sur l' « émail fleuri » des champs ; il ne désire pas d'autres richesses (1). Ravi et charmé, il parle de la vaste peinture déployée par la nature (2).

Pour eux tous, le paysage idéal est celui d'une retraite délicieuse qui comporte de l'ombre et de la verdure, de l'eau sous forme de rivières, de fontaines ou de ruisseaux, des fleurs et aussi des oiseaux chantants : c'est donc surtout dans les détails de leurs descriptions que l'on doit chercher la mesure de leur plaisir.

L'ombre est aussi agréable et aussi nécessaire aux poètes qu'elle l'était aux bergers des romans. On se rappelle avec joie la douceur de l'ombre (3); le feuillage « sombre », où jamais le soleil ne pénètre (4), est charmant (5), ravissant, même « divin » (5). Un endroit bien ombragé est la retraite préférée des bergers et de leurs gentilles compagnes (6), et parfois aussi des Nymphes, quand elles viennent animer la scène de leur présence (7). Étendu de tout son long sous un arbre aux branches touffues, le poète peut rêver à son aise (8) ou bien dormir. A l'ombre, on goûte, même en plein midi, une délicieuse fraîcheur, chère aux troupeaux aussi bien qu'aux hommes (9). Les endroits tout spécialement bénis du Ciel sont ceux où l'hiver ne vient jamais détruire la verdure (10).

(1) TRISTAN, L'Orphée, suivi des Meslanges, s. l. ni d. (privilège daté de 1649), in-4º, Meslanges, Ode, p. 70-71.
(2) Cf. TRISTAN, Les Amours, Paris, 1638, in-4º Promesse, à Phillis, p. 77.
(3) Cf. HARDY, Théâtre, Paris, 1624, 6 v. in-8º, t. III, Le Ravissement de Proserpine, acte II, sc. III, p. 25.
(4) Cf. THÉOPHILE, Œuvres, IIIe Partie, Ode, III, p. 250 ; RACAN, Œuvres, t. I, Bergeries, acte II, p. 68.
(5) Cf. ROTROU, Œuvres, t. I, Les Occasions perdues, acte I, sc. I, p. 349 ; sc. II, p. 350.
(6) Cf. RACAN, Œuvres, t. I, Bergeries, acte II, p. 68 ; t. I, Stances, p. 22-23.
(7) Cf. THÉOPHILE, Œuvres, Ie Partie, La Solitude, p. 209.
(8) Cf. TRISTAN, Les Amours, Promesse à Phillis, p. 77.
(9) Cf. THÉOPHILE, Œuvres, IIe Partie, Elégie, p. 55.
(10) Cf. HARDY, Théâtre, t. III, Félismène, acte V, sc. II, p. 370-371 ; ROTROU, Œuvres, t. I, Les Occasions perdues, acte I, sc. II, p. 350.

La tristesse de l'automne et de l'hiver, saisons où les arbres s'effeuillent, offre un contraste avec les joies du printemps dont un des grands charmes est le renouvellement du feuillage (1).

C'est surtout l'ombre que l'on apprécie, et les arbres ne sont aimés que parce qu'ils en fournissent. On ne s'intéresse guère à leurs variétés, à leurs formes, non plus qu'aux diverses nuances de leur verdure. Le chêne (2) jouit d'une grande considération comme l'ormeau (3). Le saule apparaît souvent, dans les descriptions, le long des rivières (4).

Presque aussi indispensable à tout paysage attrayant, à toute retraite rustique, même à tout « désert agréable », est l'eau, que ce soit celle d'une rivière, d'un ruisseau ou d'une fontaine. Ces ondes cristallines ou argentines donnent de la fraîcheur et font entendre un murmure confus, agréable à entendre et capable de « charmer » tous les soucis. Tranquille, c'est un miroir des beautés environnantes. Sur ses bords, les amants trouvent le repos et peuvent exprimer leur tristesse ou leur joie (5). En cascade, se jetant du haut des rochers au fond des vallons, elle est belle aussi et s'accorde mieux avec des humeurs plus farouches (6). Quel spectacle plus délicieux que celui de ruisseaux d'argent coulant à travers des

(1) Cf. RACAN, Œuvres, t. I, Odes, La Venue du Printemps, p. 150 ; ROTROU, Œuvres, t. I, L'Hypocondriaque, acte IV, p. 66.

(2) Cf. THÉOPHILE, Œuvres, Ie Partie, La Solitude, p. 209; HARDY, Théâtre, t. I, Méléagre, acte II, sc. II, p. 233 ; RACAN, Œuvres, t. I, Ode, p. 148 ; ROTROU, Œuvres, t. IV, Clarice, acte V, sc. I, p. 430.

(3) Cf. THÉOPHILE, Œuvres, Ie Partie, La Solitude, p. 209 ; HARDY, Théâtre, t. I, Procris, acte III, sc. I, p. 302 ; t. III, Ravissement de Proserpine, acte II, sc. III, p. 30.

(4) Cf. THÉOPHILE, Œuvres, IIe Partie, Elégie, p. 55 ; SAINT-AMANT, Œuvres, La Solitude, p. 6-16.

(5) Cf. THÉOPHILE, Œuvres, Ire Partie, La Solitude, p. 209; IIIe Partie, Ode III, p. 250-251 ; TRISTAN, Meslanges, Baisers de Dorinde, p. 33 ; Les Amours, Promesse à Phillis, p. 77 ; Les Amours, Les Dédains, p. 138 ; SAINT-AMANT, Œuvres, t. I, La Solitude, p. 6-16 ; Les Cabarets, p. 184 ; ROTROU, Œuvres, t. I, Les Occasions perdues, acte I, sc. I, p. 349.

(6) Cf. TRISTAN, Les Amours, Plainte à la Belle Banquière, p. 205 ; Meslanges, Ode, p. 70-71 ; SAINT-AMANT, Œuvres, t. I, La Solitude, p. 6-16.

plaines fertiles (1) ! Plus il y en a, plus le lieu est beau (2). Mais un fleuve, si majestueux qu'il soit d'habitude, n'est plus digne d'admiration lorsqu'il est furieux et débordé (3).

Le printemps et l'été sont les saisons où l'on jouit le plus de la campagne, car en hiver les arbres sont dépourvus de verdure et les ondes, au lieu de couler, sont « de roche »(4). Une des joies du printemps est d'entendre les ruisseaux qui « rejasent soubs la mousse ».

Fait curieux, malgré une telle passion pour l'eau courante, la mer ne jouit alors d'aucune faveur. Au contraire, on n'en parle presque jamais, et dans les rares descriptions que l'on en donne ne se marque guère une vive admiration pour elle. Saint-Amant, dans « son inquiétude », trouve qu'il est agréable « d'estre sur le bord de la mer », mais seulement quand elle « vient à se calmer après quelque orage effroyable » (5). Rotrou (6) décrit une tempête, comme le fait Théophile (7), qui seul en marque avec précision les détails.

Somme toute, il est évident que la mer en tempête, malgré le spectacle à la fois terrible et majestueux qu'elle présente, n'inspire guère ces poétes, qui la préfèrent calme, ou tout au moins, quelque peu radoucie après l'orage.

A l'ombre des arbres, au doux murmure des eaux, vient s'ajouter le gazouillement des oiseaux, comme source inépuisable de plaisir (8). Philomèle (9), c'est-à-dire le rossignol, garde

(1) Cf. RACAN Œuvres, t. I, Bergeries, acte II. p. 65; Stances, p. 193-195 ; THÉOPHILE, Œuvres, IIe Partie, Elégie, p. 55.
(2) Cf. HARDY, Théâtre, t. III, Ravissement de Proserpine, acte II, sc. III, p. 25.
(3) Cf. RACAN, Œuvres, t. I, Bergeries, acte V. p. 137-138; Odes, p. 161-163.
(4) Cf. THÉOPHILE, Œuvres, Ie Partie, Ode, p. 203-204 ; IIIe Partie, Remonstrance, p. 174-175.
(5) Cf. SAINT-AMANT, Œuvres, t. I. La Solitude, p. 12-16.
(6) Cf. ROTROU, Œuvres, t. I. L'Heureuse inconstance, acte III, sc. II. p. 467.
(7) Cf. THÉOPHILE, Œuvres, Ie Partie, Sur une tempête, p. 216 ; Les Nautoniers, p. 326-327.
(8) Cf. THÉOPHILE, Œuvres, IIIe Partie, p. 250-252.
(9) Cf. TRISTAN, L'Orphée, p. 5 ; SAINT-AMANT, Œuvres, t. I, La Solitude, p. 6-16 ; les Cabarets, p. 184-186 ; THÉOPHILE, Œuvres, Ie Partie, La Solitude, p. 209-210 ; HARDY, Théâtre, t. III, Le Ravissement de Proserpine, acte II. sc. III, p. 30, Félismène, acte V, sc. II, p. 370-371.

toujours la grande faveur dont elle jouit, depuis la plus haute antiquité, auprès des poètes (1). Le gazouillement des oiseaux (2), mêlé au bruit des fontaines, salue le jour (3) et, en été, anime le feuillage (4). Il endort ceux qui sont las ou leur inspire des rêveries (5). On prête aux oiseaux des amours et des plaintes amoureuses afin de les rendre plus sympathiques aux amants (6). Bien que le chant soit chez eux le trésor que l'on prise le plus, leurs couleurs, vives ou sombres, sont aussi fort estimées (7). Les mouvements de leurs corps (8) et leur vol rapide sont appréciés aussi pour leur grâce et leur légèreté (9).

C'est surtout dans la description des fleurs que les poètes déploient toutes les richesses de leur vocabulaire. Certes, ils prennent souvent plaisir à respirer le parfum délicieux (10) des calices ouverts, mais ce qu'ils préfèrent à tout le reste, ce sont

(1) Cf. Théophile, Œuvres, I^e Partie, La Solitude, p. 214 ; Tristan, Amours, Plainte à la belle Banquière, p. 205.

(2) On fait mention surtout de la linotte : Théophile, Œuvres, I^e Partie, La Solitude, p. 214 ; Tristan, L'Orphée, p. 5.

(3) Cf. Théophile, Œuvres, I^e Partie, Le Matin, p. 207-209 ; Saint-Amant, Œuvres, Sonnet, p. 179.

(4) Cf. Hardy, Théâtre, t. III, Ravissement de Proserpine, acte II, sc. III, p. 25 ; Théophile, Œuvres, I^e Partie, Ode, p. 203-204 ; IIIe Partie, Remonstrance, p. 174-175.

(5) Cf. Rotrou, Œuvres, t. I, Les Occasions perdues, acte I, sc. I, p. 349.

(6) Cf. Tristan, Amours, Plaintes d'Acanthe, p. 172 ; Hardy, Théâtre, t. I, Alphée, acte I, sc. I, p. 457 ; Racan, Œuvres, t. I, Bergeries, acte II, p. 68.

(7) Cf. Tristan, L'Orphée, p. 5 ; Théophile, Œuvres, IIe Partie, Ode, p. 70-71.

(8) Cf. Théophile, Œuvres, I^e Partie, Solitude, p. 214.

(9) Certains oiseaux de proie et d'autres encore qui ne chantent pas sont décrits mais très sommairement : Théophile, Œuvres, La Solitude, p. 210 (offraie, hibou) ; Tristan, L'Orphée, p. 5-7 (espervier, vautour, aigle, heron, geai, corneille, merle, pigeon moineau, perdrix, etc.) ; Saint-Amant, Œuvres, Solitude, p. 6-16 (oiseaux aquatiques).

(10) Cf. Tristan, L'Orphée, p. 2 ; Racan, Œuvres, t. I, Odes, La Venue du printemps, p. 150-152 ; Rotrou, Œuvres, t. I, L'Hypocondriaque, acte II, sc. I, p. 17 ; t. III, Agésilan de Colchos, acte III, sc. II, p. 42-43 ; Saint-Amant, Œuvres, t. I, Sonnet, p. 173.

les vives couleurs (1) qui « émaillent » si gracieusement les prairies ou les parterres. L'hiver est triste sans les fleurs (2) et leur apparition est une des joies du printemps (3).

Plusieurs fleurs se partagent la faveur des poètes, mais de même que le rossignol est le plus poétique des oiseaux, de même la rose semble être la reine des fleurs (4). L'œillet et le lis (5) sont aussi tenus en très haute estime et souvent nommés.

Parmi tant d'hommages rendus aux fleurs, on est un peu déçu de ne pas trouver un sentiment plus profond de leur beauté. En effet, il est assez rare de trouver même leurs couleurs indiquées avec exactitude. Ce qui importe, aux yeux de tous les poètes, ce n'est en général que l'effet d'ensemble produit par exemple par toutes les fleurs d'un champ ou toutes celles d'un jardin. Un caractère frappant de la plupart de ces poésies, c'est l'absence complète de toute considération des beautés particulières. Néanmoins, les poètes de cette époque semblent aimer réellement la nature, — une nature dépouillée sans doute de bien des éléments de beauté, d'où sont éliminés bien des détails et des aspects importants, mais belle et douce

(1) Cf. TRISTAN, Les Amours, Les Desdains, Ode, p. 138 ; Meslanges, à M. de Chaudebonne, Ode, p. 70-71 ; HARDY, Théâtre, t. III, Ravissement de Proserpine, acte, II, sc. III, p. 33 ; THÉOPHILE, Œuvres, IIe Partie, Ode, p. 70-71 ; ROTROU, Œuvres, t. III, Agésilan de Colchos, acte III, sc. II, p. 42-43.

(2) Cf. RACAN, Œuvres, t. I, Stances, p. 184 ; SAINT-AMANT, Œuvres, t. I, La Solitude, p. 6-16 ; THÉOPHILE, Œuvres, Ie Partie, Ode, p. 203-204.

(3) Cf. HARDY, Œuvres, t. II, La mort d'Achille, acte II, sc. I, p. 19 ; t. III, Félismène, acte V, sc. II, p. 370-371 ; RACAN, Œuvres, t. I, Odes, La venue du printemps, p. 150-152 ; TRISTAN, Les Amours, Chanson, p. 139 ; Meslanges, L'Ambition, p. 45.

(4) Cf. ROTROU, Œuvres, t. I, La Diane, acte I, sc. IV, p. 277 ; t. III, Agésilan de Colchos, acte III, sc. II, p. 42-43 ; SAINT-AMANT, Œuvres, Sonnet, p. 179 ; Elégie à Damon, p. 132-133 ; THÉOPHILE, Œuvres, Ie Partie, De l'immortalité de l'âme, p. 54 ; HARDY, Théâtre, t. I, Alphée, acte V, sc. III, p. 464.

(5) Cf. ROTROU, Œuvres, t. III, Agésilan de Colchos, acte III, sc. II, p. 42-43 ; SAINT-AMANT, Œuvres, Elégie à Damon, p. 132-133 ; HARDY, Théâtre, t. I, Alphée, acte V, sc. III, p. 464. Cf. aussi le chapitre sur les Jardins.

cependant. Tristan résume assez bien le sentiment commun dans ces jolis vers :

> Le bien de sentir des fleurs
> De qui l'âme et les couleurs
> Charment mes esprits malades,
> Et l'eau qui d'un haut rocher
> Se va jettant par cascades
> Sont mon trésor le plus cher.
> Le doux concert des oiseaux,
> Le mouvant cristal des eaux,
> Un bois, des prez agréables ;
> Echo qui se plaint d'Amour,
> Sont des matières capables
> De m'arrester tout un jour (1).

Voilà toutes les beautés de la nature aimées à cette époque : fleurs, eaux, oiseaux, bois et prés. Dans les descriptions qu'en donnent les poètes se trouvent d'ailleurs souvent mêlés des souvenirs mythologiques, fort goûtés en ce temps-là (2).

De tels paysages, souriants et amènes, sont presque toujours dépeints sous un soleil de printemps ou d'été. L'hiver y apparaît cependant, mais plus rarement. Sa venue est toujours envisagée avec peine, de même que celle du printemps est accueillie avec joie. Arbres dépouillés de verdure, fleurs desséchées, oiseaux muets, eaux gelées sont les fâcheux résultats de cette saison inclémente (3). Il est vrai que Saint-Amant trouve la pluie délicieuse et s'écrie :

> Mon Dieu, quel plaisir incroyable !
> Que l'eau fait un bruit agréable,
> Tombant sur ces fueillages verds ! (4)

Mais remarquons-le bien, cette pluie tombe sur des feuillages « verds ». C'est donc une pluie de printemps ou d'été, agréable par conséquent après une longue sécheresse !

En général, l'hiver est la fin de tous les plaisirs cham-

(1) Cf. TRISTAN, *Les Amours, Plainte à la Belle Banquière*, p. 205.
(2) Cf. à ce sujet, la discussion de THÉOPHILE, pp. 107-110. Les autres poètes font aussi usage de ces souvenirs, mais chez lui, ils constituent un ornement habituel.
(3) Cf. THÉOPHILE, *Œuvres*, Iᵉ Partie, *Ode*, p. 203-204 ;
(4) Cf. SAINT-AMANT, *Œuvres*, t. I, *La Pluie*, p. 111-115.

pêtres (1). Le printemps, par contre, renouvellement de tout ce qui est gai et charmant dans la nature, est tout naturellement la saison préférée des poètes.

Racan en énumère les délices : le retour des feuilles, le beau temps, le chant de « Philomèle », l'épanouissement des fleurs (2). Rotrou est bien aise de revoir la verdure (3) Mais, hélas ! ce printemps si gracieux, aimé de tout le monde, par sa beauté même devient le désespoir de l'amant malheureux (4). Toute la joie de la nouvelle saison fait contraste avec son noir chagrin.

Le ciel si changeant, si divers, n'est pas beaucoup chanté par les poètes. Son aspect du matin ou du soir, voilà surtout ce qu'ils dépeignent. L'aube tranquille, à cette heure où des teintes délicates ou vives apparaissent à l'horizon, annonçant le lever du soleil et les espoirs du jour renaissant, est l'objet de quelques descriptions. Elles ne sont guère très originales ; on y retrouve les images d'Homère et de tous les poètes grecs et latins, communes depuis l'antiquité. Le plus souvent, c'est l'Aurore qui sème les « chemins du ciel » de roses (5), ou encore les couvre « d'azur, d'or et d'ivoire » (6). Presque aussi commune est l'image du soleil faisant sortir ses chevaux et son char « de l'onde » (7). Le retour de la lumière après la nuit est salué comme le signal du réveil de toute la nature (8), des oiseaux, des zéphirs, des abeilles, et surtout des jeunes filles et des amoureux.

(1) Cf. THÉOPHILE, Œuvres, IIIe Partie, Remonstrance, p. 174-175.

(2) Cf. RACAN, Œuvres, t. I, Odes, La Venue du Printemps, p. 150-152.

(3) Cf. ROTROU, Œuvres, t. I, L'Hypocondriaque, acte IV, sc. IV, p. 66.

(4) Cf. TRISTAN, Les Amours, Chanson, p. 139.

(5) Cf. RACAN, Œuvres, t. I, Bergeries, acte I, p. 41.

(6) Cf. THÉOPHILE, Œuvres, Ie Partie, Le Matin, p. 207-209.

(7) Cf. RACAN, Œuvres, t. I, Bergeries, acte I, p. 47 ; THÉOPHILE, Œuvres, Ie Partie, Le Matin, p. 207 ;

(8) Cf. TRISTAN, Les Amours, Panthée, acte II, p. 28 ; ROTROU, Œuvres, t. I, Les Occasions perdues, acte V, sc. III, p. 411.

Le matin est l'heure de la fraîcheur et de la gaîté, mais la sombre beauté de la nuit a quelques admirateurs qui l'aiment parce qu'elle est « paisible et solitaire » (1). De plus, c'est le moment des tendres confidences chères aux amants (2).

Racan est le seul qui se plaise à décrire les charmes tranquilles du soir et il les dépeint avec une exquise délicatesse de sentiments jusque dans les moindres détails (3).

Comme caractère général de la poésie pendant cette période, on remarque la recherche de l'effet d'ensemble plutôt que de la précision et de la vérité des détails. Cependant, la nature est peinte avec des couleurs beaucoup plus riches que dans la période précédente. D'ailleurs, les poètes de ce temps-là ont un sentiment plus profond et plus personnel. Quelques-uns, comme Racan par exemple, ont vraiment compris la nature et l'ont interprétée, — ce qui était nouveau, — en toute simplicité et sincérité. Le sentiment le plus profond que tous ressentent devant les merveilles du monde, c'est l'amour, ou bien encore, mais plus rarement, la reconnaissance à l'égard de Dieu devant tant de beautés si supérieures à toutes celles de la vie mesquine des villes. La nature ne leur inspire pas encore les pensées sublimes qu'elle inspirera plus tard à quelques-uns des romantiques. Mais de temps en temps, au lieu de la jouissance toute physique et païenne d'un Durand, on entrevoit une émotion plus intellectuelle. Malgré tout, la poésie de Racan, de Théophile, de Tristan et de Saint-Amant ne manque ni de beaux vers ni de beaux sentiments. On trouve parfois chez eux une naïveté charmante, un réalisme hardi et une acuité de vision vraiment étonnante pour l'époque.

La conception conventionnelle de la nature domine encore, et, nous l'avons vu, avec tous ses traits habituels. Mais les beautés banales et les plaisirs fades d'une nature de convention ne nous intéressent guère sauf comme souvenir de l'importance

(1) Cf. THÉOPHILE, *Œuvres*, IIe Partie, *Les Amours tragiques de Pyrame et de Thisbé*, p. 150 ; SAINT-AMANT, *Œuvres, La Nuit*, p. 116.

(2) Cf. SAINT-AMANT, *Œuvres*, t. I, *La Nuit*, p. 116-121.

(3) Cf. RACAN, *Œuvres*, t. I, *Bergeries*, acte V, p. 141. Pour une discussion de ce passage, très caractéristique du génie de Racan, voir plus loin p. 100.

acquise par les descriptions de ce genre dans la littérature de l'époque. Ce qui est vraiment intéressant, nous le répétons, ce sont les interprétations personnelles données de la nature par les divers poètes et les idées originales qu'elle leur inspire.

***

Chronologiquement, Maynard et Racan, tous deux amis intimes et disciples de Malherbe, inaugurent cette période. Racan est de beaucoup le plus original et le plus affranchi de l'influence de Malherbe. Maynard, lui, est resté toujours fidèle à son maître, au point même de partager son peu de goût pour la nature. Quand, par exception, il en parle, il impose presque toujours aux beautés et aux charmes naturels le cachet mondain et conventionnel. Mais il a parfois su le faire si gracieusement que ses vers inspirés des sentiments les plus banals en tirent comme une sorte de distinction. Épigramme galante a-t-elle jamais été tournée plus délicatement ?

> Charmant Rossignol, dont la voix
> Interrompt le profond silence
> De ces Rochers, et de ces Bois,
> Où l'Esté perd sa violence,
>   Si la bergère que je sers
> Revient jamais dans ces Desers,
> Apprens à cette âme cruelle,
>   Que l'eau qui coule entre ces fleurs
> Est un petit reste des pleurs
> Que j'ai versés pour l'amour d'elle (1).

Ces vers, légers, spirituels, galants sont dignes du « bel esprit » qu'était Maynard. Ils expriment à la perfection l'idéal de la nature artificielle si commun à cette époque.

Cependant, malgré tout, quelques vers traduisent un sentiment plus personnel et plus sincère. Il est impossible de ne pas trouver dans ceux-ci un écho lointain de l'ambition déçue de l'auteur :

> Que j'aime ces forêts! Que j'y vis doucement!
> Qu'en un siècle troublé j'y dors en asseurance!
> . . . . Esloigné de la pompe des Rois,
> Je voulus me cacher souz l'ombrage des bois (2).

(1) Cf. MAYNARD, Œuvres, Paris, 1646, in-8º, p. 130.
(2) Cf. MAYNARD, Œuvres, Sonnet, p. 15.

La nature lui sert aussi pour donner la mesure de sa mélancolie dans un événement encore plus grave :

> L'Astre du Jour a beau sortir de l'Onde,
> Brillant de l'or qu'il sème dans les Cieux,
> Et le Printemps a beau parer le Monde :
> Toute leur pompe importune mes yeux.
> Mon noir chagrin est un mal sans remède.
> La Parque avare a volé tout mon bien,
> Ma fille est morte... (1).

Tel est le caractère de ces rares descriptions. Maynard ne peut pas être regardé comme un grand ami des beautés naturelles (2).

***

Racan, qui n'a jamais été très docile à l'influence de Malherbe, est au fond beaucoup plus original dans son amour de la nature, et par là fait contraste avec son maître et avec son condisciple Maynard (3). A ne considérer que la forme, ses descriptions pastorales ressemblent beaucoup à celles de ses contemporains, mais il y a entre Racan et les autres poètes cette différence : tandis que les autres, en habiles

---

(1) Cf. MAYNARD. *Œuvres, Ode*, p. 237.

(2) Il en serait tout autrement si l'on pouvait lui attribuer encore ce volume de 1613 si longtemps considéré comme de sa main. (*Œuvres de François Ménard*, 1613, in-12). On a démontré que cette œuvre ne pouvait pas être de François Maynard, président d'Aurillac, mais bien d'un homonyme, François Ménard, avocat à Nîmes (cf. LACHÈVRE, et DURAND-LAPIE, *Deux Homonymes du* XVIIe *siècle*, Paris, 1889, et CH. DROUET, *François Mainard*, Paris, 1909.). Ainsi, au lieu de montrer un autre côté de son talent, les *Œuvres* de 1613 en soulignent une lacune. Maynard, le disciple de Malherbe, parle relativement peu de la nature. Mais l'obscur avocat de Nîmes, François Ménard, qui n'a jamais reçu les leçons de Malherbe, qui admire profondément Ronsard, fait de la nature l'objet de sa prédilection. Il a un sens très vif du coloris. Les fleurs sont décrites par lui avec beaucoup de précision quant à leurs couteurs (cf. *Œuvres, Stances, Ode*, p. 76 ; *Vers spirituels, Sonnet*, II, p. 238 ; *Elégies*, XIX, p. 136 ; *Pastorale*, acte I, sc. I, p. 171 ; 172 ; acte III, sc. II, p. 203). D'ailleurs, il n'applique pas seulement aux fleurs des qualificatifs indiquant des couleurs ; il en use pour décrire aussi d'autres objets de la nature, par exemple les eaux courantes et les rivages fleuris. (Cf. *Œuvres, Stances, Ode*, p. 76; *Elégie*, v, p. 91; *Elégie*, XIX, p. 136; *Pastorale*, acte I, sc. I, p. 171, 172 ; acte III, sc. II, p. 203.)

(3) Cf. TALLEMANT DES RÉAUX, *Historiettes*, t. I, p. 184.

artistes, se contentent de suivre la mode, Racan chante ce qu'il connaît bien et aime de tout son cœur.

Peu homme de cour, même lorsqu'il est page du duc de Bellegarde, dès que l'héritage de sa cousine Mme de Bellegarde lui a assuré l'indépendance, il se retire dans son château de la Roche-Racan, en Touraine, et y mène une existence de seigneur de village. Ainsi, quand il loue les plaisirs champêtres, l'on sent bien qu'il le fait en connaisseur, en homme qui les préfère aux fausses joies du monde et de la ville. Il lui arrive bien d'évoquer des scènes factices, conventionnelles tout à fait conformes au goût et à la mode du temps (1) : de telles descriptions ne nous intéressent pas ici. Mais on rencontre chez lui d'autres passages où apparaît vraiment son génie propre : l'expression très simple de sentiments naïfs et sincères. Ils sont, certes, assez nombreux. On peut pourtant dire que même ses descriptions les plus fades ne nous laissent jamais complètement indifférents, tant il y montre de simplicité et de sincérité.

Parmi plusieurs tableaux d'un grand mérite deux surtout sont fort remarquables. Le premier est une description de l'heure de midi. Sans doute, elle est pleine d'expressions assez courantes ; les images poétiques un peu forcées n'y manquent pas non plus ; cependant elle vaut par un réalisme plein de charme :

> Que le Soleil est haut ! desjà de ces colines
> L'ombre ne s'estend plus dans les plaines voisines,
> Desjà les Laboureurs lassez de leurs travaux,
> Tous suants et poudreux emmeinent leurs chevaux,
> Desja tous les Bergers se reposent à l'ombre,
> Et pour se festoyer des mets en petit nombre,
> Que la peine et la faim leur font trouver si doux,
> Font servir au besoin de table à leurs genoux ;
> Les oiseaux assoupis, la tête dans la plume,
> Cessent de nous conter l'amour qui les consume ;
> L'air est partout si clair, qu'il deffend à nos yeux
> D'admirer les Saphirs, dont il pare les Cieux ;
> Le Soleil trop à plomb nous voit sur ce rivage,

---

(1) Descriptions de cette sorte : *Œuvres*, t. I, *Bergeries*, acte I, p. 41 ; acte II, p. 65 ; acte III, p. 88 ; acte V, p. 118 ; *Stances*, p. 22-23 ; *Odes*, p. 159 ; *Stances, A des fontaines pour une absence*, p. 184.

> Il nous faut retirer, et nous mettre à l'ombrage
> De ce bocage espais, où l'on diroit qu'Amour
> A voulu marier la nuict avec le jour (1).

Laissons de côté les deux derniers vers, et aussi le passage sur les oiseaux qui « cessent de nous conter l'amour qui les consume » : tout cela est un peu factice. A la fin, il reste un tableau délicieux. Le soleil au plus haut point de sa course, les laboureurs, représentés si exactement dans leurs occupations, puis laissant leur travail pour le repos de midi, et, enfin, joli contraste, les heureux bergers, assis à l'ombre, dégustant leur humble repas, pendant que la chaleur assoupit les oiseaux, tout cela met sous nos yeux une juste image de la vie pastorale dans ce qu'elle a de paisible et de familier. Ce sont de véritables laboureurs et de véritables pâtres engagés dans leur travail de tous les jours. C'est à peine si la poésie les a un peu idéalisés.

La peinture d'un crépuscule, plus simple encore quoique d'une ordonnance à peu près identique, nous charme par le sentiment de la réalité et par la même sincérité d'expression. On sent que Racan a dû assister à une telle scène et en a goûté vivement chaque détail pittoresque. Quelque chose de la paix et de la douceur du soir expirant plane sur tout ce morceau :

> La nuit viendra bien tost mettre fin à leurs peines,
> Les ombres des cousiaux s'allongent dans les plaines,
> Desja de toutes parts les Laboureurs lassez
> Traînent devers les bourgs leurs coutres renversez ;
> Les Bergers ont desjà leurs brebis ramenées,
> Le Soleil ne luit plus qu'au point des cheminées (2).

Ces vers nous offrent une image exquise. Les ombres s'allongeant dans les plaines, le soleil ne dorant plus que la pointe des cheminées, tandis que les laboureurs quittent le travail des champs pour retourner aux villages et que les bergers ramènent leurs troupeaux, voilà un tableau simple, sans doute, mais d'une grande beauté.

Les bergers avaient longtemps fourni aux poètes une ample matière à lieux communs ; sur la scène et dans les livres,

---

(1) Cf. Racan, *Œuvres*, t. I, *Bergeries*, acte II, p. 68.
(2) Cf. Racan, *Œuvres*, t. I, *Bergeries*, acte V, p. 140.

ils restaient toujours des personnages de convention. Chez Racan, au contraire, en particulier dans les vers cités, ils paraissent vivants (1). Cela est vrai, en général, des *Bergeries*. Racan a beau attribuer à ses personnages des sentiments exaltés et romanesques; au fond, ils restent toujours de vrais paysans et de vrais villageois.

La même vérité se retrouve dans sa peinture du milieu champêtre où se passe l'action. Ce n'est pas une Arcadie de convention; il dépeint aussi fidèlement que possible la vie rustique, telle qu'il l'observe sur les bords de la Seine. Honoré d'Urfé avait déjà mis dans ses descriptions des détails caractéristiques du Forez pour donner plus de réalisme à son roman; Racan procède de la même manière en rappelant les traits familiers d'un paysage qu'il a aimé. La Nymphe de la Seine récite le Prologue des *Bergeries*, et tout au long de la pièce des allusions précises rappellent à propos le milieu. Ce passage peut montrer l'exactitude, — et aussi le plaisir, — avec lesquels le poète évoque les caractères du pays :

>...Nous commençons à peine
>A descouvrir un peu des deux bords de la Seine,
>Qui serrant en ses bras ces beaux champs plantureux,
>Fait cognoistre à chacun l'amour qu'elle a pour eux :
>Quel esclat de grandeur reluit en ces rivages!
>Quel amas de palais riches de leurs ouvrages,
>Où la nature et l'art semblent de tous costez
>Disputer à l'envi le prix de leurs beautez!
>Que ces ruisseaux d'argent fugitifs des fontaines,
>Coulent de bonne grâce au travers de ces plaines! (2)

Mille détails dépeignent la vie des paysans et des bergers, qui s'écoule au milieu de la nature et qui est d'ordinaire si proche de la vie naturelle (3). Les personnages des *Bergeries* font intervenir les beautés du monde extérieur dans l'expression de tous leurs sentiments. Le vieil Alcidor se rappelle avec tendresse la vie heureuse qu'il menait autrefois là où

---

(1) A ce propos, lire les *Bergeries*, en remarquant surtout la peinture assez réaliste des types de paysans.
(2) Cf. RACAN, *Œuvres*, t. I, *Bergeries*, p. 65-66.
(3) Cf. RACAN, *Œuvres*, t. I, *Bergeries* p. 40, 44, 50; 98, 112 etc.

« les rives d'Oise ont commencé leur cours » (1). Tissimandre, dans son désespoir d'amoureux, évoque aussi ses malheurs de paysan, la pauvreté de ses moissons et ses pertes de bestiaux (2). Mais l'exemple le plus remarquable de ces mélanges de sentiments, c'est la plainte du jeune Alcidor, qui, désabusé et mélancolique, revient dans les lieux où il a connu l'amour et le bonheur :

> N'est-ce pas là le bois, n'est-ce pas là la plaine
> Où vivant j'avois soin de mes bestes à laine ?
> Ces vallons reculez de la flamme du jour,
> N'est-ce pas où j'allois souspirer mon amour ?...
> Ces aliziers tesmoins de nos plaisirs passez
> Ont encor en leur tronc nos chiffres enlacez ;
> Cette vieille forest d'éternelle durée
> L'accusera sans fin de sa foi parjurée ;
> Ces vieux chesnes ridez sçavent combien de fois
> Ses plaintes ont troublé le silence des bois,
> Lorsqu'en la liberté de leur ombre immortelle
> Elle osoit prendre part au mal que j'ai pour elle...
> Vivez doncques, forests, vivez doncques toujours,
> Pour estre les tesmoins de nos chastes amours ! (3).

L'amour, surtout l'amour malheureux, a toujours vu dans la nature une confidente et une consolatrice. Cette sensibilité qui confie ses peines et ses espérances aux bois et aux fontaines a souvent fourni un thème aux poètes. Ce sera, plus tard, une source importante d'inspiration pour les poètes romantiques. Nous avons vu que les héros de l'*Astrée* manifestent parfois la même sensibilité. Dans les vers de Racan que nous venons de citer se marque cependant un sentiment sincère et naïf plutôt rare à cette époque.

Les admonestations au Loir débordé manifestent la même naïveté. Mais elles contiennent aussi des traits fins et spirituels comme celui de la conclusion :

> L'on t'appellera téméraire
> De voir qu'en ton cours ordinaire
> Tu n'es plus qu'un petit ruisseau (4).

(1) Cf. RACAN, *Œuvres*, t. I, *Bergeries*, p. 116-117.
(2) Cf. RACAN, *Œuvres*, t. I, *Bergeries*, p. 98.
(3) Cf. RACAN, *Œuvres*, t. I, *Bergeries*, p. 88.
(4) Cf. RACAN, *Œuvres*, t. I, *Odes*, Au Fleuve du Loir débordé, p. 161-163.

C'est surtout dans l'*Ode* adressée à M. de Termes et intitulée *La Venue du Printemps* que Racan avoue sa prédilection pour les beautés de la nature. Tout d'abord, il énumère avec simplicité, mais avec un plaisir évident, les agréments et les plaisirs nouveaux de la saison naissante.

Après les rigueurs de l'hiver, quand la neige et la glace ont enfin disparu, « les ombrages reverdissent dans les bois » et Philomèle, avec le beau temps, « chante aux forests jour et nuit ». Les fleurs bourgeonnent dans les vergers, et les pasteurs, en chantant, égayent le paysage de leurs jeux, de leur rires et de leurs danses. Déjà « les moissons dorent les plaines », le ciel est clair et bleu, on entend le doux murmure des fontaines mêlé à celui des zéphirs. Les fleurs aux vives couleurs « brillent parmi la verdure comme des astres la nuit », et l'aube, plus matinale, apparaît ornée de teintes encore plus brillantes. Toute cette beauté, si tôt évanouie, invite l'homme à jouir de sa jeunesse ainsi que du plaisir d'aimer (1).

Une grande sincérité d'émotion caractérise cette ode. La simplicité aussi et le réalisme s'y font remarquer comme dans les passages cités des *Bergeries*. Pour Racan un paysage est beau, même s'il n'y trouve pas des bosquets fréquentés par des Nymphes, ou des allées et des parterres richement ornés.

Dans ses adaptations des *Psaumes*, composées beaucoup plus tard, à cette simplicité et à cet amour de la nature réelle vient s'ajouter le sentiment de la puissance et de la gloire de Dieu que révèlent si manifestement les beautés du monde (2).

La poésie de Racan charme surtout par ces accents sincères et personnels. Une tendresse naïve pour la nature sous ses aspects divers, une manière délicieusement simple, de la décrire, tels sont les mérites durables de son œuvre.

Théophile de Viau (3), plus homme de cour et homme

---

(1) Cf. RACAN, *Œuvres*, t. I, *Odes*, p. 150-152.

(2) Voir chapitre VI, p. 144-145.

(3) Bien qu'admirateur des réformes de Malherbe, Théophile refusait toujours de l'imiter. Comme lui tous les poètes étudiés ci-après dans ce chapitre sont complètement affranchis de l'influence de Malherbe, qui maintenant ne compte guère plus jusqu'aux classiques.

du monde, exprime cependant, lui aussi, avec beaucoup de sincérité, les sentiments que la nature lui inspire.

Né et élevé à la campagne sur les bords de la Garonne, il n'est pas surprenant que Théophile ait connu et ait su dépeindre les charmes de la nature. Il les goûte tous, ceux de la vie bucolique idéalisée comme ceux de la vie réelle des paysans. Les uns et les autres, il les décrit avec une égale tendresse et avec une compléhension entière de leurs véritables beautés. Dans une *Elégie* Théophile évoque le souvenir de son pays. C'est une peinture fidèle de la vie de tous les jours. Elle représente le paysan occupé aux travaux de la terre et les troupeaux qui paissent. Mais le réalisme même de la peinture la rend poétique, tant elle est paisible et belle :

> Là tu verras un fonds où le Paysan moissonne
> Mes petits revenus sur les bords de Garonne,
> Le fleuve de Garonne où de petits ruisseaux,
> Au travers de mes prez, vont apporter leurs eaux,
> Où des saules espais leurs rameaux verds abaissent.
> Pleins d'ombre et de fraischeur sur mes troupeaux qui
> [paissent (1).

Le poète répète souvent le nom de la Garonne comme s'il réveillait des souvenirs chers à son cœur et il fait passer toute sa tendresse dans les adjectifs possessifs qu'il multiplie à dessein dans le morceau.

Théophile évoque souvent les paysages de son pays natal. Les plaisirs champêtres, les travaux de la vie rustique, auxquels il a pris part autrefois dans la propriété de son père, se présentent à son esprit avec de nouveaux charmes dans la période de sa vie où il était en butte aux persécutions officielles. Il écrit à son frère son espoir de revoir Boussères, et décrit comme en un rêve les délices qu'il compte y retrouver :

> Je verrai sur nos grenadiers
> Leurs rouges pommes entr'ouvertes,
> Où le ciel, comme à ses lauriers,
> Garde toujours des feuilles vertes.
> Je verrai ce touffu jasmin
> Qui fait ombre à tout le chemin

(1) Cf. THÉOPHILE, *Œuvres*, IIe Partie, *Elégie*, p. 55.

> D'une assez spacieuse allée,
> Et la parfume d'une fleur
> Qui conserve dans la gelée
> Son odorat et sa couleur. (1)

Tous ces détails précis et vrais donnent un charme particulier aux descriptions de Théophile. Il les multiplie surtout dans les vers où il décrit sa province. Mais ces détails donnent aussi un certain cachet original à ses peintures de décors champêtres qui, par d'autres côtés, ressemblent aux « lieux communs » descriptifs si à la mode chez les écrivains de cette époque. Son *Ode à la Solitude* commence par quelques strophes évoquant le silence et la solitude des bois :

> Dans ce val solitaire et sombre,
> Le cerf qui brame au bruit de l'eau
> Penchant ses yeux dans un ruisseau
> S'amuse à regarder son ombre...
> Un froid et ténébreux silence
> Dort à l'ombre de ces ormeaux
> Et les vents battent les rameaux
> D'une amoureuse violence... (2).

Ici, nous n'avons pas affaire à une peinture de convention ; ces vers contiennent des observations personnelles précises et fines, et on y remarque un goût du pittoresque plutôt rare au dix-septième siècle.

Cependant les descriptions de Théophile ne se recommandent pas toujours par cet amour du trait réel et simple. On trouve souvent, dans ses peintures du monde extérieur, une richesse d'imagination et d'ornementation compliquée qui reste presque sans égale à une époque où de tels effets étaient très à la mode. Mais, malgré tout, la nature de Théophile est presque toujours vraie au fond. Il ne néglige jamais les détails réalistes, bien qu'il donne souvent dans les exagérations poétiques en vogue. Même où il est le plus opiniâtrement épris des beautés conventionnelles, certaines scènes qui, sans cela, risqueraient fort de devenir fades et banales par excès de douceur, sont heureusement relevées par un mélange habile et piquant de poésie antique. Un frais matin de printemps

---

(1) Cf. THÉOPHILE, *Œuvres*, IIe Partie, p. 231.
(2) Cf. THÉOPHILE, *Œuvres*, I^e Partie, *La Solitude*, p. 209.

inspire une belle ode qui rappelle les conceptions bucoliques les plus heureuses de Théocrite. En réalité, on peut la prendre comme exemple pour montrer les diverses manières de Théophile. C'est d'abord le lever du soleil :

> L'aurore sur le font du jour
> Sème l'azur, l'or et l'ivoire,
> Et le Soleil, lassé de boire,
> Commence son oblique tour.
>
> Ses chevaux au sortir de l'onde,
> De flamme et de clarté couverts,
> La bouche et les naseaux ouverts,
> Ronflent la lumière du monde.
>
> La lune fuit devant nos yeux,
> La nuit a retiré ses voiles,
> Peu à peu le front des estoiles,
> S'unit à la couleur des Cieux.

Peu à peu les êtres vivants se réveillent et commencent à animer la scène :

> Desja la diligente Avette,
> Boit la marjolaine et le thym,
> Et revient riche du butin
> Qu'elle a pris sur le mont Hymette.

Puis, le personnage principal du tableau, la Bergère, arrive avec son troupeau :

> Je voy les Agneaux bondissans,
> Sur ces bleds qui ne font que naistre :
> Cloris chantant les meine paistre,
> Parmi ces costeaux verdissans.

Les oiseaux chantent délicieusement afin de compléter la beauté du lieu :

> Les oiseaux d'un joyeux ramage,
> En chantant, semblent adorer
> La lumière qui vient dorer
> Leur cabinet et leur plumage.

Toutes les beautés de cette ode dont nous avons parlé jusqu'ici se rencontrent également chez d'autres poètes; mais chez Théophile elles ont une fraîcheur et une délicatesse toutes particulières. D'ailleurs, pour compléter le tableau et évoquer des détails réels après une scène idéale, le poète écrit :

> La charruë escorche la plaine,
> Le bouvier qui suit les sillons
> Presse de voix et d'aiguillons
> Le couple de bœufs qui l'entraîne (1).

Théophile n'ignore pas les ornements descriptifs habituels à son époque. La plupart du temps il est franchement païen dans son inspiration. Mais la mythologie, dont l'emploi est si artificiel chez tant d'autres poètes, se mêle si intimement chez lui à la nature qu'elle ne fait pas l'effet de s'y surajouter. A lire ses poèmes, on ne sait parfois ce qui semble le plus naturel, le paysage ou ces jolies créatures qui en sont comme la personnification. Des Amours, des « Naïades vagabondes » (2), des « Nymphes que la chasse attire » (3), le *Satyre* (4), les Dieux des eaux « tout furieux » fréquentent les « ruisseaux d'argent », les bords des étangs et les bois où les oiseaux chantent doucement. Sa *Solitude* (5) ne contient pas seulement « le cerf qui brame au bruit de l'eau », mais une Naïade qui « tous les soirs ouvre le portail de sa demeure de crystal, et nous chante une serenade ».

Voici une ode qui montre avec quel art Théophile mêle les détails mythologiques aux traits réels d'un paysage. Il décrit le bain de « mille Amours » :

> L'estang leur preste sa fraischeur.
> La Naïade leur verse à boire,
> Toute l'eau prend de leur blancheur
> L'esclat d'une couleur d'ivoire ;
> On void là ces nageurs ardents.
> Dans les ondes qu'ils vont fendants...
>
> Or ensemble, ores dispersez,
> Ils brillent dans ce crespe sombre.
> Et sous les flots qu'ils ont percez
> Laissent esvanoüir leur ombre ;
> Parfois dans une claire nuict,

(1) Cf. THÉOPHILE, *Œuvres*, Ie Partie, *Le Matin*, p. 207-209.

(2) Cf. THÉOPHILE, *Œuvres*, IIIe Partie, *Ode* III, p. 250-252.

(3) Cf. THÉOPHILE, *Œuvres*, Ire Partie, *La Solitude*, p. 209 ; *Les Princes de Cypre*, p. 328.

(4) Cf. THÉOPHILE ; *Œuvres*, Ire Partie, *La Solitude*, p. 209.

(5) Cf. THÉOPHILE, *Œuvres*, Ie Partie, *La Solitude*, p. 209.

> Qui du feu de leurs yeux reluit
> Sans aucun ombrage de nuës,
> Diane quitte son Berger
> Et s'en va là dedans nager,
> Avecque ses estoiles nuës.
>
> Les ondes qui leur font l'amour,
> Se refrisent sur leurs espaules,
> Et font danser tout à l'entour
> L'ombre des roseaux et des saules (1).

Dans ses peintures de la nature belle et tranquille, Théophile ne se montre en réalité guère plus original que ses contemporains. Il partage leurs opinions pour la plupart; mais il est assez naturel qu'une belle scène lui inspire des pensées d'amour (2), que le printemps lui semble joyeux et l'hiver triste (3). Il diffère des autres poètes de son temps surtout par la finesse de sa sensibilité, toujours ouverte aux impressions du dehors. Ces qualités se manifestent déjà par la précision pittoresque de ses descriptions. Mais, loin d'être sensible seulement aux beautés de convention, il trouve du charme aux réalités naturelles de toutes sortes, et il sait jouir de leur spectacle (4). C'est là une des originalités les plus sûres de Théophile. En particulier, il a un goût marqué pour la mer. Il l'aime non seulement « douce comme les eaux d'Euphrate » (5), mais aussi furieuse. Il trouve des termes expressifs pour décrire sa colère et ses caprices. La description suivante manifeste des traits d'un pittoresque vigoureux :

(1) Cf. Théophile, *Œuvres*, IIIᵉ Partie, *Ode*, III, p. 252-253.

(2) Cf. Théophile, *Œuvres*, Iᵉ Partie, *De l'Immortalité de l'Ame*, p. 54.

(3) Cf. Théophile, *Œuvres*, Iᵉ Partie, *Ode*, p. 203-204 ; *Contre L'Hiver, Ode*, p. 206.

(4) Cf. Théophile, *Œuvres*, IIᵉ Partie, *Histoire Comique*, Iᵉ Journée, p. 15. Cette œuvre est un fragment de sa propre biographie et il y mentionne ce qu'il aime :
« Il faut avoir de la passion, non seulement pour les hommes de vertu, pour les belles femmes, mais aussi pour toute sorte de belles choses. J'aime un beau jour, des fontaines claires, l'aspect des montagnes, l'étendue d'une grande plaine, de belles forêts ; l'Océan, ses vagues, son calme, ses rivages. J'aime encore tout ce qui touche plus particulièrement les sens : la musique, les fleurs, les beaux habits, la chasse, les beaux chevaux, les bonnes odeurs, la bonne chère... »

(5) Cf. Théophile, *Œuvres*, Iᵉ Partie, *Les Nautoniers*, p. 326-327.

> Ici les rochers blanchissans,
> Du choc des vagues gemissans,
> Herissent leurs masses cornuës
> Contre la cholère des airs,
> Et présentent leurs testes nuës,
> A la menace des esclairs... (1).

Théophile cependant a un plus grand titre encore à notre estime. Son œuvre contient un poème fort intéressant où il loue les beautés naturelles et constate l'infériorité de toute imitation. Il paraît vraiment être le premier au dix-septième siècle à poser la question de savoir si la nature est supérieure à l'art ou inversement. L'opinion contraire était généralement acceptée, et on pensait que l'art était supérieur et devait même suppléer partout à la nature. Théophile décide contre l'art :

> L'esclat, la force et la peinture
> De tant et de si belles fleurs,
> Que l'Aurore avecques ses pleurs,
> Tire du sein de la Nature,
> Sans fard et sans déguisement,
> Nous donnent bien plus aisément
> Le plaisir d'une odeur naïfve ;
> Leur object nous contente mieux
> Et se monstre devant nos yeux
> Avec une couleur plus vive,
>
> Les oiseaux, qui sont si bien teints,
> Ne couvrent point d'une autre image
> Le lustre d'un si beau plumage,
> Dont la nature les a peints,
> Et leur céleste mélodie,
> Plus aimable qu'en Arcadie
> N'estoient les flageolets des Dieux,
> Prend elle-mesme ses mesures,
> Choisit les tons, fait les cesures,
> Mieux que l'Art le plus curieux.
>
> L'eau de sa naturelle source
> Trouve assez de canaux ouverts
> Pour traîner par les plis divers
> La facilité de sa course ;
> Ses rivages sont verdissans,
> Où des arbrisseaux fleurissans

---

(1) Cf. Théophile, *Œuvres*, I^e Partie, *Sur une Tempeste, Ode*, p. 216.

> Ont tousjours la racine fresche;
> L'herbe y croist jusqu'à leur gravier,
> Mais une herbe que le bouvier
> N'apporte jamais à sa cresche.
>   Ces petits cailloux bigarrez,
>   Et des diversitez si belles,
>   Où trouveroient-ils des modelles.
>   Qui les fissent mieux figurez?
>   La Nature est inimitable,
>   Et dans sa beauté véritable
>   Elle esclate si vivement.
>   Que l'Art gaste tous ses ouvrages
>   Et lui fait plustost mille outrages,
>   Qu'il ne lui donne un ornement (1).

Une telle admiration de la nature est sans doute la plus grande originalité de Théophile. Il est même plus original par là que par le réalisme ou par la grâce et la fraîcheur de ses descriptions.

*
* *

Tristan, non plus, ne se contente pas des peintures fades et banales de l'Univers. Au contraire, poète lyrique souvent exquis, il le décrit dans des vers des plus mélodieux. Avec un fort penchant vers la préciosité, il s'est égaré parfois dans les pires défauts de ses contemporains, mais ils sont heureusement presque tous absents de ses poésies inspirées de la nature. Malgré la présence de galanteries factices, il existe dans ses poèmes d'amour un sentiment véritable des beautés du monde.

Souvent les traits ordinaires d'un paysage sans caractère bien précis sont rapidement indiqués dans ces poèmes, mais lorsque Tristan s'intéresse vraiment à un lieu, il le dépeint avec un amour et une vérité admirables. *L'Orphée* est en quelque sorte une personnification de la nature. Les traits factices et exagérés mis de côté, il reste la description des arbres, qui est extrêmement intéressante. D'abord il y a une longue énumération des espèces qui viennent écouter Orphée, précision assez

---

(1) Cf. THÉOPHILE, *Œuvres*, IIe Partie, *Ode*, p. 70-71.

remarquable au dix-septième siècle (1). Mais ce qui est encore plus instructif, ce sont les épithètes données à quelques-uns de ces arbres. Il les introduit évidemment pour varier son énumération. Mais c'est un trait original chez Tristan de faire remarquer quelques-uns des effets produits par la lumière sur le feuillage. Aucun autre, avant lui, n'a prêté attention aux détails pittoresques de ce genre. Ici ce n'est qu'un commencement, fortuit peut-être, intéressant cependant par sa nouveauté. Le tremble est « couvert de sa feuille timide », le cyprès « en verte Piramide », le « Cycomore noir », le « Saule palissant », l' « Aubépin fleurissant » sont ainsi décrits avec précision. Ces notations sont d'autant plus importantes que l'individualité ou la personnalité des choses sont presque universellement méconnues au dix-septième siècle.

Dans les *Amours*, recueil de vers parfois sincères, parfois tout simplement galants. Tristan montre un goût sûr et un sentiment délicat de la beauté des choses. Elle s'y mêle à l'amour le plus souvent, comme quand il reproche à sa belle sa crainte des charmes de la nature :

> L'autre jour, à la promenade,
> Vos yeux se destournoient des fleurs,
> Refusant mesme aux couleurs
> La grace de la moindre œillade.
> Le chant innocent des oiseaux,
> Le confus murmure des eaux
> Vous sembloit donner quelque atteinte;
> Le bruit des feuilles d'alentour
> Glaceoit tout vostre sang de crainte
> Que le vent vous parlast d'amour (2).

Dans cette chanson, il associe une saison à sa plainte :

> Doux Printemps, ne revenez pas
>   Avec tant d'apas,
> Vous oposer à ma melancholie...

---

(1) Cf. TRISTAN, *L'Orphée*, p. 3-5. Le poète y énumère le noyer, le cormier, le tilleul, le hêtre, le chêne, le cèdre, le laurier, le palmier, le tremble, le cyprès, le peuplier, le coudrier, l'érable, le sapin, le tamarin, le plane, le « cycomore », le saule, le bouleau, l'aubépin, l'abricotier, l'olivier, le grenadier, le figuier, le mûrier, le frêne, l'oranger, le violier, le jasmin. Il fait de même pour les animaux et pour les oiseaux.

(2) Cf. TRISTAN, *Les Amours, Les Desdains, Ode*, p. 138.

Sa bien-aimée en effet est morte et il ne fait que pleurer ou que s'écrier :

> O beaux jours si tost alongez,
> Que vous m'affligez,
> Moi qui tousjours ai des pensers si sombres...! (1)

Mais « le bien de sentir les fleurs », « le doux concert des oiseaux », « le mouvant cristal des eaux », « un bois » et « des prez agréables » sont « capables » de le préserver de ce désespoir (2).

Cette suite de vers montre plus que d'autres comment son cœur réagit devant la nature. Ce n'est pas son aspect que Tristan y décrit; il y analyse l'effet qu'elle produit sur l'âme d'un amant malheureux.

Le *Promenoir des deux Amants* (3) représente les choses d'une façon plus objective. Avec une sensibilité émue l'amant conduit sa belle dans un endroit délicieux dont

> Jamais les vents ni le tonnerre
> N'ont troublé la paix... (4).

Pendant toute leur promenade, il lui indique les beautés principales du lieu. D'abord, c'est une grotte sombre, où l'air est frais et doux. « Le rossignol mélancolique » chante délicieusement « sous ces rameaux que le Soleil a dorés d'un traict de lumière » (5). Ces endroits charmants sont le séjour ordinaire des Nymphes; Vénus elle-même y vient parfois (6). Un petit ruisseau coule dans les prés et forme un étang où jouent la lumière et l'ombre. Dans le miroir qu'il forme les êtres mythologiques se regardent, et

> L'ombre de ceste fleur vermeille
> Et celle de ces joncs pendans
> Paroissent estre là-dedans
> Les songes de l'eau qui sommeille (7).

---

(1) Cf. TRISTAN, *Les Amours, Chanson*, p. 139.
(2) Cf. TRISTAN, *Les Amours, Plainte à la Belle Banquière*, p. 205.
(3) Cf. TRISTAN, *Les Amours, Promenoir des deux Amants*, p. 72-76.
(4) Cf. TRISTAN, *Les Amours, Promenoir des deux Amants*, p. 74.
(5) Cf. TRISTAN, *Les Amours, Promenoir des deux Amants*, p. 73.
(6) Cf. TRISTAN, *Les Amours, Promenoir des deux Amants*, p. 74.
(7) Cf. TRISTAN, *Les Amours, Promenoir des deux Amants*, p. 72.

Planche VIII. — « Voicy venir Philis, ô la rencontre heureuse !... », par Abraham Bosse (1602-1676).
(Bibliothèque Nationale, Cabinet des Estampes, *Œuvres*, in-fol. Ed. 30 e, G. D. 1366.)

Cette dernière image, qui est vraiment exquise, tranche évidemment sur tout le reste. Pourtant Tristan, dans l'ensemble de la description, montre à quel point il a senti la véritable « poésie » de la nature. Théophile lui-même n'a pas joui des beautés du monde avec autant d'intensité.

Moins poétique peut-être, mais plus intéressante sans doute par les confidences personnelles qu'elle contient, l'*Ode à M. de Chaudebonne* témoigne d'un amour profond de la nature :

> Jamais le desir des richesses
> Ne troublera mes sentimens ;
> La Nature et les Elemens
> Me feront assez de largesses ;
> L'or éclatant dont le Soleil
> Vient couronner à son réveil
> Le front orgueilleux des Montagnes,
> Et l'argent pur qui va coulant
> Sur l'émail fleuri des Campagnes,
> Me rendront assez opulent.
>
> La nuict, quand mille pierreries
> Lui donnent un peu de blancheur,
> Quand son silence et sa fraischeur
> Flattent mes douces resveries ;
> L'Aurore avecque ses habits
> Dont les Saphirs et les Rubis
> Tentèrent l'âme de Céphale ;
> Et l'Iris offrant à mes yeux
> Un Arc des couleurs de l'Opale,
> M'offrent tous les thresors des Cieux.
>
> L'Echo d'un Bois ou d'un Rivage
> Où les Bergers vont s'enquérir
> Du Destin qu'ils doivent courir
> Vivans sous l'amoureux servage ;
> La Musique de mille Oiseaux,
> Le bruit et la clarté des eaux
> Qui se précipitent des roches ;
> Et l'ombre au fort de la chaleur,
> Me feront de justes reproches
> Si je m'y plains de mon malheur (1).

Le caractère idéalisé de ce paysage est évident, mais Tristan paraît en sentir assez profondément les beautés. Il les énumère

---

(1) Cf. TRISTAN, *Meslanges*, p. 70-71.

une par une. Avec plus de discernement que la plupart des autres poètes, il goûte le charme de chaque détail aussi bien que l'aspect d'ensemble du paysage. Or du soleil, « émail fleuri » des campagnes, silence de la nuit, éclat des étoiles, tout a pour lui son charme particulier.

Peut-être le trait le plus frappant de la poésie de Tristan, est-ce sa sensibilité délicate qui sait admirer le jeu de l'ombre sur l'eau, l'effet de la lumière sur du feuillage aussi bien que sur un champ de fleurs, et noter le retentissement que tout cela peut avoir dans le cœur d'un amant. Tout cela est assez original à cette époque.

Même dans les poèmes d'une inspiration conventionnelle, l'on sent que Saint-Amant est plus près du réel que les autres poètes. Il appelle la nature « belle », il l'appelle divine. L'aurore a souvent été décrite, mais Saint-Amant l'aime assez pour se lever avant le jour « contre sa coutume ordinaire »,

> Pour voir recommencer le tour
> Au celeste et grand Luminaire.

Il ne se contente pas, d'ailleurs, d'admirer les beautés naturelles; il éprouve, en les contemplant, des sentiments d'un ordre plus élevé. Par exemple, en voyant le « premier rayon » de l'aurore, il « bénit l'Autheur de la Nature » (1). L'idée de découvrir le Créateur à travers ses œuvres, qui inspirera plus tard tant d'écrivains, est à cette date des plus originales. Cette même pensée se retrouve dans le poème intitulé *La Pluie*. C'est une description détaillée et charmante d'une averse, à propos de laquelle il reconnaît la bonté de la Providence :

> Enfin la haute providence
> Qui gouverne à son gré le temps,
> Travaillant à nostre abondance,
> Rendra les Laboureurs contens.

La pluie approche :

> Sus, que tout le monde s'enfuie !
> Je voy de loing venir la pluie ;

---

(1) Cf. SAINT-AMANT, *Œuvres*, t. I, *Le Contemplateur*, p. 32.

> Le Ciel est noir de bout en bout ;
> . . . .
> Desja l'humide Iris estale
> Son beau demi-cercle d'opale
> Dedans le vague champ de l'Air ;
> Et, pressant mainte espaisse nuë,
> Fait obscurcir à sa venuë
> Le temps qui se montroit si clair.

Enfin la pluie commence :

> Voilà le nuage crevé :
> O comme à grands flots il dévale.
> Desja tout en est abbreuvé.
> Mon Dieu ! quel plaisir incroyable !
> Que l'eau fait un bruit agreable,
> Tombant sur ces feuillages verds !
> Et que je charmerois l'oreille,
> Si cette douceur non pareille
> Se pouvoit trouver en mes vers ! (1)

Le poème se termine ainsi par un trait assez spirituel, tandis que la sensibilité délicate du poète sait apprécier le « bruit agréable » de la pluie sur les feuilles et trouver « un plaisir incroyable » à l'écouter.

Saint-Amant jouit avec délices de tous les spectacles de la nature. Il recherche avant tout les détails pittoresques ; parfois cependant il y mêle des notes personnelles par lesquelles il s'apparente aux poètes lyriques modernes. Par exemple, au printemps, il décrit les charmes séduisants de cette saison, et éprouve

> ...[le] désir champestre
> De visiter à ce Printemps
> Les bois, les rochers, les estangs,
> Y voir nager l'ombre d'un arbre,
> . . . .
> Ou durant un temps chaut et clair
> Regarder les ondes de l'air,
> Qui semblent trembler sur la terre
> De la peur qu'il a du tonnerre ;
> Puis admirant sur les sillons
> Les ailes des gais Papillons
> De mille couleurs parsemées,
> Les croire des fleurs animées,

---

(1) Cf. SAINT-AMANT, *Œuvres*, t. I, *La Pluie*, p. 111-115.

> Qui volent au gré des Zephirs
> Vers les Cieux plus beaux que Saphirs.
> . . . .
> Ou, parfois ouir Philomelle
> Saluant la saison nouvelle,
> Par un doux chant se consoler... (1)

Ainsi, papillons, fleurs, oiseaux, lumière du soleil, tout contribue à la beauté de la saison.

Le sentiment de sympathie qui unit le poète à la nature s'exprime plus clairement encore dans *La Solitude*, où des aspects plus sauvages s'harmonisent mieux avec une humeur moins gaie. Ce poème est comme une confidence où il révèle tout ce qu'il aime.

Tout d'abord, c'est la solitude paisible des bois :

> O que j'aime la Solitude !
> Que ces lieux sacrez à la Nuit,
> Esloignez du monde et du bruit,
> Plaisent à mon inquiétude !
> Mon Dieu ! que mes yeux sont contens
> De voir ces Bois qui se trouvèrent
> A la nativité du Temps,
> Et que tous les Siècles revèrent,
> Estre encore aussi beaux et verts,
> Qu'aux premiers jours de l'Univers !
>
> Un gai Zephire les caresse
> D'un mouvement doux et flatteur ;
> Rien que leur extrême hauteur
> Ne fait remarquer leur vieillesse...

Saint-Amant goûte les charmes simples de la nature, mais il aime aussi des beautés plus sauvages :

> Que sur cette Espine fleurie,
> Dont le Printemps est amoureux,
> Philomèle au chant langoureux,
> Entretient bien ma rêverie !
> Que je prens de plaisir à voir
> Ces Monts pendans en précipices,
> Qui pour les coups du désespoir
> Sont aux malheureux si propices... !

(1) Cf. SAINT-AMANT, *Œuvres*, t. I, *Les Cabarets*, p. 184-186.

> Que je trouve doux le ravage
> De ces fiers Torrents vagabonds,
> Qui se précipitent par bonds
> Dans ce valon vert et sauvage !
> Puis glissans sous les arbrisseaux
> Ainsi que des serpens sur l'herbe,
> Se changeant en plaisans ruisseaux...

Un marais même l'intéresse :

> Que j'aime ce Marests paisible !
> Il est tout bordé d'aliziers,
> D'aulnes, de saules et d'oziers,
> A qui le fer n'est point nuisible !...
> Où l'on voit sauter les grenoüilles
> Qui de frayeur s'y vont cacher
> Si tost qu'on veut s'en approcher.

Aucun être humain ne trouble cette solitude sauvage :

> Là, cent mille Oiseaux aquatiques
> Vivent sans craindre en leur repos
> Le Giboyeur fin et dispos
> Avec ses mortelles practiques ;
> L'un, tout joyeux d'un si beau jour,
> S'amuse à becqueter sa plume ;
> L'autre allentit le feu d'Amour
> Qui dans l'Eau mesme le consume,
> Et prennent tous innocemment
> Leur plaisir en cet Element.

Enfin, c'est la mer qu'il admire, après l'orage, quand le calme est revenu :

> Que c'est une chose agréable
> D'estre sur le bord de la Mer,
> Quand elle vient à se calmer
> Après quelque orage effroyable,
> Et que les chevelus Tritons,
> Hauts sur les vagues secoüées,
> Frappent les Airs d'estranges tons
> Avec leurs trompes enroüées,
> Dont l'esclat rend respectueux
> Les vents les plus impétueux !

> Tantost l'onde, broüillant l'arène,
> Murmure et fremit de courroux,
> Se roulant dessus les cailloux
> Qu'elle apporte, et qu'elle r'entraîne ;

> Tantost elle estale en ses bors,
> Que l'ire de Neptune outrage,
> Des gens noyez, des Monstres mors,
> Des vaisseaux brisez du naufrage,
> Des diamans, de l'ambre gris,
> Et mille autres choses de pris.
>
> Tantost, la plus claire du monde,
> Elle semble un miroir flottant,
> Et nous représente à l'instant
> Encore d'autres cieux sous l'onde ;
> Le Soleil s'y fait si bien voir,
> Y contemplant son beau visage,
> Qu'on est quelque temps à sçavoir
> Si c'est lui-mesme, ou son image,
> Et d'abord il semble à nos yeux,
> Qu'il s'est laissé tomber des Cieux (1).

Tout ce poème témoigne d'un sentiment original et personnel de la nature. Le goût pour la mer est surtout remarquable ; à une époque où elle n'est guère représentée dans l'art ou dans la littérature que sous ses aspects les plus souriants, cette description de sa colère est curieuse à relever.

Saint-Amant, seul des poètes de son temps, sait peindre la mer en véritable admirateur. Il l'aime quand elle est calme, claire, et qu'elle ressemble à « un miroir flottant », mais il aime aussi à entendre les vagues qui rugissent encore après l'orage. Il prend plaisir au bruit de l'onde courant sur les sables ou roulant sur les cailloux. L'affreux butin de l'océan, — gens noyés, monstres morts, navires naufragés, — rien ne lui répugne.

Saint-Amant est de même, parmi les poètes, un des premiers à décrire la haute montagne. Le sonnet intitulé l'*Hiver des Alpes* est caractéristique à cet égard :

> ... Ces atomes de feu, qui, sur la neige brillent,
> Ces étincelles d'or, d'azur et de cristal,
> Dont l'hiver, au soleil, d'un lustre oriental,
> Pare ses cheveux blancs que les vents esparpillent...
> Sont si doux à mes yeux, que d'aise ils en pétillent :
> Cette saison me plaist, j'en ayme la froideur,
> Sa robe d'innocence et de pure splendeur... (2)

---

(1) Cf. SAINT-AMANT, *Œuvres*, t. I, *La Solitude*, p. 6-16.
(2) Cf. SAINT-AMANT, *Œuvres*, t. II, p. 27.

Ces vers où s'exprime avec une grande justesse un goût assez rare à cette époque, sont presque modernes par le sentiment des beautés alpestres et par la notation pittoresque des couleurs.

Le *Contemplateur* révèle mieux qu'aucun autre poème de Saint-Amant l'impression profonde que les magnificences et les mystères du monde laissent dans son âme. Le paysage varié qu'il observe à Belle-Isle lui inspire des sentiments vraiment lyriques par leur grandeur. Il ne se contente pas d'exprimer des sensations d'une façon charmante ; la nature est aussi pour lui une occasion de méditations philosophiques au cours desquelles il est saisi par une sorte d'extase religieuse. Ému jusqu'au fond de l'âme, il pénètre tous les mystères de l'univers et sa vie se confond alors avec celle du Tout :

> De marche en autre je descends
> Dans les termes du philosophe ;
> Nature n'a point de secret
> Que d'un soin libre, mais discret,
> Ma curiosité ne sonde ;
> Ses cabinets me sont ouverts.
> Et dans ma recherche profonde,
> Je loge en moi tout l'univers (1).

Dans sa contemplation, son esprit s'élève des beautés de la terre jusqu'aux beautés du ciel immense, et il éprouve alors le sentiment de l'infini :

> Je considère au firmament
> L'aspect des flambeaux taciturnes...
> J'écoute à demi transporté,
> Le bruit des ailes du Silence,
> Qui vole dans l'obscurité... (2).

Naturellement, ses pensées montent jusqu'à « l'auteur de la nature », et le poème s'achève sur une vision apocalyptique du jugement dernier (3).

(1) Cf. SAINT-AMANT, *Œuvres*, t. I, *Le Contemplateur*, p. 21.
(2) Cf. SAINT-AMANT, *Œuvres*, t. I, *Le Contemplateur*, p. 29.
(3) Cf. SAINT-AMANT, *Œuvres*, t. I, *Le Contemplateur*, p. 34-39.

Cet amour si universel et si sincère de la nature est l'originalité suprême de Saint-Amant.

*
* *

Pendant toute cette période, la nature occupe donc une place assez importante chez les poètes lyriques. Les poètes dramatiques, Hardy et Rotrou, lui réservent aussi une place, d'ailleurs beaucoup moins importante.

Ces deux poètes débutèrent par la pastorale et par la tragi-comédie, et c'est dans ces œuvres de jeunesse que les descriptions de la nature abondent. Dans les pièces plus régulières et plus psychologiques, comme les tragédies, il n'y avait guère de place pour de telles descriptions.

La nature est le cadre normal de ces pastorales, mais d'ordinaire c'est une nature fade, sans relief et sans originalité. Pour Hardy, elle est toujours belle, pourvue de tous les charmes habituels (1).

Rotrou, en véritable lyrique, exprime parfois la sympathie secrète qui relie l'homme à la nature. Il éprouve en face d'elle des sentiments plus délicats, et la poésie qu'il en dégage est parfois exquise.

Les fleurs surtout le charment, mais, tout en admirant leur beauté, il ne peut pas s'empêcher de s'apitoyer sur le caractère éphémère de leur fraîcheur :

...Parmi ces belles fleurs,
[Choisissons] un bouquet de diverses couleurs,
Mais de roses surtout et dont l'odeur soit rare...
Cueillons les moins écloses;
Commençons par l'œillet, ajoutons-y les roses
Que cet émail est rare, et que l'œil enchanté
S'égare doucement dans sa diversité !
Mais, ô beaux ornemens dont la terre est parée,
Que votre éclat si doux est de courte durée !
A peine seulement saurait-on vous toucher
Sans gâter votre teint et sans le voir secher (2).

(1) Cf. HARDY, *Théâtre,* t. I, *Alphée,* acte I, sc. I, p. 457 ; t. II, *Mort d'Achille,* acte II, sc. I, p. 19; acte III, sc. II, p. 54 ; t. III, *Ravissement de Proserpine,* acte II, sc. III, p. 25, 30, 33 ; *Félismène,* acte V, sc. II, p. 370-371 ; t. IV, *Mort de Daire,* acte II, sc. II, p. 25 ; t. VI, *Théagène et Cariclée,* Ve journée, acte I, sc. I, p. 298.

(2) Cf. ROTROU, *Œuvres,* t. II, *Agésilan de Colchos,* acte III, sc. II, p. 42-43.

Planche IX. — Les « Quatre Paysages » : Port de Mer, par Jacques Callot (1592-1635). (Bibliothèque Nationale, Cabinet des Estampes, *Œuvres*, t. II, in-fol. Ed. 25 m, M. 718.)

Sa nature est souvent trop belle, mais de temps en temps une pensée délicate et poétique la préserve de la fadeur. Les images du monde extérieur sont assez nombreuses et présentent une diversité assez grande dans toutes les pièces antérieures à *Florismonde* (1665) (1). Dans la suite, il s'éprend du théâtre régulier et écrit des tragédies qui ne sont pas trop inférieures à celles de Corneille.

En résumé, on constate une préoccupation générale de la nature chez les poètes principaux de cette période. Elle est parfois fade; conventionnelle, sans originalité. Elle a presque toujours ces caractères chez Hardy et Rotrou. Maynard non plus n'envisage pas la nature avec un sentiment bien original ni bien profond. Racan, Théophile, Tristan et Saint-Amant manifestent aussi le même défaut dans une partie de leurs vers. Mais, malgré tout, et bien qu'ils préfèrent presque toujours une nature souriante et tranquille, la plupart de leurs descriptions montrent tant de traits personnels et particuliers et tant de sentiment véritable qu'elles font un contraste heureux avec les descriptions moins précises des romans du temps.

Sauf François Maynard, ils sont tous libres, ils n'ont pas subi l'influence de Malherbe, mais s'expriment selon leur inspiration particulière, de la manière qui leur semble la meilleure.

Le *Cid* de Corneille a paru en 1636. C'est la date de la naissance du classicisme. Sans doute les traits pittoresques, les évocations, même rapides, de la nature sont dès lors plus rares et beaucoup moins vrais chez les poètes dramatiques ; mais chez les lyriques on n'a jamais trouvé un goût plus profond pour la campagne qu'à cette époque. La nature, qui toujours est plus ou moins conventionnelle chez les romanciers, même quand ils semblent l'aimer avec le plus de sincérité, se trouve enfin plus fidèlement représentée chez ces

---

(1) Cf. Rotrou, t. I, *L'Hypocondriaque*, acte II, sc. I, p. 17 ; *Occasions perdues*, acte I, sc. I, p. 349-350 ; acte V, sc. III, p. 411 ; sc. V, p. 414 ; t. II, *Filandre*, acte I, sc. I, p. 530 ; acte II, sc. VI, p. 557 ; t. III, *Agésilan de Colchos*, acte III, sc. II, p. 42-43. Voir aussi t. I, *La Diane*, acte I, sc. IV p. 277; *Le bagne de l'Oubli*, acte I. sc. IV, p. 106.

poètes. Tous les quatre plutôt indépendants, plutôt affranchis des règles d'une école ou des fantaisies de la mode, s'inspirent avec succès de cette nature si diverse qu'ils aiment et qu'ils admirent profondément. Avant eux, au dix-septième siècle, aucun poète aussi bien doué n'a chanté les beautés de la terre. Après eux, et jusqu'à 1660 environ, des talents plus faibles, éblouis d'ailleurs par les splendeurs de la société mondaine, ne trouvent des sentiments sincères dans la nature qu'en y cherchant Dieu.

CHAPITRE V

LE ROMAN INSPIRÉ DE L'HISTOIRE

Un élément nouveau prédomine dans le roman : l'histoire. L'histoire travestie et le sentiment de la nature : La Calprenède et Mlle de Scudéry. Les divers aspects de la nature dans leurs romans.

Après 1640 environ le roman subit encore une transformation. Comme nous l'avons vu, le genre de la bergerie, tel qu'on le trouvait dans l'*Astrée*, s'était enrichi d'autres éléments et s'était modifié chez Camus et chez Gomberville au point de changer complètement de caractère. Maintenant un genre nouveau apparaît : celui du roman historique.

Déjà, dans la *Carithée* et dans *Polexandre*, quelques faits historiques se mêlaient aux événements fictifs, mais ils avaient peu d'importance dans l'ensemble du récit. Par contre, chez les romanciers de cette période, le thème historique occupe la première place. Chez La Calprenède, chez Mlle de Scudéry, même chez Segrais dans sa *Bérénice*, l'histoire ancienne est la source de leurs romans.

Il est curieux cependant d'examiner comment ils comprenaient et interprétaient l'histoire ancienne : leurs emprunts à l'histoire ont en effet déterminé la manière dont ils ont dépeint la nature.

La Calprenède et Mlle de Scudéry représentaient deux systèmes différents. La Calprenède, très sincère, choisit une suite d'événements historiques propres à former un roman et ne change rien aux faits exactement connus. Son invention s'exerce à broder sur ces faits, à y ajouter des récits secondaires, à développer les caractères et à leur donner une individualité d'après sa propre imagination. Évidemment, dans un effort de cette espèce pour reconstituer le passé, il est facile de s'écarter de la vérité stricte. Mais La Calprenède ne le fait jamais avec intention. Il évoque même des tableaux assez vivants et d'une vérité extraordinaire.

Avec Mlle de Scudéry la méthode change complètement. Elle aussi choisit ses intrigues dans l'histoire. Mais elle n'hésite jamais, s'il le faut, à modifier les faits pour peindre, sous les événements supposés d'une période de l'histoire perse ou romaine, des actions et des personnages contemporains. C'est un procédé ingénieux, mais il en résulte une histoire travestie, celle de Cyrus, par exemple.

Bien que, dans ces romans inspirés de l'histoire, l'intrigue tienne naturellement la première place, la part de la peinture de mœurs y est considérable aussi. Le sentiment de la nature y trouve également sa place.

Chez La Calprenède, qui essaye de faire revivre l'antiquité, mais qui n'a pas le moyen de connaître les sentiments précis des anciens sur la nature, celle-ci apparaît souvent, — toujours, il est vrai, sous une forme plutôt conventionnelle. Il se contente de la peindre selon le goût de la société mondaine à laquelle il appartient. Segrais, beaucoup moins important comme romancier, mais appartenant lui aussi à cette période, emploie exactement le même procédé dans sa *Bérénice*.

Mlle de Scudéry montre plus d'originalité et plus de sentiment personnel. Il est vrai que, travestissant l'histoire, elle n'en réussit que mieux à représenter avec fidélité les idées et les dispositions de son temps. Ainsi, pour la nature, elle ne se contente pas d'en faire une aimable peinture de convention. Elle l'interprète selon son propre goût de femme cultivée. De plus, elle paraît prendre plaisir à la décrire. Les descriptions des beautés naturelles sont beaucoup plus nombreuses dans son *Cyrus* et dans sa *Clélie* que dans la *Cassandre* et dans la *Cléopâtre* de La Calprenède.

Tout d'abord on remarque dans tous ces romans une nouveauté dans la manière d'interpréter la nature. Tout en conservant ses caractères déjà bien connus de douceur et de charme, elle prend un auttre aspect. Ce n'est plus la nature idéalisée de l'*Astrée* et des poètes. Elle est plus réelle peut-être, et elle est devenue « mondaine » : en somme, ces romanciers ne représentent plus la nature embellie, bien faite pour fournir une retraite aux bergers et aux bergères de naissance noble; mais ils la représentent simplement comme occupant une place agréable dans la vie quotidienne des gens de condition qui figurent dans leurs romans. En effet, ils lui donnent dans leurs œuvres la même place qu'elle occupe dans leur propre vie et dans celle de leurs amis.

Le personnage de la *Clélie* qui déclare qu'il aimerait à voir des bateaux, des bergers et des troupeaux dans un paysage vu d'un point d'observation célèbre « principalement s'il y avoit bonne compagnie » (1), exprime bien le sentiment de la plupart des gens au dix-septième siècle. La « bonne compagnie » était le plus souvent indispensable à la jouissance complète de la nature.

Cette différence apparaît plus nettement chez Mlle de Scudéry, mais chez La Calprenède et chez Segrais aussi se trouve la tendance à faire servir la nature aux besoins mondains de leurs personnages. Naturellement, dépeindre les jardins est la manière la plus directe et la plus simple de mêler la vie sociale et la nature. La Calprenède le fait souvent, moins souvent cependant que Mlle de Scudéry (2).

La Calprenède remarque « un jardin curieusement entretenu et embelli de grandes allées, de longs canaux, de belles fontaines et de tout ce que l'art pourroit adjouster à son assiette naturelle » (3). Voilà les embellissements habituels d'un jardin du temps. Dans un autre endroit de la même œuvre, il décrit une terrasse « d'où la veuë s'étendoit sur la mer et sur tout le voisinage d'Alexandrie », et « le balustre » sur lequel les personnages s'accoudent habituellement pour parler et pour jouir de la vue (4).

Un souvenir fort curieux de la période primitive du jardin français, bien avant la Renaissance italienne, apparaît une fois dans les descriptions de La Calprenède. Il mentionne un élément

---

(1) Cf. Scudéry *Clélie*, Paris, 1656-1660, 10 v. in-8º, t. X. l. II, p. 889.

(2) Cf. La Calprenède, *Cléopâtre*, Paris, 1658, 12 v. in-8º, t. II, l. II, p. 275 ; t. III, l. I, p. 26-27 ; *Cassandre*, Paris, 1640-1645, 10 v. in-8º t. IV, l. v, p. 263 ; Mlle de Scudéry, *Clélie*, t. IV, l. II, p. 717 ; p. 1043.

(3) Cf. La Calprenède, *Cléopâtre*, t. XI, l. I, p. 205.

(4) Cf. La Calprenède, *Cléopâtre*, t. III, l. I, p. 26-27.

particulier au moyen âge, ces « sièges de gazon » sur lesquels venaient s'étendre les amants désespérés (1).

Segrais aussi, dans *Bérénice*, parle d'un « fort beau jardin », « un des ornements » de la maison royale sur les bords de la mer Caspie. Tout comme Louis XIII de France, le roi dans son roman avait son Fontainebleau ou, « l'esté ayant rendu le sejour de la ville incommode », toute la Cour goûtait « à plaisir les douceurs de la solitude » (2).

Mlle de Scudéry, parce qu'elle insiste plus sur la vie mondaine, semble s'intéresser davantage aux jardins. Il y en a de toutes sortes dans ses œuvres. Elle en représente un, par exemple, où il y a un « grand parterre rustique », « dont les compartimens ne sont que de gazon » : au milieu se trouve une belle fontaine, dont « le bassin est semé d'un sable argenté », et dont les bords sont ornez d'une mousse verte », qui, « par son espoisseur et par sa fraischeur, offre un lict fort agréable à ceux qui s'y veulent reposer » (3). Le tout était environné d'un bois taillé, « entrecoupé de petits sentiers ondoyants ». Mais, en général, les jardins décrits par Mlle de Scudéry ont les traits ordinaires de tous ceux du temps : parterres de fleurs (4), allées de beaux arbres (5), labyrinthes de cyprès (6), terrasses et balustrades (7). Souvent un de leurs charmes, c'est une vue étendue d'un beau paysage (8).

Il y a aussi une description plus détaillée d'un jardin luxueux représentant assez bien le goût pour la nature belle et

---

(1) Cf. La Calprenède, *Cléopâtre*, t. II, l. II, p. 275. Un « siège de gazon » était une sorte de banc tapissé de gazon soigneusement entretenu.

(2) Cf. Segrais *Bérénice*, s. l. n. d., 4 v. in-8º, t. I, l. II, p. 259-60.

(3) Cf. Scudéry, *Cyrus*, Paris, 1640-1653, 10 v. in-8º, t. I, l. III, p. 981.

(4) Cf. Scudéry, *Clélie*, t. I, l. I, p. 523 ; t. III, l. I, p. 593 ; t. IV, l. II, p. 717 ; t. X, l. II, p, 672.

(5) Cf. Scudéry, *Clélie*, t. IV, l. II, p. 717 ; t. IV, l. II, p. 1043.

(6) Cf. Scudéry, *Clélie*, t. IV, l. II, p. 1047.

(7) Cf. Scudéry, *Clélie*, t. IV, l. II, p. 717 ; t. X, l. II, p. 672.

(8) Cf. Scudéry, *Clélie*, t. IV, l. II p. 717 ; r. X, l. II, p. 880-889.

ornée à la fois qui caractérise le règne de Louis XIV. Ce jardin de Philoxipe jouit d'abord d'une situation extraordinairement avantageuse. Le grand parterre est une île formée par une tranquille rivière qui a été conduite tout à l'entour. Mais en passant par un petit « pont à balustrade » de cuivre, on entre dans une allée épaisse d'orangers de « douze cens pas de long ». Un canal d'eau vive traverse cette allée par le milieu. Onze autres allées, toutes d'arbres rares tels qu'orangers, citronniers, myrtes, lauriers, grenadiers ou palmiers, se croisent et aboutissent à la rivière. Enfin, il y a une grande prairie que la rivière traverse, toute droite comme un grand canal. Ses rives gazonnées sont semées de glaïeuls de couleurs différentes, de narcisses, de jonquilles et d'autres fleurs charmantes. Pour prêter de la vie à la scène, la rivière est toute couverte de petits bateaux peints en vives couleurs et conduits par de jeunes garçons « en habillements maritimes, mais pourtant très propres » (1).

Cette « propreté »; c'est-à-dire cette « élégance » des personnages explique aussi en partie la préférence donnée alors aux spectacles « élégants » de la nature. Les jeunes marins de Mlle de Scudéry doivent être « propres »; elle préfère donc que la nature soit aimable. Elle est simplement d'accord avec le sentiment de son temps. Les éléments en colère tentaient fort peu les écrivains de cette période. Chez La Calprenède il n'en existe aucune description importante. Chez Mlle de Scudéry, il n'y a que trois orages sur la mer, très sommairement décrits, dans le *Cyrus*, et une longue description d'un tremblement de terre dans la *Clélie*.

Les orages sur la mer ont le caractère habituel : ils manquent de détails pittoresques et de vie. L'auteur insiste sur le côté dangereux des scènes et néglige absolument d'en faire ressortir la beauté esthétique :

« ...Mais enfin ils virent que, tout d'un coup, la mer changea de couleur, que ses vagues s'eslevèrent, et que, grossissant encore en un moment, elles portoient tantost la Galère dans les Cieux, et tantost elles l'enfonçoient dans les abismes... Cependant la tempeste se redoubla : et selon le

---

(1) Cf. Scudéry, *Cyrus*, t. II, l. III, p. 1137-1140.

caprice et l'inconstance de la Mer, le vent ayant, par des tourbillons qui s'entre-choquoient, esté quelque temps comme s'il n'eust pû déterminer de quel costé il devoit se ranger... » (1) [prit enfin le parti d'épargner la galère].

Les autres descriptions d'orages ressemblent trop à celle-là pour qu'il soit utile de les citer (2).

Le tremblement de terre est une nouveauté dans la littérature. Mlle de Scudéry lui donne une place importante dans son roman, et, dans la description qu'elle en fait, elle se plaît à multiplier les détails terrifiants et horribles : le choc étourdissant, les flammes et les cendres, l'odeur de soufre et de bitume et le rugissement terrible semblable à celui de la mer irritée, enfin la ruine et la destruction universelles, rien n'est omis pour produire une impression d'épouvante (3). Mais, à proprement parler, une catastrophe de cette sorte est trop exceptionnelle pour être regardée comme un spectacle de la nature. Ce n'est que par exception qu'elle est décrite. En général, chez Mlle de Scudéry comme chez les autres romanciers, la plupart des spectacles naturels et la plupart des paysages sont aimables et doux.

Dans presque tous les paysages de ce caractère décrits par les romanciers du temps on retrouve tous les traits de la nature conventionnelle, considérée sous son aspect le plus charmant. Ruisseaux mélodieux (4), beaux arbres avec leur ombre (5), vallons agréables (6), prairies fleuries (7) y occupent la première place. Ces paysages, qui n'ont aucun

(1) Cf. Scudéry, *Cyrus*, t. I, l. i,. p. 43-45.
(2) Cf. Scudéry, *Cyrus*, t. I, l. ii, p. 360 ; t. III, l. ii, p. 967.
(3) Cf. Scudéry, *Clélie*, t. I, l. i, p. 9-17.
(4) Cf. La Calprenède, *Cassandre*, t. VI, l. v, p. 885 ; t. IX, l. ii, p. 310 ; *Cléopâtre*, t. VIII, l. ii, p. 260-262 ; Segrais, *Bérénice*, t. I, l. iii, p. 459-462 ; Scudéry, *Cyrus*, t. II, l. iii; p. 1169.
(5) Cf. La Calprenède, *Cléopâtre*, t. VIII, l. ii, p. 260-262 ; Segrais, *Bérénice*, t. II, l. vi, p. 604 ; Scudéry, *Cyrus*, t. V, l. ii, p. 659-660 ; *Clélie*, t. I, l. i, p. 313.
(6) Cf. La Calprenède, *Cassandre*, t. VI, l. v, p. 885 ; Segrais, *Bérénice*, t. I, l. iii, p. 459-462.
(7) Cf. Scudéry, *Cyrus*, t. II, l. iii, p. 1169 ; *Clélie*, t. I, l. i, p. 318.

Planche X. — « Veuë du Moulin, et du Paysage de Tanlai », par Israël Silvestre (1621-1691). (Bibliothèque Nationale, Cabinet des Estampes, *Œuvres*, in-8°, Ed. 45 d, s. n.)

caractère original, sont peu intéressants. Les descriptions de Mlle de Scudéry sont, en général, un peu plus personnelles.

Il y a chez elle une description qui révèle un effort pour marquer les liens de sympathie unissant la nature aux hommes. Le jour des noces de Clélie et d'Aronce, la joie est universelle et la nature elle-même semble y participer :

« Il ne fut jamais un plus beau jour que celui qui devoit précéder les Nopces de l'illustre Aronce et de l'admirable Clélie; et depuis que le Soleil avoit commencé de couronner le Printemps de Roses et de Lis, il n'avoit jamais esclairé la fertile Campagne de la délicieuse Capouë avec des Rayons plus purs, ni respandu plus d'or et de lumière dans les Ondes du fameux Vulturne, qui arrose si agréablement un des plus beaux Païs du Monde. Le Ciel estoit serain, le Fleuve estoit tranquille, tous les Vents estoient renfermez dans ces Demeures soûterraines d'où ils sçavent seuls les routes et les détours; et les Zephirs mesme n'avoient pas alors plus de force qu'il en falloit pour agiter agréablement les beaux cheveux de la belle Clélie, qui se voyant à la veille de rendre heureux le plus parfait Amant qui fut jamais, avoit dans le cœur et dans les yeux la mesme tranquillité qui paroissoit estre alors en toute la Nature. (1) »

La Calprenède sent de même cette sympathie qui existe parfois entre l'homme et la nature; et il estime, lui aussi, que les cœurs amoureux surtout y sont sensibles. Il arrive assez souvent chez lui que des amants considèrent la nature comme une confidente de leurs peines :

« ...Elle treuva toutefois quelque plaisir à visiter un lieu si solitaire et si conforme à l'humeur sombre dans laquelle elle estoit depuis long-temps. » (2)

Ainsi dans les bois, ils trouvent toujours, selon leur humeur, de la tristesse ou de la joie :

« ...Une rêverie... le retint plus d'une heure sur le bord du fleuve où il s'estoit assis..., et suivant toujours les bords du fleuve, il s'en esloigna insensiblement de plus de douze stades; lorsqu'il commençoit à revenir à soi, il se treuva sur les bords d'un bois, de qui l'ombrage, s'accommodant assez bien à son humeur serieuse, lui donna envie de le visiter : il en chercha les endroits les plus sombres et les plus cachez,

(1) Cf. SCUDÉRY, *Clélie*, t. I, l. I, p. 1-2.
(2) Cf. LA CALPRENÈDE, *Cassandre*, t. IX, l. II, p. 310.

il leur communiqua ses nouveaux sujets de joie et ses nouveaux sujets de douleur » (1).

Ainsi un amant, trop inquiet pour dormir, promène « son corps languissant et ses amoureuses pensées sur le rivage d'Alexandrie » et y trouve du soulagement (2).

Les évocations de Mlle de Scudéry n'ont pas un caractère aussi sentimental, mais elles sont généralement plus exactes, plus précises et plus objectives. Elle sait décrire l'aube en des traits charmants de réalisme :

« Mais comme la fin de la nuit approcha, l'obscurité redoubla suivant la coustume..., jusques à ce que les Nuës, commençant à blanchir du costé de l'Orient, donnèrent à toute la campagne cette agréable lumière, qui, en dissipant imperceptiblement les Ténèbres, semble redonner la vie à toutes les beautez de la nature » (3).

Cette description, très simple mais vraie, est intéressante par l'importance donnée à la lumière. Ce n'est pas une description d'Aurore et des chevaux du Soleil, mais elle trahit le goût de la vérité et de l'observation minutieuse.

Mlle de Scudéry décrit aussi une nuit calme passée en mer. A cette époque aucun autre écrivain n'a songé à dépeindre les charmes d'un voyage semblable. Elle a soigneusement noté tous les détails qui concourent à l'effet de tranquillité et de plaisir :

« ...La mer estoit tranquile; la nuit estoit fort claire; il n'y avoit qu'un petit vent frais qui souffloit; la Barque estoit couverte de branches d'Orangers et de Mirthe, qui avoient une odeur admirable... Ils admirèrent la beauté de la Mer en cet estat, où le brillant des Astres argente toutes les Ondes; ils escoutèrent mesme cet agréable murmure que font les Vagues durant le silence de la nuit; et ils s'endormirent enfin en escoutant le battement des rames dans l'eau, dont le bruit, par une cadence mesurée, est effectivement fort propre à exciter le sommeil. » (4)

L'amour de la mer est un sentiment fort rare chez ses

---

(1) Cf. La Calprenède, *Cassandre*, t. IV, l. v, p. 30-31.
(2) Cf. La Calprenède, *Cléopâtre*, t. I, l. i, p. 1.
(3) Cf. Scudéry, *Clélie*, t. II, l. ii, p. 815.
(4) Cf. Scudéry, *Clélie*, t. II, l. iii, p. 1272-1273.

contemporains. Elle a eu aussi l'originalité de savoir apprécier la valeur pittoresque d'une montagne.

Un personnage du *Cyrus* en chassant, se trouve dans une petite plaine bornée « par le plus agréable bois qui soit en tout le reste de l'Univers ». C'est bien le type de bois de tous les romans et il n'y a rien de remarquable jusque là. Le récit continue cependant et l'on nous raconte que tout près « s'eslève une grande et stérile Montagne qui semble toucher les nuës tant elle est haute ». Cette montagne, différente des montagnes habituelles des romans, est « escarpée depuis la cime jusques au pied ». Elle « fait le plus affreux » objet, — sentiment bien dans le goût du temps, — mais aussi « le plus bel objet du monde tout ensemble ». Ce terme admiratif appliqué à une montagne est presque unique dans la littérature du temps. De plus, et le fait est encore plus remarquable, Mlle de Scudéry goûte l'effet pittoresque de ce rocher dans le paysage. Elle dit qu'il n'est « pas possible de concevoir, à moins que de l'avoir veû, combien la verdure de cet agréable bois, opposée à la sécheresse de cette montagne, fait un effet admirable à la veuë de ceux qui se connoissent un peu aux beautez universelles, et qui sont capables de s'en laisser toucher » (1).

C'est presque le seul exemple d'une description pittoresque qui existe à cette époque. Mlle de Scudéry prête plus d'attention que les autres romanciers aux couleurs et à leur effet dans un paysage. Dans ce même passage elle décrit les rochers « couverts d'une mousse si belle et si différente en ses couleurs, qu'il n'est point de marbre ni de jaspe plus beau. »

Enfin voici la description d'une forêt, sans doute assez conventionnelle, relevée cependant par des traits d'une observation juste comme le peu de crainte des oiseaux qui donne à croire que le lieu n'est pas fréquenté :

« ...Enfin soit par son ombrage, par sa fraischeur, par la diversité de ses Arbres, ou par sa verdure éternelle, ce Bois est incomparable. Je marchai donc dans cette grande et sombre route, que mille oiseaux faisoient retentir agréablement de leurs chants, tesmoignant assez par le peu de frayeur qu'ils

(1) Cf. Scudéry, *Cyrus*, t. V, l. III, p. 639.

avoient de moi, que ce lieu là estoit peu fréquenté. Après avoir fait cinq ou six cens pas, je vis à ma droite une fort belle Fontaine, qui sortant à gros bouillons d'entre des cailloux, couverts d'une petite mousse de couleur d'esmeraude, faisoit un petit ruisseau qui, traversant la route où j'estois, s'alloit perdre en serpentant dans le costé du Bois opposé à celui le long duquel s'eslevoit cette espouvantable Roche dont je vous ai parlé » (1).

Mlle de Scudéry, comme Mlle de Montpensier d'ailleurs, semble trouver un plaisir tout particulier dans un beau panorama (2). Elle considère un large horizon comme un des agréments nécessaires d'une maison fastueuse. Elle imagine même un arrangement ingénieux de miroirs pour multiplier les perspectives (3).

Voici une description du panorama dont on jouit dans une maison à la campagne. Le passage est un peu long, mais il montre en détail tout ce qui passait pour ajouter à la beauté d'un paysage :

« Mais ce qu'il y a d'admirable en ce cabinet, c'est qu'il est ouvert de trois faces, et qu'en entrant on descouvre tout d'un coup trois veuës merveilleuses et différentes, dont la moindre des trois suffiroit à rendre un Palais très délicieux. Car enfin de quelque costé qu'on tourne les yeux, on voit tout ce que la campagne peut faire voir de plus beau. En effet, les fenestres qui sont opposées à la porte vous font voir une belle rivière, qui estant toute droite en cet endroit, comme si l'art en avoit voulu faire un large canal, traverse une plaine fertile, au delà de laquelle sont des montagnes esloignées, qui semblent n'oser s'eslever qu'imperceptiblement, de peur de borner trop la veuë. Mais afin qu'elle ne soit pas trop peu diversifiée, on voit quelques hameaux dans cette plaine, on y voit aussi un rang de beaux arbres, au travers desquels on entrevoit briller cette belle rivière quand le Soleil l'esclaire, ou que le vent l'agite ; et l'on voit une grande et belle allée, qui part du pied de la montagne où est cette aimable retraite de Mérigène » (4).

Les deux autres vues ne sont pas moins admirables, mais elles diffèrent agréablement :

(1) Cf. Scudéry, *Cyrus*, t. V, l. III, p. 659-660.
(2) Cf. Scudéry, *Cyrus*, t. II, l. I, p. 404 ; l. II, p. 868-869.
(3) Cf. Scudéry, *Clélie*, t. VI, l. III, p. 1387-1392.
(4) Cf. Scudéry, *Clélie*, t. VI, l. III, p. 1387-1388.

« ...Du costé droict et du costé gauche... on voit deux grands parterres en terrasse... Mais pour ne confondre pas ces deux veuës, on voit par-dessus le parterre de la main droite, un valon admirablement beau, et dont la diversité est... grande... car on voit de là, outre la grande rivière dont j'ai desjà parlé, un ruisseau qui serpente entre des prairies et des saules, d'où il part encore plusieurs petits ruisseaux, qui arrosent ce païsage de la plus agréable manière du monde... On voit... à demi cachées par la montagne, des maisons esparses par la plaine, des vignes, des vergers, des valons encore plus esloignez, un détour de la grande rivière, et plusieurs autres diversités... Pour le costé gauche, on voit à costé de ce grand parterre en terrasse, une maison magnifique et un temple rustique, et par-dessus le parterre cette mesme grande rivière, qui cessant d'estre canal, et semblant se vouloir montrer de toutes les manières dont elle se peut faire voir, fait deux grands retours dans la plaine » (1).

Ce goût des perspectives vastes, diversifiées par des parterres, des allées et des eaux, est le même qui a inspiré Versailles Mais surtout, il faut remarquer cette maison magnifique, ce temple rustique, ce bourg et ces maisons éparses dans la plaine, car ils marquent la tendance à ajouter aux beautés naturelles des édifices pittoresques. Mlle de Scudéry manifeste souvent ce goût. Ainsi dans une autre description se trouvent de petits bateaux sur une rivière, des troupeaux, de petits villages, des temples « esloignez » et surtout un pont rustique. De plus, il y a « une petite maison au delà, qui par sa structure irrégulière contribue encore quelque chose à la beauté de ce paysage » (2).

Les vues de la nature ainsi enrichies rappellent les « paysages historiques » de Nicolas Poussin. Une description qui aurait pu lui servir de modèle est, dans la *Clélie,* le récit du débordement du fleuve qui a retardé les noces de Clélie et d'Aronce. Les eaux ont entraîné beaucoup de ruines, « mais ce qu'il y eut de remarquable fut que lorsque cet Orage fut passé, on vit que le ravage des eaux avoit déterré les ruines de divers Tombeaux magnifiques, dont les Inscriptions estoient à moitié effacées; qu'en quelques autres lieux il avoit découvert de grandes colonnes toutes d'une pièce, plusieurs superbes

(1) Cf. Scudéry, *Clélie,* t. VI, l. III, p. 1389-90.
(2) Cf. Scudéry, *Clélie,* t. X, l. II, p. 880-889.

vases antiques..., de sorte que cet endroit au lieu d'avoir perdu quelque chose de sa beauté, avoit acquis de nouveaux ornemens. » (1)

Il est curieux de noter que Mlle de Scudéry sent le contraste de la nature ainsi ornée par l'homme avec la nature simple, sans embellissements artificiels, parée seulement de ce qu'elle appelle les « beautés universelles ». Le sentiment de Philoxipe est plutôt favorable à ces dernières :

« ...Comme l'humeur de Philoxipe est de préférer les beautez universelles, où l'Art ne se mesle point, à celles où il entreprend de perfectionner la Nature, il sortit de son Parc... » (2).

Parmi les « beautés universelles » se trouvent une source merveilleuse qui prend naissance dans une grotte, les torrents et les cascades qu'elle forme, et les cailloux de diverses couleurs que ces torrents roulent dans leur cours. Aussi l' « agréable bois » et la montagne escarpée dont nous avons déjà parlé font un contraste si admirable qu'ils peuvent se placer dans la même catégorie pour ceux « qui se connoissent un peu aux beautés universelles » (3).

Théophile, et Desmarets aussi, dans ses poésies religieuses, expriment cette opposition entre les beautés naturelles et les beautés dues à l'art. Ces deux poètes et Mlle de Scudéry semblent être, dans la littérature, les seuls à trouver que la nature en elle-même peut être parfaite. Mlle de Scudéry qui souvent mêle ainsi une idée originale aux opinions acceptées de son temps, a pourtant le goût plus libéral que les deux poètes et admire également les beautés naturelles et les embellissements dûs à la main de l'homme.

Ces romanciers du commencement du règne de Louis XIV sont surtout intéressants parce qu'ils résument bien les idées contemporaines. Ils parlent de pays étrangers, et c'est le paysage de France qu'ils évoquent. Ils racontent la vie d'une

(1) Cf. SCUDÉRY, *Clélie*, t. I, l. I, p. 4-6.
(2) Cf. SCUDÉRY, *Cyrus*, t. II, l. III, p. 1142.
(3) Cf. SCUDÉRY, *Cyrus*, t. V, l. III, p. 659.

autre époque, et ils reflètent fidèlement les dispositions des gens de leur monde. Mlle de Scudéry est la plus originale, et montre parfois un sentiment de la nature très délicat; elle exprime plutôt les sentiments de quelques âmes d'élite.

CHAPITRE VI

POÈTES MONDAINS ET POÈTES RELIGIEUX

La nature conventionnelle, plutôt fade, des poètes mondains. Le sentiment de la nature chez Voiture, chez Benserade et chez les autres mondains. La Grande Chartreuse en poésie. Dieu et la nature : Godeau, Racan, Desmarets de Saint-Sorlin.

La vingtaine d'années qui s'étend de 1640 à 1660 se caractérise en poésie par deux tendances bien marquées. La première tient à l'importance donnée à la poésie de société, de salon, où la nature n'est plus qu'une fiction élégante. La seconde, caractérisée par plus de sincérité, est la poésie d'inspiration religieuse, où la nature est considérée comme l'œuvre de Dieu.

Les auteurs, d'un côté comme de l'autre, appartiennent pour la plupart au même monde. Godeau était un habitué de l'hôtel de Rambouillet avant de devenir évêque. Desmarets écrivait des verts galants et des romans à la mode en même temps que des poèmes religieux. Il n'est pas surprenant donc de trouver parfois des idées pieuses chez les mondains ou des vers galants chez les poètes sacrés. Les uns et les autres reflètent plus ou moins fidèlement les idées de leur milieu et de leur époque.

Parmi les mondains, les « beaux esprits », se rencontrent Voiture, Bois-Robert, Benserade, Perrin, du Bois Hus et d'Alibray. Godeau, Desmarets et Racan représentent la poésie pieuse.

L'interprétation conventionnelle de la nature chez les mondains est naturellement moins intéressante pour notre étude. Par contre, les idées des poètes sur les rapports de la nature et de Dieu offrent un intérêt tout particulier. C'est un point de vue presque original, un thème qui, sauf quelques excep-

'tions (1), n'a guère été exploité jusqu'à cette époque. Mais chez Godeau, Racan et Desmarets, louer le Créateur dans son œuvre devient la préoccupation principale. La même idée se retrouve même chez les mondains.

Comme on devait s'y attendre, la nature embellie, souriante, artificiellement arrangée, se rencontre encore dans la poésie des « beaux esprits ». Elle est même moins réelle que jamais.

Voiture, bel esprit par excellence, choisit d'une main adroite les traits conventionnels d'un beau paysage. Avec une grâce sans égale il les décrit, — pour tourner un compliment à quelque dame. Il y a dans ses vers beaucoup de sentiments simulés d'amoureux désespéré ou heureux, mais son sentiment de la nature y est des plus froids et des moins originaux. Voici un rondeau très caractéristique de sa manière, aussi bien que de celle de plusieurs de ses contemporains :

> Dedans ces prez herbus et spacieux,
> Où mille fleurs semblent sourire aux Cieux,
> Je viens blessé d'une atteinte mortelle,
> Pour soulager le mal qui me martelle,
> Et divertir mon esprit par mes yeux.
> Mais contre moi mon cœur séditieux
> Me donne plus de pensers soucieux
> Que l'on ne voit de brins d'herbe nouvelle,
> Dedans ces prez.
>
> De ces tapis le pourpre précieux,
> De ces ruisseaux le bruit délicieux,
> De ces vallons la grace naturelle,
> Blesse mes sens, me gêne et me bourrelle,
> Ne voyant pas ce que j'aime le mieux,
> Dedans ces prez (2).

Les mêmes traits se retrouvent dans ses autres vers où il est question des beautés du monde (3).

Presque tous les autres habitués de l'hôtel de Rambouillet n'apprécient aussi que l'agréable. Pas de sites sauvages,

---

(1) Cf. D'AUBIGNÉ, SAINT-AMANT, Mme DE MOTTEVILLE, etc.
(2) Cf. VOITURE, Œuvres, Paris, 1745, 2 v. in-12, t. II, Rondeau, p. 144.
(3) Cf. VOITURE, Œuvres, t. II, Stances, p. 101 ; Sonnet, p. 109.

pas de scènes violentes ! Ce qu'ils goûtent dans la nature, ce sont ces endroits dont ils peuvent dire avec Boisrobert :

> C'est le vrai Paradis de la terre habitable,
> C'est un lieu fortuné, c'est un lieu délectable,
> Où les fleurs, et les fruicts, et les bois, et les eaux,
> Pour nos sens chaque jour ont des charmes nouveaux (1).

C'est véritablement « le Paradis » que ces poètes aiment toujours en fait de nature. D'ailleurs, le plus souvent ils donnent ces descriptions factices moins avec l'idée de célébrer la beauté des choses qu'avec l'intention d'orner quelque compliment galant. Boisrobert cite ici les charmes de la propriété d'un ami pour le féliciter de son bonheur. Voiture s'amuse toujours à faire ainsi de jolis vers pour les dames de l'hôtel de Rambouillet. D'autres poètes les imitent. Benserade décrivant un jardin, tente un parallèle entre les charmes de ce jardin et les qualités de son propriétaire :

> Beau jardin tout brillant de la délicatesse
> De celui qui t'ajuste et de sa politesse ;
> Qui comme lui répands une excellente odeur,
> Grand d'une convenable et modeste grandeur,
> Où sans le superflu le nécessaire abonde,
> Tu dois être, de l'air dont je te voy tenu,
>   Au plus honnête homme du monde,
>   Au plus sage, au plus retenu (2).

Dans ce *Madrigal* s'accuse une tendance propre à cette époque. Benserade et ses contemporains ne sont pas insensibles aux beautés naturelles, mais ils les montrent toujours dans leurs rapports avec la société. Ils font de la nature un simple accessoire de la vie mondaine. Boisrobert exprime son contentement profond d'être à Fontainebleau, son admiration pour le château et pour la forêt, mais il attribue aussi, dans sa description, à la « bonne compagnie » et aux divertissements de la société mondaine une place très importante :

> Ces forests, ces lieux enchantez,
> Pleins d'innocentes voluptez,
> Ce parc, et ces belles allées

---

(1) Cf. BOISROBERT, *Les Epistres*, Paris, 1647, in-4º, XIX (à M. de Villenues), p. 102.

(2) Cf. BENSERADE, *Œuvres*, Paris, 1697, 2 v. in-12, t. I. *Madrigal*, p. 274.

> Des Dieux tout freschement foulées,
> Ces palais par eux habitez,
> Ces jardins par eux fréquentez...,
> Bref, ces canaux et ces rochers,
> Et ces bois qui leur sont si chers.
> Cher Abbé, me le sont de mesme,
> Je confesse que je les aime.
> Et que cent divertissemens
> Joints à de si beaux ornemens,
> Tant de beautez si bien parées,
> Et des Dieux mesmes adorées,
> Me font trouver Fontainebleau
> Le lieu du monde le plus beau (1).

L'habitude de regarder ainsi la nature comme un décor pour la vie de société explique le peu de goût qu'on éprouve pendant toute cette période pour des scènes sauvages ou grandiose. Naturellement, de beaux jardins et des allées taillées et entretenues avec soin complètent plus gracieusement le tableau de cette société lettrée, raffinée, éprise d'ordre et de mesure. La nature occupe une place convenable dans l'esprit des gens du monde du dix-septième siècle, mais elle doit toujours être à la mesure de l'homme. Dans la littérature elle fournit des comparaisons pour des vers galants, ou elle sert d'ornement dans les poésies allégoriques (2) et les poèmes héroïques (3). Toujours les mêmes traits dominent dans toutes les descriptions.

Cette tendance est si puissante que tous les poètes, même ceux qu'inspire la religion, n'apprécient souvent la nature que sous cette forme plutôt conventionnelle (4).

(1) Cf. Boisrobert, *Epistres*, xiv, p. 75.

(2) Cf. Du Bois Hus, *La Nuict des Nuicts et le Jour des Jours, Le Miroir du Destin ou la Nativité du Daufin du Ciel, la Naissance du Daufin de la Terre et le Tableau de ses Aventures fortunées*, Paris, 1641, in-12.

(3) Cf. D'Alibray, *Œuvres poétiques*, Paris, 1653, in-8º, Vers héroïques, p. 38.

(4) Comme exemple de poète religieux écrivant des vers mondains, voir P. Pierre Le Moine, *Les Poésies*, Paris, 1650, in-4º. S'il dépeint les délices de la solitude, son paysage est agréablement peuplé de Nymphes, orné de fontaines et paré de fleurs. La note morale et religieuse apparaît de temps en temps, mais plus rarement.

Quelques-uns pourtant, même des poètes mondains, sont plus originaux. La nature, tout en conservant son rôle de simple décor, prend de temps en temps chez plusieurs poètes de l'hôtel de Rambouillet un aspect plus vrai.

Du Bois Hus, dans son poème allégorique la *Nuict des Nuicts et le Jour des Jours*, malgré les exagérations et les figures forcées de son style, trouve parfois des termes justes pour dépeindre la nature. Sa description d'un coucher de soleil contient bien des détails exactement observés. Le soleil est sur le point de disparaître et la lumière en changeant produit des effets divers :

> Les Bois ne paroissent plus vers,
> La Nuict entrant dans l'Univers
> Couvre le sommet des montagnes.
> Desjà l'air orphelin arrose de ses pleurs
> La face des campagnes,
> Et les larmes du soir tombent dessus les fleurs.
>
> Le monde change de couleur.
> Une générale pasleur
> Efface la beauté des plaines.
> . . . .
>
> Quelques brins d'escarlotte et d'or
> Paraissent attachez encor
> A quelques pièces de nuage ;
> Des restes de rayons peignants tout à l'entour
> Le fond du païsage
> Font un troisième temps qui n'est ni nuict ni jour (1).

Ce texte montre avec évidence l'exactitude d'observation du poète et son souci de rendre les choses qu'il avait vues.

Un effort encore plus remarquable d'observation minutieuse se trouve dans les poèmes de Perrin sur divers insectes (2). En particulier, il fait à propos du papillon une étude intéressante de couleurs ; très précis, le passage est sans analogue dans la littérature de son temps. Perrin ne se contente pas des généralités alors en usage ; il tient à pré-

---

(1) Cf. Du Bois Hus, *La Nuict des Nuicts et le Jour des Jours*, p. 6.

(2) Cf. Perrin, *Œuvres de Poésie*, Paris 1661, in-12, *Abeille*, p. 19-49 ; *Grillon*, p. 50-64 ; *Ver à soye*, p. 65-87 ; *Puce*, p. 88-103 ; *Formi*, p. 104-120.

ciser chaque nuance, chaque combinaison de tons (1). Il réussit assez bien à les décrire en les comparant, à la fin, aux fleurs et à l'aurore. C'était une tâche assez difficile à une époque où les couleurs étaient très peu considérées et où, par conséquent, des termes exacts manquaient.

Un peu du même respect de la réalité et une simplicité bien rare à cette époque se retrouvent dans la description qu'a faite Benserade de sa retraite à la campagne. On lui a reproché de s'être donné une attitude en se retirant du monde à l'apogée de sa célébrité. Ses motifs nous importent peu ; il sait se justifier en décrivant les charmes innocents de son existence rustique.

Possesseur d'un terrain de petite étenduë,
Je partage un Ruisseau qui laisse aller ma veuë

(1) *Le Papillon,* p. 3-4 :
Qu'elle est superbe en sa grandeur !
Les beaux yeux dont elle est semée !
Que sa peinture est animée
D'une douce et vive splendeur !
. . . .
Vois-tu cette couleur de sang,
Ce noir, ce tané, ce jaunastre ?
Remarque ici le sombre éclat
De la Pourpre et de l'Amarante ;
Voy comme elle devient mourante
Auprès de ce vif incarnat.
Observe une belle nuance
Dans ce petit cerne azuré,
Et que ce verd et ce doré
Font une discrète nuance.
Pour moi, je croy que ce voleur,
De chaque fleur, dont ce parterre
Colore le sein de la terre
A pris un peu de la couleur.
L'herbe n'est pas tant emaillée,
Au renouveau de l'univers :
Jamais d'un pinceau si divers
Ne fut la Tulipe broüillée.
Ici paroist en raccourci
La brune Violette éclose,
L'Oeillet, l'Anémone, la Rose,
Le Lys, le Pavot, le Souci ;
Toutes les richesses qu'étale
La diverse et brillante Iris
Et tous les charmants coloris
De la belle et changeante Opale ;
Tout ce que d'azur ont les Cieux,
Ce que la Terre a de verdure,
Tout ce que l'Art et la Nature
Offrent d'éclatant à nos yeux ;
Toute la pompe de l'Aurore,
Tout le plumage des Oiseaux,
Le gravier meslé des Ruisseaux,
Les pierres de prix du Bosphore.

En des lieux où pour moi l'on a quelques égards;
Et si tout n'est à moi, tout est à mes regards.

Dans cette propriété, un vieil arbre fournit au poète l'occasion d'une réflexion morale :

Un vieux tronc desseché par la fuite des ans
Commença ce Berceau qu'un long âge décore;
D'autres issus de lui l'entretiennent encore :
Ainsi le Père mort revit dans ses enfans.

L'idée parfois prend un caractère plus philosophique, et Benserade en vient à découvrir le Créateur à travers ses œuvres. De plus, il semble vouloir établir ici une distinction entre la nature simple et la nature mêlée à l'art :

Ces grands arbres venus sans soin et sans culture.
Qui prétendent du Ciel atteindre la hauteur,
Semblent dire : Il est doux de suivre la Nature,
Mais il faut s'élever jusques à son Auteur.

Benserade décrit aussi les agréments ordinaires d'un séjour à la campagne :

Ici Philomèle s'empare
D'un endroit solitaire, où son cœur attendri
Etudie et polit les Airs qu'elle prépare
Pour le Printemps son favori.

Au murmure des fontaines
Les Oiseaux se mêlent tous :
Le monde et ses pompes vaines
Ne font pas un bruit si doux.

Enfin le poète donne la raison principale qu'il a d'aimer sa solitude : il peut s'y entretenir librement avec une société d'élite :

Ici loin du tumulte et franc d'inquiétude,
J'aime à m'entretenir avec les bons esprits;
Et si quelque fâcheux trouble ma solitude
Il m'en fait d'autant mieux reconnaître le prix (1).

Ainsi, pour Benserade également, la nature, même toute simple, sert de cadre à ses entretiens avec les « honnêtes gens ». Ceux-ci aiment à se promener dans des vallons fertiles, dans des bois frais, ou mieux encore, dans des jar-

---

(1) Cf. BENSERADE, *Œuvres,* t. I, p. 197-199.

dins où l'art a suppléé aux insuffisances de la nature. Bien entendu, ils ne mentionnent jamais la mer, et s'ils parlent des montagnes, c'est seulement pour les appeler « terribles », « effroyables », « désagréables ». D'Alibray, dans son imitation de la *Solitude* de Saint-Amant, l'*Horreur du Désert*, exprime le sentiment général :

> Que ces monts paroissent terribles !
> De froid ils sont comme transis,
> Depuis que l'Hiver s'est assis
> Sur leurs sommets inaccessibles !...
>
> Que ces campagnes infertiles
> Sont désagréables à voir !
> Il n'y fait jamais que pleuvoir
> Sur des Bruyères inutiles (1).

Beaucoup moins sincère, beaucoup moins original que Saint-Amant, d'Alibray néanmoins reflète plus fidèlement les idées contemporaines à ce sujet. On les trouve aussi chez d'autres poètes. Un saint lieu de pèlerinage tel que la Grande Chartreuse ne peut pas leur plaire en raison de sa situation parmi les montagnes. Même Godeau, évêque pieux cependant, ne peut pas l'admirer. Il convient que c'est un lieu admirable de pénitence, l'appelle « sauvage » et déclare que les forêts épaisses, « l'énorme hauteur des superbes monts » cachant le ciel, la terre inculte, les torrents et la neige déplaisent à ses yeux (2).

Perrin juge la Grande Chartreuse très convenable pour une retraite religieuse, protégée comme elle est par les Alpes qui l'environnent (3). On peut juger cependant par ces

(1) Cf. Vion d'Alibray, *Œuvres poétiques, Vers héroïques*, p. 43.
(2) Cf. Godeau, *Poésies chrestiennes et morales*, Paris, 1654-1663, 3 v. in-12, t. II, *La Grande Chartreuse*, p. 81-82.
(3) Cf. *La Chartreuse, Œuvres*, p. 367 :
> C'est un lieu d'amour et de paix
> Où la téméraire insolence,
> Pleine de crainte et de respects,
> N'ose porter sa violence ;
> De ces montagnes de rocher
> Elle ne sçauroit approcher :
> C'est une terre hors de la terre,
> Que le Ciel a de toutes parts
> Ceint d'inaccessibles remparts
> Contre les assauts de la guerre.

vers avec quel plaisir il regarde les hautes montagnes et le paysage alpestre :

> Je décris de fameux déserts,
> Qui près des vagabondes nuës
> Contre les tempestes des airs
> Vont opposer leurs cimes nuës,
> Des monts pelez, de froids climats,
> Couverts de neige et de frimas,
> Sans collines et sans campagnes.
> Des rocs pendans, des vallons creux,
> De grands précipices affreux,
> Des abymes et des montagnes (1).

En vérité, ces montagnes sont loin d'être les plus sauvages, les plus hautes et les plus impressionnantes du Dauphiné. mais elles sont élevées et extrêmement pittoresques. Perrin multiplie les expressions de son déplaisir en décrivant les « monts audacieux » et « chenus », « couronnez de rochers cornus », « semez de forêts vertes » et de « grands vallons affreux et droits » (2). Un torrent « vite et furieux », tombant des rochers, « remplit ces effroyables lieux » de son bruit (3).

Au commencement même du classicisme, la montagne est moins que jamais admirée : elle est trop grande pour entrer dans le domaine de l'homme. Les poètes mondains et religieux sont d'accord pour préférer une nature plus douce. Cependant, on trouve chez les poètes inspirés de la religion un sentiment plus original et plus profond, car ils voient dans les beautés de la nature l'œuvre de Dieu et, par conséquent, les admirent comme l'expression de sa puissance plutôt que comme un simple décor. Inspirés de cette idée ils manifestent le plus souvent une sensibilité vraiment sincère quand ils parlent de la nature.

Il y a un ton austère dans la poésie religieuse de Racan. Ses *Odes Sacrées*, ses adaptations des *Psaumes*, louent Dieu et son œuvre avec une noblesse d'expression comparable à celle

---

(1) Cf. PERRIN, *Œuvres*, *La Chartreuse*, p. 370.
(2) Cf. PERRIN *Œuvres*, *La Chartreuse*, p. 371.
(3) Cf. PERRIN, *Œuvres*, *La Chartreuse*, p. 372.

des textes bibliques (1). Il s'intéresse à des aspects plus sérieux qu'à l'ombre, qu'aux ruisseaux murmurants, qu'au gazouillement des oiseaux, qu'à la couleur et qu'au parfum des fleurs. La nature n'apparaît plus comme un cadre de la vie de société, mais plutôt comme la demeure de l'homme et comme son champ de labour. Tout prend un aspect plus réel sans perdre, cependant, sa noble poésie. Dieu est la source de tout : de l'eau « qui rend la terre féconde », des fruits de la terre, des toisons des brebis (2). Dieu tout-puissant donne des rameaux aux cèdres gigantesques du Liban, fournit un asile selon leurs besoins aux plus petits oiseaux comme aux plus grands. Tout ce qui vient de lui comble de bonheur son peuple (3). Il fait succéder aux fleurs les fruits, il « dore les campagnes » de moissons, et fait prospérer les vignes sur « les aspres montagnes » (4).

Racan ne voit pas la main de Dieu seulement dans les beautés du monde, mais aussi dans les ressources utiles qu'elle nous prépare pour subvenir à nos besoins. Ce point de vue est unique dans la poésie du temps. Ce ne sont que les beautés de la nature au contraire qui poussent les autres poètes à penser à Dieu.

Brébeuf voit dans la solitude des bois une retraite où il peut méditer sur la puissance de Dieu. Le Créateur seul y est « l'objet de ses pensées », là où tout parle de sa puissance et de sa bonté (5).

(1) Cf. RACAN, *Œuvres*, t. II, *Odes Sacrées, Pseaumes*, I, p. 192 ; XCI, p. 229 ; XCII, p. 231.
(2) Cf. RACAN, *Œuvres*, t. II, *Odes Sacrées, Pseaumes*, LXIV, p. 152-153.
(3) Cf. RACAN, *Œuvres*, t. II, *Odes Sacrées, Pseaumes*, CIII, p. 255.
(4) Cf. RACAN, *Œuvres*, t. II, *Odes Sacrées, Pseaumes*, IV, p. 7, 8.
(5) BRÉBEUF, *Entretiens solitaires ou Prières et méditations pieuses*, Paris, 1660, in-12, p. 240 :
Je ferai de vous seul l'objet de mes pensées
 Et de mes entretiens ;
Là, tout jusques à l'ombre et jusques au silence
 Des rochers et des bois,
Pour me parler de vous, ne sera qu'éloquence,
 Et ne sera que voix.
Souvent les seuls regards des rochers et des plantes
 Rendent nos yeux sçavans,
Ce sont de vos grandeurs des Images parlantes,
 Et des Portraits vivans..., etc.

De Bussières tire des leçons morales de la contemplation de grands spectacles (1). Les sentiments de ces deux poètes sont évidemment sincères ; mais la manière dont ils les expriment est trop fade et artificielle pour que leurs vers produisent sur le lecteur une impression bien forte. On trouve un sentiment plus simplement exprimé chez Arnauld d'Andilly (2). Il s'inspire évidemment, pour le fond, des doctrines sévères du Jansénisme, ce qui ne l'empêche pas, à l'occasion, d'introduire dans ses vers des traits gracieux et des images poétiques à l'imitation de ses contemporains (3). Il voit

(1) Cf. J. DE BUSSIÈRES, *Les Descriptions poétiques*, Lyon, 1640, in-4º, *Le Ciel, Chercher Dieu*, p. 1-2:
>Palais rare en Architecture,
>Inébranlable Bastiment,
>Admirable Compartiment,
>Chef d'oeuvre excellent de sculpture...,
>Quel Maistre a suspendu tes voutes
>Sans colonne et sans fondement ?

Voir encore *Le Jour naissant, Ode*, p. 176-179 :
>Tirsis, vien à la fenestre
>Voir un miracle nouveau ;
>Le beau jour commence à naistre,
>Et sortir de son berceau...
>Le Zephir qui l'accompagne,
>Respire si doucement,
>Que les fleurs de la campagne
>En prennent du sentiment...
>Ha ! que j'aime la puissance
>Du Maistre qui fait le jour !...

(2) Cf. ARNAULD D'ANDILLY *Œuvres chrestiennes*, Paris, 1644, in-8º, *Diverses Veritez Chrestiennes*, V, *Juger de la Grandeur de Dieu par l'excellence des Créatures*, p. 64 :
>Voy de riches moissons les Campagnes dorées ;
>Voy les tresors tirez des abismes des Mers ;
>Voy le jour s'alumer dans le vague des Airs ;
>Voy des Flambeaux du Ciel les courses mesurées ;
>Voy l'Homme, dont l'esprit par ses puissans efforts
>Pénètre les secrets cachez dans tous ces corps,
>Et comme en abrégé lui seul est tout un Monde ;
>Puis demande à ton coeur ravi d'étonnement,
>Quel doit estre celui dont la bonté féconde
>Pour créer l'univers n'employa qu'un moment ?

(3) Cf. ARNAULD D'ANDILLY, *Œuvres chrestiennes. Ode sur la solitude*, p. 56-61 :
>En ce séjour, dont les délices
>N'ont que des objets innocens,
>Je n'ai point à garder mes sens
>Des charmes périlleux des vices :
>Le murmure si doux du cristal des Ruisseaux,
>Le son harmonieux du Concert des Oiseaux,
>Et de l'émail des Fleurs la vivante peinture ;
>Sont des voix, et des traits brillans de tous costez,
>Qui de l'Autheur de la Nature
>Célèbrent les grandeurs, et monstrent les beautez.

toujours dans la nature un miracle continuel du Créateur (1).

Les œuvres de Godeau et de Desmarets, qui peuvent avoir un air trop sec et trop didactique par leur intention moralisatrice, sont, en réalité, rendues agréables par un certain réalisme minutieux et précis.

Par exemple, cette description du printemps est un des ornements importants du *Saint-Paul* de Godeau :

Ainsi quand le printemps ramène le zephire,
On voit l'air s'éclaircir, et la terre soûrire ;
On entend les oiseaux dès la pointe du jour,
Par leur charmans concerts, expliquer leur amour ;
Les arbres dépoüillez reprennent leur verdure,
Les prez sont émaillez d'une riche peinture ;
Le soigneux laboureur voit dans ses longs guérets,
Lever de son travail les riches interests ;
Le Soleil au matin commençant sa journée,
A des plus clairs rayons la teste couronnée ;
Les citoyens de l'air, des forests et des eaux
Sentent d'un feu secret les mouvements nouveaux ;
Tout change heureusement, et de la sépulture
Il semble que l'on voit renaistre la nature (2).

Godeau y célèbre les beautés naturelles sans faire cependant aucune mention du Créateur. Le plus souvent il exprime plus directement son admiration des œuvres divines. Ses vers louent celui qui est à la fois capable de produire la fleur la plus délicate (3) de faire couler les fleuves de la terre (4) et de colorer les cieux de mille teintes aux diverses heures du

(1) Cf. Arnauld d'Andilly, *Œuvres chrestiennes, Ode sur la Solitude,* p. 56-61 :
    La Terre de moissons dorées
    Couvrant ses fertiles sillons ;
    La riche fraischeur des Vallons ;
    Les plantes de leurs fruits parées ;
  L'inégal mouvement des Machines des Cieux ;
  Dont l'insensible cours se desrobe à nos yeux ;
  L'azur du Firmament ; et le feu des Estoiles ;
  Par un nombre infini de miracles divers
  Me font découvrir sous leurs voiles
  L'adorable pouvoir du Dieu de l'Univers.

(2) Cf. Antoine Godeau, *Saint-Paul,* Paris, 1654, in-12, p. 4-5.

(3) Cf. Godeau, *Poésies chrestiennes et morales,* Paris, **1663**. 3 v. in-12, t. I, *La Sainte Baume,* p. 409.

(4) Cf. Godeau, *Poésies chrestiennes et morales,* t. I, *Paraphase des Pseaumes,* CIII, p. 359.

jour (1). Ailleurs il décrit une rose dont il sait admirer toutes les beautés mais il ne manque pas d'attribuer sa perfection à Dieu

>   Rose à la feüille délicate,
>   Qui d'un éclat si luminéux,
>   Au milieu d'un thrône épineux,
>   Etales ta pourpre incarnate;
>   Bien que la fraischeur de ton teint,
>   Par le mesme Astre qui la peint,
>   En peu d'heures te soit ravie,
>   Beny l'Auteur de ton destin
>   Qui fait à la plus longue vie
>   Des plus belles des fleurs envier ton matin (2).

Pour Godeau ce sont surtout les fleurs qui prouvent la force créatrice de Dieu. Il ne se lasse jamais de louer leurs couleurs diverses (3). Mais rien dans l'œuvre de Dieu ne lui paraît sans charme. Il peut décrire avec une admiration égale les glaçons de l'hiver :

>   Printemps, qui fais pousser les herbes,
>   Hiver couronné de glaçons,
>   Esté dont les riches moissons
>   Rendent nos campagnes superbes;
>   Gresle, Neige, Brouillards épais,
>   Loüez le Seigneur à jamais,
>   Célébrez son nom adorable :
>   Tout ce qu'il produit est parfait,
>   Et cet Univers admirable
>   De son divin pouvoir n'est qu'un petit effet (4).

Desmarets essaie d'enseigner la religion par une étude des beautés naturelles. Chacune des *Promenades de Richelieu* est une leçon de morale et de religion qu'il illustre en choisissant des exemples pittoresques. Ainsi l'œuvre ne paraît pas trop didactique.

---

(1) Cf. GODEAU, *Poésies chrestiennes et morales*, t. II, *Odes sacrées*, p. 321-322.

(2) Cf. GODEAU, *Poésies chrestiennes*, t. I, *Cantique*, p. 393.

(3) Cf. GODEAU, *Poésies chrestiennes*, t. I, *Eglogues sacrés*, I, p. 155-156 ; XIII, p. 235-236 ; *La Sainte Baume*, p. 409 ; t. II, *Sainte-Magdelaine*, p. 8-9 ; p. 14-15 ; *La Grande Chartreuse*, p. 81-82 ; *Hymne de Saint-Elie*, p. 100-101.

(4) Cf. GODEAU, *Poésies chrestiennes*, t. I, *Saisons, Paraphrase du Cantique des Trois Enfans*, p. 298.

Tout d'abord Desmarets déclare que l'homme, entouré de spectacles et pourvu de ressources qui prouvent la bonté de Dieu, doit les admirer continuellement :

Que pourrons-nous, mon âme, en un si riche lieu
Pour ces rares bienfaits donner à ce grand Dieu?
Pour lui, de cœur, de voix, poussons comme les Anges,
Et des eslans d'amour, et des chants de louánges,
Adorons ses grandeurs, benissons ses bontez,
Admirons la Nature et ses vives beautez... (1).

Il les « admire » à toutes les heures du jour. Il aime la nuit « brune », semée d'étoiles (2), la fraîcheur de l'aurore (3) la journée, mais surtout « quand les volantes nuës estendent sur nos chefs leurs ombres contenuës, et cachant du Soleil la trop grande splendeur, tempèrent sa lumière » (4). Il découvre des beautés partout ; il les célèbre toutes, fleurs, « doux astres de la terre », herbe « forte et vive », « plantes salutaires », « arbres feuillus chargez de fruits » (5), papillons « d'imaginable émail bigarrez » (6), oiseaux, « messagers du printemps » (7), bois « vieillis », champs, parterres et prés (8). Les eaux excitent son admiration (9) et les « fécondes moissons » instruisent son cœur « mieux que mille volumes » sur l'Espoir (10).

(1) Cf. DESMARETS, *Promenades de Richelieu, ou les Vertus Chrestiennes*, Paris, 1653, in-8°, *Introduction*, p. 1.

(2) Cf. DESMARETS, *Promenades de Richelieu, ou les Vertus Chrestiennes, De la Foy*, Ie Promenade, p. 8.

(3) Cf. DESMARETS, *Promenades de Richelieu ou les Vertus Chrestiennes, De l'Espérance*, IIe Promenade, p. 9.

(4) Cf. DESMARETS, *Promenades de Richelieu, ou les Vertus Chrestiennes, De la Charité*, IIIe Promenade, p. 15.

(5) Cf. DESMARETS, *Promenades de Richelieu, De l'Humilité*, IVe Promenade, p. 24-25.

(6) Cf. DESMARETS, *Promenades de Richelieu, De la Charité*, IIIe Promenade, p. 15.

(7) Cf. DESMARETS, *Promenades de Richelieu, De l'Humilité*, IVe Promenade, p. 23.

(8) Cf. DESMARETS, *Promenades de Richelieu, De la Patience*, VIe Promenade, p. 37.

(9) Cf. DESMARETS, *Promenades de Richelieu, De l'Humilité*, IVe Promenade, p. 24.

(10) Cf. DESMARETS, *Promenades de Richelieu, De l'Espérance*, IIe Promenade, p. 9.

Pensant surtout au Créateur, il arrive à préférer « les simples beautés » (1) aux beautés créées par l'homme. Il dédaigne les ouvrages superbes « des mortels » pour les œuvres de Dieu, « pour les moindres des herbes » (2). Les palais ornés de toutes les peintures et de toutes les sculptures des anciens, les jardins avec des parterres, avec des fontaines et avec des allées d'arbres taillés, enfin, tout ce que l'art peut concevoir et façonner, lui paraît bien inférieur aux moindres ouvrages du Créateur. Il compare une petite montagne avec ce que l'homme a fait de plus grandiose, un amphithéâtre romain :

> Ces théâtres romains, ces grands cirques pompeux...
> Purent-ils égaler en hauteur, en puissance,
> Du moindre de ces monts l'ample magnificence,
> D'où cent mille mortels, sur des sièges de fleurs,
> Sur des tapis de pied peints de mille couleurs,
> Sous des chesnes espais qui prestent leurs ombrages
> Contre l'ardeur brûlante et les soudains orages,
> Dans un repos heureux peuvent de toutes parts
> Sur les œuvres de Dieu promener leurs regards?

Cette préférence pour la nature simple, sans embellissements est assez originale, bien que Desmarets ne soit pas le premier à l'exprimer à cette époque. Cependant toute sa piété ne peut pas le réconcilier avec l'automne et l'hiver. Ici son sentiment est bien en harmonie avec le sentiment général :

> Je ne voy qu'à regret ces couleurs différentes
> Dont l'Automne sans art peint les feuilles mourantes.
> Leur beau verd si riant tout à coup s'est changé
> En jaune, en amarante, en rouge, en orangé.
> Desja de leurs rameaux la plupart descenduës,
> Souffrent un triste sort sur la terre estenduës. (3)

Pendant l'hiver, saison « mélancolique », humide, brumeuse, on éprouve peu de plaisir, quand le soleil se fait rare, à voir les parterres dépouillés de fleurs et à « fouler l'herbe toujours mouillée ».

---

(1) Cf. DESMARETS, *Promenades de Richelieu, De la Foy,* Ie Promenade, p. 3.
(2) Cf. DESMARETS, *Promenades de Richelieu, De la Foy,* p. 4.
(3) Cf. DESMARETS, *Promenades de Richelieu, VIIIe et Dernière Promenade,* p. 52.

※

Somme toute, bien que cette période ne présente en poésie aucune nouveauté importante, elle sert bien à montrer le goût général, quoique limité, de la nature. Les poètes mondains, la goûtant sous ses aspects ordinaires, en parlent surtout dans ses rapports avec la vie sociale contemporaine. En général, rien n'est goûté en dehors des beautés ordinaires des fleurs, des arbres et des fontaines. Le spectacle grandiose des montagnes n'inspire que de l'effroi.

La poésie religieuse est la plus originale. Elle fleurissait en même temps que la poésie mondaine et, à vrai dire, souvent n'en différait guère sous le rapport des sentiments exprimés. Les poètes pieux étaient aussi des mondains par leurs préoccupations et fréquentaient les salons à la mode. Parfois, cependant, leur conception de la nature considérée comme œuvre de Dieu et l'inspiration qu'ils en tirent donnent à quelques-uns un sentiment plus profond et plus personnel.

Planche XI. — Les Funérailles de Phocion, par Nicolas Poussin (1594-1665).
(Musée du Louvre, Salle XIV.)
Cliché Archives photographiques, Paris.

TROISIÈME PARTIE

LE SENTIMENT DE LA NATURE DANS L'ART

CHAPITRE PREMIER

LA PEINTURE

L'apparition d'une école de peinture vraiment française vers 1610. Le commencement : Simon Vouet, Valentin, les Le Nain. Portraitiste : Philippe de Champaigne. Peintre religieux : Eustache Le Sueur. Les grands paysagistes : Nicolas Poussin et Claude Lorrain. Le paysage dans la première moitié du dix-septième siècle.

Le dix-septième siècle, si fécond dans tous les domaines de l'activité intellectuelle, voit aussi la formation d'une école de peinture vraiment française. L'art, comme tout le reste, concourt au perfectionnement universel qui atteindra son apogée sous le règne de Louis XIV.

Avant 1610 il n'existait pas en France un style national de peinture. Les traditions primitives des peintres français du moyen âge avaient été remplacées par les doctrines nouvelles importées par les artistes étrangers de la Renaissance appelés par François Ier à la Cour de France. Ces Flamands et ces Italiens de l'école de Fontainebleau restaient fidèles à leurs pays d'origine et, malgré leur résidence en France, leurs œuvres ne manifestent rien de vraiment français. Jusqu'à 1600 environ l'imitation de ces artistes, surtout des Italiens, a empêché toute originalité nationale. La nature n'était plus interprétée naïvement, sincèrement, comme elle l'était chez les artistes et les miniaturistes de l'école primitive française. Le genre du paysage était entièrement laissé de côté.

L'influence, cependant, des artistes appartenant à l'école

de Fontainebleau n'était pas entièrement nuisible. Ils introduisirent en France les principes de la Renaissance. Ils enseignaient aux jeunes artistes français de nouvelles façons de concevoir l'art. Des Italiens surtout viennent l'admiration de l'antiquité, l'étude et la représentation de la figure nue, et l'inspiration trouvée chez les poètes et chez les prosateurs de l'antiquité grecque et romaine. Ce sont ces mêmes traits qui restent d'une importance capitale dans la plupart des œuvres de l'art classique, art qui mêle des figures, des monuments, des ruines de l'antiquité aux réalités d'un paysage moderne.

Sous Henri IV, les derniers représentants de l'école de Fontainebleau maintenaient encore leurs principes, mais sans annoncer l'école nouvelle destinée à ressusciter le genre du paysage.

La nouvelle école française aussi est grandement redevable à l'Italie pour son inspiration, mais plus directement ; tous les jeunes artistes du temps, malgré leur pauvreté, malgré toutes les difficultés imaginables, vont y faire leur apprentissage.

Vers 1610 l'école française prend naissance. Vers cette date presque tous les peintres destinés à compter pendant cette première période du dix-septième siècle, qui s'étend jusqu'à l'avènement de Le Brun en 1665, s'approchent de leur période de production. Quelques-uns peignent déjà : Simon Vouet partira bientôt pour l'Italie aussi bien que Valentin. Les frères Le Nain, Philippe de Champaigne, Laurent de la Hire, Sébastien Bourdon, Nicolas Poussin et Claude Lorrain sont tous en train de se préparer à leur métier futur. Eustache Le Sueur ne naît que sept ans plus tard.

Tous ces artistes, les plus célèbres de leur temps, n'ont pas la même importance pour cette étude. Les Le Nain et Valentin, réalistes et peintres de genre, ne s'intéressent pas évidemment aux paysages. Les Le Nain, il est vrai, peignent volontiers des paysans, mais presque exclusivement dans des intérieurs. Dans l'œuvre des autres artistes, on trouve de temps en temps une représentation plus ou moins fidèle des choses, mais naturellement ce sont Nicolas Poussin et Claude Lorrain qui occupent la première place dans toute étude du sentiment de la nature à cette époque. Ce sont les grands paysagistes du dix-septième siècle. Tous les autres se groupent autour d'eux et ne servent qu'à montrer combien est étendu l'emploi de la nature comme décor.

Simon Vouet réussit plutôt dans le genre décoratif : il peint des fresques, dont beaucoup ont péri, et fait des cartons pour tapisseries. Dans ses allégories de déesses et de belles jeunes femmes, conçues d'après les modèles italiens, en chair opulente, molle, ronde et séduisante, il n'y a pas beaucoup de place pour des paysages. Il y en a cependant, mais ils sont toujours subordonnés aux figures. (Louvre, 978, 979).

Laurent de La Hire, faisant usage de tous les systèmes de peinture en vogue, réussit à produire des œuvres très diverses quant au sujet et quant à la manière, sans toutefois rien faire de vraiment original. Son *Jésus apparaissant aux Saintes Femmes* (Louvre, 453) représente un joli décor, souriant, agréable, où des arbres de plusieurs sortes et bien dessinés forment le fond. Il a peint même des paysages dans sa vieillesse. On y trouve un mélange d'influences, parmi lesquelles on relève celles de Poussin et de Claude Lorrain, mais jamais on n'y découvre une représentation bien personnelle ou bien réelle de la nature (Louvre, 459, 460).

Sébastien Bourdon, lui aussi, emprunte à la nature le décor de ses tableaux. *Une Halte de Bohémiens* (Louvre, 75) montre un lieu sauvage, avec des rochers et des ruines, et, à gauche, dans le fond, une campagne souriante. Il en est de même de ses autres tableaux, par exemple, son *Christ et les Enfants* (Louvre, 70), où par delà les bâtiments, dans le lointain, apparaît l'esquisse d'un paysage. Le tableau biblique manifeste les mêmes traits réalistes que la scène sauvage, et les deux œuvres sont admirablement exactes et précises.

Dans les tableaux de Philippe de Champaigne, qui est, lui, essentiellement un portraitiste, un paysage est assez souvent à l'arrière-plan, ou bien sert à donner un peu de relief au fond. Il est surtout intéressant de constater que son décor naturel représente presque toujours des scènes réelles. Par exemple, dans le portrait de la *Mère Angélique Arnauld* (Louvre, salle XII), on voit par la fenêtre Port-Royal des Champs : le couvent, les coteaux et les arbres dans les prairies environnantes. De même, le portrait de *Louis XIII couronné par la Victoire* (Louvre, salle XIV) laisse voir par le rideau relevé, un paysage maritime : le port de La Rochelle, avec ses bassins et ses tours exactements reproduits.

Ce qui frappe dans toutes ces représentations de la nature, c'est leur air de réalité et d'exactitude. Ils ne sont que des décors accessoires, mais ils sont aussi fidèlement représentés que les traits du portrait lui-même. Il ne s'y trouve ni rochers fantastiques, ni arbres tortus. Ils sont simples et beaux par leur vérité, sans enjolivement poétique ou pittoresque.

La peinture religieuse trouve un interprète sincère en Eustache Le Sueur. Disciple des Italiens, bien qu'il ne soit jamais sorti de France, il connaissait les chefs-d'œuvre de l'Italie par les reproductions des estampes. Il a peint de jolies figures mythologiques pour des particuliers, plusieurs sujets religieux, et surtout une grande suite de tableaux de la vie de saint Bruno pour orner la chapelle des Chartreux à Paris. Ses *Muses* (Louvre, 598, 599, 600, 602) évoluent toujours au milieu d'un paysage joli, sans doute, mais conventionnel. Dans les tableaux religieux où il introduit des vues de la nature, il peint avec une égale sincérité les réalités champêtres et les personnages divins ou saints (1). C'est dans *la Vie de Saint Bruno* que cette tendance se marque surtout. Plusieurs tableaux de la série contiennent des coins de paysage (2), mais *le Voyage à la Chartreuse* (Louvre, 575) manifeste une recherche particulière des détails réalistes. On goûtait alors très peu les montagnes et les endroits sauvages, nous l'avons vu. La Grande Chartreuse a été souvent décrite d'ailleurs et en termes peu favorables. Le Sueur essaie d'interpréter cette conception de son temps. Les moines suivent à cheval un sentier étroit qui monte parmi des rochers représentés par le peintre avec des formes fantastiques et terribles. D'un côté se trouve un affreux précipice au bord duquel des débris d'arbres s'entassent confusément. De l'autre côté des arbres tortus et nains sortant d'un rocher élevé surplombent le sentier.

(1) Cf. *Agar dans le désert*, 553 ; *Jésus apparaissant à la Madeleine*, 558 ; *La Descente de Croix*, 557.

(2) Par exemple, *Saint-Bruno fait construire son premier monastère*, 574, et *Saint-Bruno en prière*, 587.

Voilà une véritable aspiration vers le réel. Pas de paysage conventionnel cette fois, mais bien que la topographie ne soit pas irréprochable, au moins le peintre a-t-il essayé de représenter un vrai pays de montagnes. Il a exagéré, sans doute, mais l'intention réaliste est là.

Ainsi l'on trouve que la nature n'est pas absolument négligée même par des peintres qui ont choisi d'autres sujets. Chez Poussin et chez Claude, qui, tous deux préfèrent le genre du paysage, elle doit naturellement jouer un plus grand rôle encore.

En fait, elle n'était guère en honneur en Italie quand ces deux jeunes peintres y arrivèrent. Les peintres italiens, peut-être trop familiers avec toutes les beautés de leur pays, laissèrent les jeunes Français découvrir ce qu'on peut en faire dans des tableaux. La campagne italienne, si riche, si belle, si pittoresque les inspire toujours et, bien qu'ils restent tous deux Français d'intelligence et de cœur, l'on ne trouve qu'elle dans leurs peintures.

Poussin et Claude peignent des paysages de types différents ; ils ne s'inspirent pas des mêmes beautés et ils n'ont pas le même point de vue. Pour Poussin, qui est préoccupé d'arranger le réel, de l'ordonner, c'est la beauté plastique qui l'emporte. Pour Claude, la lumière est l'étude de prédilection. Il en résulte qu'ils comprennent et interprètent différemment la nature, mais tous les deux sont sincères et ont le don de la rendre avec exactitude.

On trouve chez Poussin deux manières distinctes de peindre la nature. Dans les premières années, l'influence de Titien et, en général, de l'école vénitienne, prédomine. Ses magnifiques *Bacchanales* (Louvre, 729, 730), débordantes de vie et de volupté païennes, sont encadrées par une végétation un peu lourde. Cependant, ce fond sombre de feuillage épais et de troncs massifs est admirablement conçu pour mettre en pleine valeur les beaux nus et les draperies claires. Toutes les *Bacchanales* (1), malgré des différences dans les détails

(1) Outre les deux *Bacchanales* qui sont au Louvre, il y en a d'autres un peu partout, en Italie, en Espagne et en Angleterre. La National Gallery de Londres en possède deux d'une beauté et d'une vie admirables. Deux autres sont au Prado, à Madrid.

et dans la composition, montrent ce même trait caractéristique. La plupart des autres tableaux inspirés de la mythologie sont peints de la même manière (1). Le *Concert* (Louvre, 733), *l'Inspiration du Poète* (Louvre, salle XIV) et *la Mort d'Adonis* (Musée de Caen) conservent d'un côté le fond sombre de feuillage, tandis que de l'autre un coin de paysage se découvre.

Dans tous ces tableaux les personnages occupent la première place. La nature, en effet, sous la forme d'arbres, de rochers et de paysages lointains, n'est qu'un accessoire, malgré le soin que Poussin apporte toujours à interpréter la réalité.

Les compositions de la seconde manière de peindre la nature montrent mieux à quel point Poussin avait le sens du paysage. Sa conception du décor est plus large et plus personnelle. Les personnages du premier plan ne sont pas l'élément essentiel du tableau; cet élément est constitué par les vastes perspectives qui se déroulent à l'arrière-plan. Le plus souvent des ruines ou des fragments d'architecture antique servent à les rendre plus « nobles ». Mais, au fond, les paysages de Poussin sont vrais, et s'il peint la nature « noble », elle existe ainsi vraiment dans la campagne romaine. Parfois aussi il tâche d'être plus réaliste et plusieurs de ses tableaux ainsi conçus offrent un contraste intéressant avec les autres.

Les « paysages historiques », cependant, sont les plus caractéristiques du génie de Poussin, et c'est à eux surtout qu'on pense quand on parle de lui. D'ailleurs, ils ne représentent pas seulement le génie de l'artiste; ils expriment aussi le sentiment de son temps.

Le *Diogène jetant son écuelle* (Louvre, 741), par exemple, qui est un chef-d'œuvre par la composition comme par le sentiment de la nature, représente bien ce type de paysage. Le fond n'est plus conventionnel. Les arbres de chaque côté forment un cadre, et la vue s'en va suivant les sinuosités délicieuses de la rivière qui coule vers l'horizon lumineux entre des collines

---

(1) Par exemple, *La Danse des Nymphes ou Offrande de fleurs à l'Hyménée*, (Collection Cook, Richmond). Contre un fond de verdure un peu sombre les guirlandes qui ornent la statue du dieu sont au second plan. Au premier plan, les belles formes, plastiques et pleines de vie, des Nymphes, faisant l'offrande pendant la danse, font contraste par leurs couleurs claires.

basses recouvertes de bois. Au fond, à gauche, s'élève un groupe de bâtiments, sans doute Athènes. Les petites figures de premier plan, le buveur d'eau dans sa grâce insouciante et simple, Diogène, tout vigueur et pensée, avec le geste dramatique de jeter son écuelle, comptent en réalité très peu dans l'ensemble de la composition. Ils fournissent un prétexte pour peindre un paysage magnifique, voilà tout. Admirable par l'équilibre des masses de verdure, avec un sentiment très net de l'horizon éloigné et de la belle rivière qui s'y perd, c'est évidemment une nature arrangée, ordonnée par la raison et par le goût. Mais c'est la nature véritable tout de même; seulement Poussin lui a prêté un peu de cette majesté et de cet ordre qu'il aimait tant. D'ailleurs, cette majesté convient bien à la campagne romaine, dont les plaines ornées de ruines antiques, sous un ciel lumineux et clair, semblent sommeiller dans un rêve du passé (1).

Le *Triomphe de Flore* (Louvre, 732) et l'œuvre inachevée, l'*Apollon amoureux de Daphné* (Louvre, 742), en dépit de leur faste essentiellement païen et légendaire, sont très réels par les paysages vrais qui forment leur décor naturel. Tous ces paysages sont « construits », bien entendu, car Poussin, admirateur de la majesté et de l'ordonnance, avocat de la pensée et de la raison, doit arranger toujours la nature (2). Mais les détails sont vrais. On lui a reproché d'avoir peint chaque feuille dans un tableau. C'est un tort, peut-être, au point de vue des modernes qui se sont accoutumés aux abréviations de l'impressionisme dans la peinture, surtout dans la peinture des paysages. Néanmoins, ce fait montre son respect de la vérité dans les moindres détails.

(1) Traits caractéristiques aussi d'un grand nombre d'autres œuvres. Cf. *Les Funérailles de Phocion* (Salle XIV ; voir p. 152, planche XI), chef-d'œuvre de composition, où le sentiment de l'immensité est développé en peu d'espace, et l'*Orphée et Eurydice* (740), où il y a plus de détails, l'intérêt se concentrant sur les figures et sur les arbres du premier plan si fortement illuminés.

(2) Cf. Lettre à M. de Chantelou, (7 avril, 1642) :
« Mon naturel me contraint de chercher et aimer les choses bien ordonnées. fuians la confusion, qui m'est aussi contraire et anemie, comme est la lumière des obscures ténèbres ». *Correspondance*, éd. Jouanny, Paris, 1911, in-8°, p. 134-135.

Même dans un tableau tel que *les Bergers d'Arcadie* (Louvre, 734), souvent considéré comme le chef-d'œuvre de l'artiste et qui est certainement son ouvrage le plus caractéristique, la réalité fondamentale du paysage ne peut pas être niée. Malgré le groupe plastique et tout classique du premier plan, malgré la préoccupation évidente de la pensée de la mort qui rend le tableau plus frappant pour l'intelligence que pour le cœur, la campagne ondulée, recouverte de verdure, d'arbres bien particuliers, égayée de gracieux bosquets, reste toujours vraie dans son ensemble et dans ses détails.

Presque toujours Poussin introduit dans son paysage un édifice d'architecture antique ou une ruine pittoresque. Il en est ainsi des *Aveugles de Jéricho* (Louvre, 715), du *Saint Jean baptisant le peuple* (Louvre, 721), d'*Eléazir et Rebecca* (Louvre, 704), des deux *Moïse sauvé des eaux* (Louvre, 705, 706). Bien que les sujets soient bibliques, les scènes se passent dans la campagne italienne, avec les fragments caractéristiques de ruines et de bâtiments antiques.

Une tentative vers plus de réalisme à cet égard se manifeste par contre dans les *Israélites recueillant la manne dans le désert* (Louvre, 709). Le désert, inhospitalier et sauvage, est représenté par un terrain extrêmement accidenté où des rochers fantastiques et des arbres nains et tourmentés offrent tout le contraire des plaines et collines vertes, nobles et symétriques que Poussin aimait tant à Rome (1).

Des rochers de formes rudes et escarpées figurent aussi dans le *Polyphème* (Musée de l'Ermitage, Pétrograd). Mais il ne s'y trouve pas cette recherche des lignes forcées et tourmentées en accord avec les émotions violentes des personnages, qu'on remarque dans *La Manne*. Les rochers font

---

(1) Cf. la critique de ce tableau par Félibien : (*Entretiens sur les Vies et les Ouvrages des plus excellens Peintres anciens et modernes,* IVᵉ Partie, 8ᵉ entretien, p. 368) :
« ... On considéra d'abord la disposition du lieu, qui représente parfaitement un desert sterile, et une terre inculte... car quoique le paisage soit composé d'une maniere tres-sçavante et agreable, ce ne sont pourtant que de grands rochers qui servent de fond aux figures. Les arbres n'ont nulle fraischeur, la terre ne porte ni plantes, ni herbes ; et l'on n'aperçoit ni chemins, ni sentiers qui fassent juger que ce païs soit frequenté ».

Planche XII. — Le Déluge ou l'Hiver, par Nicolas Poussin (1594-1665).
(Musée du Louvre, 739.)
Cliché Archives photographiques, Paris.

ressortir par contraste le caractère paisible et verdoyant de la campagne. Leur masse semble moins écrasante par l'équilibre parfait ménagé entre les rochers et les arbres. De plus, les figures perdues en quelque sorte dans cette immensité, sont dans une attitude de repos parfaitement en harmonie avec le paysage.

Le *Printemps ou le Paradis terrestre* et l'*Hiver ou le Déluge* manifestent aussi un effort pour rendre sincèrement et avec réalisme des paysages hors de l'ordinaire.

Dans le premier tableau, le *Paradis* terrestre (Louvre, 736), les figures minuscules d'Adam et d'Ève se perdent parmi le feuillage lourd, luxuriant, des arbres touffus qui les entourent et des vignes qui recouvrent la terre. Le peintre a voulu ici donner simplement l'idée de la puissance de la végétation. Même à gauche, où la vue cherche à se perdre dans un horizon lointain, l'ouverture à échappée ne découvre à l'arrière-plan que de la verdure illuminée d'un rayon de soleil. Au fond, à droite, une montagne bleuâtre s'élève, et Dieu flotte sur un nuage. L'Italie ne pouvait pas fournir à Poussin une scène semblable dans ce tableau; il a dû interpréter la nature d'après sa propre imagination, sincèrement, en essayant de représenter le paradis terrestre.

Le Déluge (Louvre, 739) (1) est très puissant. Il dépeint le trouble et la furie des éléments, chose très rare chez Poussin. Sous un ciel gris, sans espoir, les derniers survivants de l'humanité luttent contre les eaux qui montent toujours, lentes, lourdes, mais inévitables comme la vengeance de Dieu. Elles brisent les fragiles bateaux et forcent les malheureux à une dernière retraite, les cimes escarpées et nues des montagnes.

(1) Voir p. 160, planche XII. — Les deux autres tableaux de cette suite offrent moins d'intérêt, bien qu'ils soient des exemples parfaits du génie de l'artiste. *L'été ou Ruth et Booz* (737), dont l'intention n'est pas moins réaliste, ressemble en fait plus à ses autres œuvres. Le paysage qu'il a pu voir souvent dans les plaines d'Italie, est plus ordinaire, et l'ordre et l'équilibre s'y manifestent. Les figures, comme d'habitude, occupent le premier plan; mais elles ont en réalité très peu d'importance, malgré leur action dramatique, s'appuyant contre cette moisson dorée qui va jusqu'aux collines lointaines et s'encadre de beaux arbres qui s'élèvent de chaque côté. *L'automne ou la grappe de la Terre Promise* (738) représente les Israélites rapportant une grappe énorme et traversant un terrain sauvage où l'aridité se manifeste par les rochers escarpés et les arbres nains.

Un arbre défeuillé et tourmenté représente la désolation générale et un serpent qui se glisse le long des rochers noirs est le signe du péché (1).

Poussin n'a guère représenté les passions violentes (2). En général, ses paysages sont calmes et majestueux, bien dignes de cette belle campagne romaine, leur modèle. Il aimait surtout un temps serein (3) et des décors nobles.

Quelquefois une pièce d'eau ou une rivière sinueuse reflètent paisiblement la lumière et les ombres. Au fond, des collines où des arbres pour fermer l'horizon, et, au premier plan, de petites figures, bien intéressantes par leur présence, mais qui occupent peu de place dans l'ensemble, complètent le tableau. Le *Saint Mathieu et l'Ange* (Musée de Berlin) représente peut-être mieux que n'importe quel autre tableau le perfectionnement de la conception de Poussin.

Au premier plan, le saint et l'ange s'entretiennent parmi des fragments de fûts brisés et de chapiteaux renversés. Une rivière, au deuxième plan, forme une gracieuse courbe, en partie brillamment illuminée, en partie plus sombre, au pied des arbres qui s'élèvent de chaque côté. Au fond, des montagnes silhouettées contre le ciel se perdent enfin dans le rayonnement merveilleux de gauche qui fait contraste avec une ruine délabrée et noire. La manière de Poussin s'est élargie plus que jamais. Dans ce paysage serein, sous une lumière pure, l'humanité, la ruine et la nature se rencontrent et s'équilibrent. C'est l'idéal perfectionné du classicisme dans la peinture, idéal d'ordre, de raison et de mesure. Mais si l'on peut constater cette application des principes classiques chez

---

(1) Cf. FÉLIBIEN, (*Entretiens*, etc. 8e, IVe Partie, p. 307):
« Et pour l'Hiver, il a peint le Deluge. Quoi-que ce dernier soit un sujet qui ne fournisse rien d'agréable, parce que ce n'est que de l'eau, et des gens qui se noyent, il l'a traité néanmoins avec tant d'art et de science, qu'il n'y a rien de mieux exprimé. Le ciel, l'air et la terre ne sont que d'une mesme couleur : les hommes et les animaux paroissent tous traversez de la pluie : la lumiere ne se fait voir qu'à travers l'epaisseur de l'eau, qui tombe avec une telle abondance, qu'elle prive tous les objets de la clarté du jour ».

(2) Cf. *L'Enlèvement des Sabines*, (721) et *les Philistins frappés par la Peste* (710).

(3) Exceptions : le *Jonas jeté à la mer* (Palais de Windsor) qui, comme *le Déluge*, représente un orage. Il y en a aussi quelques autres.

Poussin, jamais elle ne nuit à son respect de la réalité. Le paysage, l'ensemble comme les détails, est un vrai paysage d'Italie. Toujours ses tableaux, même les plus « composés », manifestent la même sincérité, la même fidélité dans la peinture des beautés naturelles que les moindres esquisses faites d'après nature (1.)

*
* *

Mais, après tout, au dix-septième siècle, c'est Claude Lorrain qui a le plus fidèlement représenté la nature. D'ailleurs, Claude fait plus que la représenter dans ses aspects familiers ; il peint surtout la lumière et le soleil. A vrai dire, le soleil est l'objet principal et comme le centre de ses tableaux. Il ne peint des ports et des paysages que pour étudier la lumière dans tous ses effets. Les masses sombres de ses arbres et de ses navires servent surtout à faire valoir par contraste les tons dorés ou orangés de ses ciels. Il aime à faire tomber les rayons du soir sur des portiques majestueux ou les lueurs brumeuses du matin sur un paysage tranquille. Il en résulte, dans ses tableaux, une variété infinie de scènes et une étude de détail admirable d'exactitude.

Dans l'œuvre de Claude se rencontrent plusieurs façons de dépeindre la nature. D'abord se placent les vues de la mer, — genre de paysage que Claude a fait particulièrement sien, — puis il y a le paysage « historique » qui diffère peu, quant à la conception, de celui de Poussin, enfin, — plus intéressant, car Claude semble y montrer sa plus grande originalité, — vient le paysage simple, bucolique, arcadien. Toutes ses œuvres se répartissent dans ces trois catégories. Quant à l'exécution des détails, elle ne change guère. Dans tous les tableaux la lumière est le point central. Qu'elle se reflète dans les eaux calmes de la mer ou qu'elle illumine une clairière dans un bois, c'est toujours sur elle que Claude porte le plus d'attention. Les arbres, les collines lointaines, les eaux tranquilles, même les moindres fleurs qui poussent au premier plan (2) ont toujours

(1) Voir les dessins de Chantilly : surtout les études d'arbres et de coins de paysage.
(2) Voir la *Fête Villageoise* au Louvre, 312.

le même air de réalité. Bien que ces détails offrent une nouvelle preuve de la vérité de ses peintures, le choix de ses paysages en lui-même montre mieux la qualité de son sentiment de la nature.

Peut-être ses ports de mer sont-ils les tableaux les plus célèbres et les plus caractéristiques du génie de Claude Lorrain. L'eau en mouvement est si propre à refléter l'éclat et le coloris du soleil couchant que Claude ne se lassait jamais de la peindre. Les navires aussi, dont les mâts et les cordages se silhouettent sur un ciel éclatant, les portiques, les bâtiments et les colonnes antiques qui sont dorés par les rayons du soir ou du matin, sont pour lui des prétextes à des études de lumière. Enfin les personnages minuscules, qui sont comme inondés de soleil et qui, d'ailleurs, ne sont pas toujours de la main de Claude, ne servent qu'à y ajouter l'intérêt humain juge nécessaire au dix-septième siècle. Tout cela est bien caractéristique de Claude. Et, vraiment, cet ensemble d'eau, d'architecture et de lumière produit un effet tout à fait original de beauté calme et noble.

Ce magnifique *Embarquement de la Reine de Saba* (National Gallery, Londres) est le type achevé des ports de mer. Le soleil s'abaisse dans le ciel légèrement parsemé de nuages et embrasé d'une lumière douce et dorée. Un voile d'or tombe à travers la mer et va jusqu'au petit bateau du premier plan. L'eau est calme : à peine y a-t-il de légères ondulations qui produisent, en se développant, un miroitement continu. A droite, au fond, se groupent un vaisseau en silhouette, une tour ronde moins sombre, et un bouquet d'arbres sur lequel jouent la lumière et l'ombre, mais qui, toutefois, fait contraste avec la façade du bâtiment principal, ornée de statues et de colonnes, et illuminée brillamment. A gauche, au fond, se trouve une jetée, un navire, et, enfin, au premier plan, un fragment architectural, une noble colonne corinthienne et un portail, derrière lesquels une partie de deux autres navires et leurs agrès se dessinent contre la lumière. Les tableaux du Louvre, *Ulysse remet Chryséis à son père* [316] (1) et le *Port de Mer au Soleil couchant* [313], présentent le même spectacle de la

---

(1) Voir p. 168, planche XIII.

lumière qui joue sur l'eau et sur les bâtiments à lignes si purement classiques. Une disposition identique des masses principales avec des variations sans nombre de détail se trouve dans un grand nombre d'autres tableaux.

Les dessins (1) de Claude conservés au Louvre et les eaux-fortes (2) répètent les mêmes scènes sauf quelques exceptions assez intéressantes. Même dans les eaux-fortes, art assez difficile d'ailleurs, et pour les effets dépendant du simple burin, la lumière est rendue avec la même sûreté, avec le même éclat. De même, dans les dessins, les plus simples comme les autres, elle ne perd rien de son importance ni de sa puissance.

Dans la plupart des tableaux, des dessins et des eaux-fortes, la mer est toujours calme et plate : aucun vent ne trouble la tranquillité du lever ou du coucher du soleil. L'attention ne se porte pas sur l'action représentée ni sur les masses d'architecture ou de végétation disposées sur le tableau, mais elle se concentre sur les effets de lumière. Claude aimait trop le soleil pour ne pas lui donner la première place dans ses œuvres. Cependant, s'il n'a pas essayé de représenter les éléments en colère, ce n'est pas que les dons de vision réaliste lui aient manqué. Deux des eaux-fortes et deux des dessins du Louvre représentent la mer pendant une tempête. Les deux dessins, *Bateaux dans la tempête* (12 [RF. 4574]) et l'*Embarquement par un temps orageux* (45 [RF. 4596]), dont le premier paraît être une étude pour l'eau-forte numéro 12, peignent assez heureusement et avec vigueur la mer orageuse. Les eaux-fortes sont plus détaillées et plus finies, comme il est naturel. Le *Naufrage* [12] représente une mer houleuse qui lance une nef sur un rocher escarpé, surmonté d'une tour en ruines. Les vagues s'entrechoquent et se brisent contre le rocher.

(1) Cf. LOUIS DEMONTS, *Les Dessins de Claude Gellée*, ALBERT MORANCÉ éd., Paris, 1923, gr. in-8º, (le numéro est donné pour chaque dessin, suivi, en parenthèse, du numéro de l'inventaire du Louvre): 10, (RF. 4572), *L'Embarcadère au soleil levant* ; 30 (RF. 4587), *Vue d'un Port de mer au coucher du soleil* ; 31 (26683), *L'Enlèvement d'Europe*.

(2) Cf. ANDRÉ BLUM, *Catalogue raisonné des Eaux-fortes de Claude Gellée*, ALBERT MORANCÉ éd., Paris, 1923, gr. in-8º : 9, *L'Enlèvement d'Europe* ; 10, *Le Soleil levant* ; 13, **Le Port de mer au fanal** ; 14, *Le Dessinateur* ; 16, *Le Port de mer à la grosse tour*.

A gauche on voit un vaisseau qui sombre et un autre qui se laisse pousser par le vent. Il pleut; au fond, sur un terrain élevé, trois personnages courent vers l'abri du rocher. Un autre navire déjà brisé par l'orage roule contre le rocher. Au premier plan, des matelots, leur chevelure et leur habillement agités furieusement par le vent, traînent un petit bateau; des débris flottent près de la rive. Le ciel est noirci de nuages.

C'est une scène agitée de tempête. Sans aucune exagération, elle représente les effets divers de l'orage. Même le rocher a une forme réelle, malgré la tentation si fréquente chez les peintres de cette époque de représenter le terrible par le fantastique et par le tourmenté.

Dans *la Tempête* [1] on voit un ciel chargé de nuages à travers lesquels apparaît, au centre, une lueur orageuse qui illumine sinistrement les vagues menaçantes. La lumière tombe aussi, à gauche, sur un groupe d'arbres touffus fort agités par le vent. Ils recouvrent le rocher vers lequel l'orage lance trois bateaux mêlés inextricablement par la furie du vent. Deux autres bateaux plus éloignés ne semblent pas dans une situation moins difficile. La furie et la force de cette mer en colère se manifestent admirablement par le danger des vaisseaux, par le choc des vagues et par l'activité désespérée des matelots qui essaient d'aborder avec leur fragile bateau.

Mais ces scènes de trouble, de désordre et d'émotion violente ne semblent pas se répéter dans le reste de l'œuvre.

La plupart des tableaux, des dessins et des eaux-fortes représentent la nature sous ses aspects les plus riants et les plus tranquilles. Souvent aussi, chez Claude, elle prend un peu de cette majesté que lui a donnée Poussin. Les paysages simples, arcadiens, sont ceux de ses premières années, dans les tableaux comme dans les eaux-fortes. Mais les paysages « historiques » deviennent plus fréquents à mesure que Claude vieillit. Ils ressemblent dans leur composition ordonnée à ceux de Poussin. En réalité, selon la tradition, Claude a subi l'influence de son compatriote; ils étaient voisins à Rome. En tout cas, ces paysages aussi conviennent admirablement à son génie; de plus, ils représentent un aspect réel de la campagne romaine.

Le Campo Vaccino à Rome (Louvre, 311) représente

admirablement le paysage historique dans sa forme la plus complète. C'est le Forum près du Capitole. Des arbres sont indiqués derrière les ruines. Des herbes bien particularisées poussent au premier plan. Mais, somme toute, ce n'est qu'une étude de ruines antiques romaines (1).

Dans beaucoup d'autres tableaux de Claude, des fragments d'architecture occupent plus ou moins de place. Aucun n'en est aussi rempli que le *Campo Vaccino,* ce qui, d'ailleurs, n'empêche pas Claude d'accorder une grande attention au paysage. Au contraire, quelques-uns représentent des paysages ravissants où les ruines n'ajoutent qu'à la beauté de l'ensemble. En général, la nature prédomine. Par exemple, la ruine antique du *Paysage* de Grenoble n'est qu'un embellissement habile. Au premier plan, un berger et une bergère s'entretiennent; au deuxième, un troupeau et des gens traversent un pont. A droite se trouve une colline recouverte d'une verdure épaisse où s'élève un temple gracieux à moitié ruiné. A gauche sont deux arbres, un touffu, l'autre de feuillage léger, d'une réalité frappante. Au fond, s'ouvre une vue lointaine de forêts et d'eaux, et, enfin, presque perdues dans la lumière du ciel embrasé, des montagnes faiblement esquissées. Ce paysage a l'accent même de la vérité. De même, pour le *David sacré roi* du Louvre [315], les bâtiments occupent plus de place, mais le paysage donne l'impression du réel. La vue lointaine du terrain ondoyant, les montagnes qui ferment l'horizon, enfin les arbres, dont la forme est si vraie et qui sont éclairés d'une façon si exacte, témoignent d'une grande précision d'observation.

Dans les autres tableaux, la campagne romaine, avec laquelle les ruines s'harmonisent si parfaitement d'ailleurs, joue le rôle principal et les morceaux d'architecture antique, comme

(1) Les ruines antiques sont aussi le sujet principal dans ces deux tableaux : *Le Paysage classique* (National Gallery Londres) justifie suffisamment son titre par ses colonnes doriques ainsi que par son temple et son portique. Le *Paysage ; Décadence de L'Empire romain* (Duc de Westminster, Londres) met en balance, séparées par la rivière, les ruines antiques de l'Empire romain et la vie pastorale des bergers et des troupeaux. Au fond, des montagnes lointaines se silhouettent sur le ciel transparent et plein de lumière. A gauche s'élève un bouquet d'arbres gracieux. Le contraste des ruines est à la fois pittoresque et émouvant, et le sentiment de la réalité très délicat. C'est l'histoire peinte et poétique de Rome.

les personnages minuscules, ne sont que des accidents dans les vastes paysages de Claude. Ils ont leur place, mais une place bien subordonnée parmi les détails de lumière et d'ombre, de belles formes d'arbres et de rochers, sur les bords de ces eaux qui reflètent si merveilleusement l'éclat du soleil et les objets environnants. Les mêmes traits se retrouvent dans les dessins et dans les estampes inspirés de modèles semblables (1).

D'autres tableaux, cependant, d'une inspiration plus simple, plus spontanée, même plus vraiment expressifs de l'âme de Claude, nous intéressent encore plus. Tels sont ceux qu'on peut appeler bucoliques, où des bergers et des paysans occupent la place principale sans aucun des accessoires majestueux de l'antiquité. Plusieurs sont inspirés de la mythologie païenne (2) ou de l'histoire sainte (3), mais, s'ils tirent de là leurs noms, ils représentent une réalité pastorale de tous les pays et de tous les temps.

Mais, sans aucun doute, les plus caractéristiques sont ceux qui, sans se rattacher à aucune légende sainte ou profane, représentent fidèlement la vie des champs.

La *Fête villageoise* du Louvre [312] est un des plus charmants de ces tableaux. Dans une clairière, près d'un fleuve, des paysans se divertissent sous la lumière dorée et orangée du soir. A gauche, un vieil arbre, à droite, des arbres s'élèvent en deux vigoureux bosquets, entre lesquels on distingue une ville lointaine et l'ombre d'une montagne. Au deuxième plan, un pont de plusieurs arches traverse le fleuve et au delà l'horizon éloigné se perd dans la lumière éblouissante. Ce tableau

---

(1) Cf. Dessins : 19 (RF. 4577), *Temple d'Apollon dans l'Ile de Delos* ; 41 (RF. 4593), *L'Invocation à la Déesse* ; 50 (26687), *Paysage avec le Péristyle d'un Temple*.
Eaux-fortes : 36, *Troupeau en marche par un temps orageux* ; 38, *Mercure et Argus* ; 39, *Le Temps, Apollon et les Saisons*.

(2) Par exemple : *Echo et Narcisse, Réconciliation de Céphale et Procris, Mort de Procris, Simon devant Priam* (National Gallery, Londres), etc.

(3) Par exemple : *Agar et l'Ange* (National Gallery, Londres, et Pinacothèque, Munich) ; *Noces de Rébecca et d'Isaac : Le Moulin* (National Gallery, Londres, et Galerie Doria, Rome), etc..

Planche XIII. — Ulysse remet Chryséis à son père, par Claude Gellée, dit Claude Lorrain (1600-1682). (Musée du Louvre, 316.) Cliché Archives photographiques, Paris.

Planche XIV. — Paysage, par Claude Gellée, dit Claude Lorrain (1600-1682).
(Musée du Louvre, 320.)
Cliché Archives photographiques, Paris.

est admirable par la simplicité, par l'équilibre parfait de sa composition et par l'effet de lumière dans le ciel, sur les arbres et sur l'eau (1).

Ce tableau est comme le type des scènes arcadiennes de Claude. On se rend compte de la vérité et de la sincérité de la peinture; on y sent aussi la tranquillité et la joie qui sont les caractères de la vie bucolique. En général, ses autres tableaux n'expriment pas aussi complètement ce sentiment. Plusieurs sont plus simples, mais également sincères. La sincérité et la simplicité s'expriment admirablement dans le petit *Paysage* du Louvre [320] (2). Cette scène fait l'effet d'un tableau moderne par la vérité et surtout par l'importance prépondérante qu'y prend la nature. Des arbres magnifiques, une rivière claire qui reflète le ciel et les couleurs délicates du soir, un paysage pastoral, où le pâtre et le troupeau s'harmonisent avec le décor, donnent à ce tableau les caractères d'un paysage à la Corot.

Claude a plusieurs fois représenté un gué, et chaque fois il y montre son amour de la vraie campagne. Dans le *Gué* du Louvre [322] le bétail traverse le fleuve. Un arbre mince et fort haut, d'autres plus touffus et un fragment de ruine antique occupent la gauche; à droite, des arbres magnifiques se penchent légèrement vers l'eau. La campagne s'étend à perte de vue sous la douce lumière du soir contre laquelle les arbres se silhouettent. Dans le ciel rayonne une couleur rose tendre qui teint légèrement les montagnes loin-

---

(1) Une scène du même caractère se retrouve dans deux tableaux : *Le Berger jouant sur le pipeau* (Earl de Northbrook, Londres), où se voient des collines boisées à droite; à gauche une belle touffe d'arbres. Au loin les montagnes sont indiquées et la rivière se perd dans la brume lumineuse du matin. Le feuillage est peint avec le plus grand soin et une recherche évidente de la réalité. Les troncs, gracieux et forts, s'élèvent en contre-jour vers le ciel illuminé; — le *Moulin sur le Tibre* (Earl de Northbrook, Londres) a les mêmes traits. Comme dans le tableau précédent la simplicité de l'inspiration met en valeur la réalité du paysage; l'effet dépend des détails vrais et non plus de « constructions » compliquées.

(2) Voir p. 168, planche XIV.

taines et illumine les figures du premier plan sur lesquelles elle tombe (1).

D'autres *Paysages*, notamment celui de l'Earl d'Ellesmere (Londres) et celui de la Galerie Royale à Dresde, montrent ces mêmes traits réalistes. Bétail, montagnes lointaines, arbres gracieux, admirablement illuminés, eaux qui reflètent la lumière et les ombres, tout y tient sa place naturelle. Pas de modifications de la réalité, pas de recherche d'effets exagérés. Tout y est naturel et parfaitement beau par sa simplicité même.

Dans les dessins et dans les eaux-fortes ce fait se manifeste d'autant plus clairement que les lignes retiennent l'attention de l'œil sans que la couleur vienne le distraire. Qu'il s'agisse de simples esquisses, où on ne voit que des arbres et de l'eau, ou qu'il s'agisse de dessins plus fournis et d'une composition plus compliquée, toujours la main de Claude trace savamment les lignes qui représentent fidèlement la réalité naturelle. Parmi tant d'études d'un mérite et d'un intérêt extraordinaire plusieurs surtout sont instructives (2).

Le Berger au bord d'un lac près d'un moulin fortifié (35 [RF. 4591]) en est typique. C'est un dessin intéressant par l'équilibre parfait de la composition et, en même temps, par un réalisme frappant. A gauche, étendu sur la rive, un berger garde ses chèvres qui paissent. A droite, s'élèvent des arbres dont les troncs recouverts de lierre se dessinent nettement. Au deuxième plan dort un lac, tranquille et clair; plus loin, s'élèvent le moulin fortifié, d'autres bâtiments et des arbres touffus. Au loin des montagnes s'esquissent sur le ciel. Ce sont des détails admirables de netteté et de vigueur.

Tous les dessins qui représentent des scènes pastorales manifestent le même effort de rendre exactement les détails aussi bien que l'impression d'ensemble. Leur vérité est toujours frappante.

(1) Un autre *Gué* (Galerie de Budapest) est beaucoup plus simple. La lumière du soir inonde le paysage et les horizons lointains. Mais surtout cette lumière baigne les trois arbres, qui occupent presque le centre du tableau. Leur feuillage admirablement illuminé semble occuper, après le soleil, la place principale dans le tableau.

(2) Cf. *Vue du Lazaret à Civita Vecchia*, (48 [RF. 4575]) et *l'Étude de figures*, (44 [RF. 4595]).

Les eaux-fortes, naturellement, avec plus de délicatesse et plus de netteté, montrent encore mieux les mêmes traits. Paysages pastoraux, scènes réalistes, tableaux de fêtes de village, tout chez Claude témoigne de la même recherche de la vérité, de la même justesse et de la même vigueur des détails, du même effort pour rendre la scène réelle sans exagération ni embellissement.

Le Troupeau à l'abreuvoir [11] et *le Bouvier* [18] sont les plus remarquables des scènes pastorales. Dans le premier, un berger debout, appuyé sur un bâton, regarde son troupeau en train de s'abreuver. Au centre, s'élève un gros et vieil arbre trappu. Au fond, des collines et des arbres se dessinent. L'impression de réalité est si forte, en raison de la simplicité et de la vérité du sujet, qu'on sent que cette gravure est faite d'après nature. *Le Bouvier* aussi a ce même air de réalité. Au pied d'un vieil arbre à moitié mort un berger joue de la trompette. Son troupeau passe à gué la rivière et monte vers une futaie à travers laquelle apparaît une maison. Au fond, des montagnes lointaines s'esquissent dans la lumière douce du soir. C'est une composition réaliste, simple, mais vigoureusement conçue et exécutée, où se manifeste l'amour d'une nature sans ornement, vraiment rustique (1).

En faisant ainsi un examen quelque peu systématique de l'œuvre de Claude, des dessins et des eaux-fortes aussi bien que des tableaux, on découvre sa compréhension immense et intime de la nature sous tous ses aspects. De plus, il a très fidèlement interprété la nature d'après la réalité, l'aimant trop pour lui donner cet air d'immobilité et de rigidité que Poussin n'évite pas toujours. La lumière, d'ailleurs, qu'il étudie de préférence à tout, lumière toujours changeante et subtile, donne à ses paysages une chaleur et une tendresse inconnues à Poussin. Les tableaux représentant des ports de mer et des paysages ornés de ruines antiques montrent une recherche plus grande de la composition et de l'ordre, sans aller pourtant dans cette voie jusqu'à l'exagération ou à l'artifice. Dans les scènes plus purement pastorales, par contre, Claude prend plaisir à la simplicité et à la réalité de la vie champêtre: Il les rend avec une vérité qui n'appartient qu'à lui seul.

(1) Cf. la *Danse au bord de l'eau* [19].

Jamais on ne rencontre des exagérations bizarres ou fantastiques pour représenter un lieu sauvage. D'ailleurs, Claude n'aimait pas les scènes exotiques. Il peignait la campagne des environs de Rome, campagne ensoleillée et belle, qu'il connaissait à fond sous tous ses aspects. De même, il préférait représenter la mer calme, quoiqu'il ait bien su, nous l'avons vu, dépeindre une mer orageuse. Mais, enfin, un paysage riant et une mer légèrement agitée par le vent n'étaient que des prétextes à montrer les jeux de la lumière à laquelle il s'intéressait principalement.

Son étude approfondie de la lumière l'a naturellement conduit à un sentiment très juste de la valeur des détails dans l'ensemble d'un tableau. Les arbres, les herbes, les eaux de Claude sont représentés avec une exactitude et une fidélité merveilleuses. Toute son œuvre, même dans les moindres détails, est une preuve de la fidélité de ses peintures.

En somme, les artistes français pendant la première moitié du dix-septième siècle, montrent presque tous un grand intérêt pour la nature, qu'ils prennent pour décor de leurs œuvres. Chez les deux plus grands d'entre eux, Poussin et Claude, le paysage restait le genre préféré. Poussin représente la nature conformément à ses principes de logique et d'ordre; en l'ordonnant, il produit le paysage historique. Mais dans les détails, il reste toujours réaliste et, d'ailleurs, la plupart du temps, il suit fidèlement la réalité, car il trouve que la campagne romaine est, précisément, « ordonnée » selon son goût et il ne doit que la reproduire sur la toile.

A plus forte raison Claude, qui lui aussi aimait ce même type de paysage, mais qui peignait volontiers des scènes rustiques beaucoup plus réalistes et plus naïves, montre un sentiment de la nature encore plus vrai. Claude, moins logique que Poussin, nature plus sensible qu'intellectuelle, aimait plus intimement la nature et l'interprétait d'après son âme, sous tous ses aspects, avec un peu de l'adoration avec laquelle il étudiait et représentait la lumière.

Ainsi il arrive au début du dix-septième siècle, au temps

où Descartes formulait la philosophie de la raison et où Corneille exprimait cette philosophie dans ses tragédies, que les deux plus grands peintres français sont des paysagistes, et des plus réalistes.

On peut constater, à quelques exceptions près, que leur œuvre représentait toujours la nature douce et calme. Évidemment, en ne la peignant que sous ces aspects, on était loin de la représenter complètement. Mais c'est toujours le privilège du peintre de choisir les aspects des choses qui l'intéressent surtout. Corot en plein dix-neuvième siècle, ne représente pas la nature autrement qu'en faisant un choix. La nature que peignent Claude et Poussin, ils la sentent vraiment. Poussin l'aime ordonnée avec logique, Claude l'aime toute simple, mais tous les deux sont également ses fervents. Et leurs contemporains l'aimèrent telle qu'ils la leur montraient : le succès de leurs tableaux en est la preuve. Enfin, après tout, dans un siècle réputé exclusivement « humaniste », il est fort instructif de trouver que la peinture du paysage occupe la première place dans l'art français.

CHAPITRE II

LES ESTAMPES

Les estampes reflètent la vie contemporaine. Les gravures pour livres : François Chauveau. « Divers païsages » : Israël Silvestre, Perelle et Lepautre. Œuvres d'actualité et de fantaisie et sentiment de la nature : Abraham Bosse et Jacques Callot. Le paysage dans les estampes.

Les estampes représentent plus fidèlement que la peinture la vie du temps. La peinture, comme la littérature de cette époque, était trop pénétrée de l'idéal classique pour reproduire autre chose que les aspects nobles de cette vie. Mais l'art de la gravure est plus libre. D'un côté, en illustrant les livres à la mode, en représentant les projets des architectes, les vastes jardins et même les sujets religieux, la gravure exprime exactement l'esprit noble des contemporains, les goûts somptueux, l'amour des formes plastiques et le sentiment de la nature conventionnelle. De l'autre côté, sous le burin d'artistes tels qu'Abraham Bosse et que Jacques Callot, elle dépeint fidèlement les costumes, les mœurs, les misères du temps, bref tous les aspects de l'actualité. Courtisans, soldats, bourgeois, gueux y défilent. Toutes les formes de la vie y sont fidèlement reproduites : jardins, rues, champs de bataille, paysages rustiques. Ainsi, pour se former une idée juste du commencement du dix-septième siècle, il est utile de consulter les estampes aussi bien que les mémoires et les correspondances.

Abraham Bosse et Jacques Callot sont les graveurs les plus célèbres de cette époque, ceux dont les œuvres ont le plus de mérite et d'utilité. Mais d'autres graveurs encore jouissaient d'une réputation considérable. Parmi eux, François Chauveau (1) illustrait un grand nombre des romans à la mode.

(1) Cf. Œuvres, 4 vol., in-fo, Cabinet d'Estampes, Bibliothèque Nationale, Paris, (Ed., 14, a, b. c.).

Ses personnages, sans individualité, ses paysages conventionnels, trop pleins d'arbres luxuriants, de terrains pittoresquement accidentés, d'édifices classiques sont bien dans le goût du jour. Ses paysages, assez nombreux d'ailleurs, n'ont pas un caractère bien original. Ils sont l'expression graphique des descriptions chargées de bois ombreux, d'eaux claires et vives, de prairies en fleurs, de la littérature du temps. Ses paysages sont toujours très décoratifs, et bien faits pour plaire aux contemporains. Ils sont tous d'un même type, quel que soit le pays qu'ils représentent. De même, les figures, que ce soient des figures de saints ou de héros antiques, ne diffèrent guère. Ses personnages occupent naturellement la première place; mais presque toujours un paysage conventionnel sert de fond et de décor.

Lepautre, Perelle et Silvestre (1), surtout Silvestre, ont publié des recueils de vues de châteaux célèbres. Ils s'intéressent cependant moins à l'architecture qu'au décor fourni par de pittoresques paysages, de grands jardins ou des parcs. L'œuvre de Silvestre présente sous les plus belles apparences les châteaux et les jardins de son temps. Le Louvre (2), Fontainebleau (3), le Luxembourg (4), avec leurs terrasses et avec leurs fontaines, surtout avec leurs riches parterres en broderies, sont souvent reproduits dans ses divers recueils. Les fontaines et les autres embellissements curieux de Liancourt (5), les riches parterres en fleurs de la Maison de Mont-Louis à Ménil-Montant (6), la grotte de Meudon (7) et les terrasses

---

(1) Cf. *Recueil de Palais, Maisons et Eglises de France,* in-f°, (V° 8) ; aussi *Œuvre* de chaque graveur (voir bibliographie).

(2) Cf. *Recueil des divers Châteaux et Maisons de France et d'Italie,* petit in-f° (V° 14), n°s 8, 12.

(3) *Maisons royales et Villes frontières de France,* in-fol°, (V° 12), n° 23 ; *Recueil de divers châteaux et maisons de France et d'Italie,* n°s 125-127.

(4) Cf. *Maisons royales et Villes frontières de France,* n°s 3, 23-28.

(5) Cf. *Maisons royales et Villes frontières de France,* n°s 147-154.

(6) Cf. *Recueil de Palais, Maisons et Eglises de France,* in-f°, (V° 8), n° 75.

(7) Cf. *Recueil de Palais, Maisons et Eglises de France,* n°s 70-73.

de Saint-Cloud (1) sont tous représentés souvent et chaque détail est étudié avec la plus grande attention.

Tous les traits caractéristiques du jardin du dix-septième siècle se rencontrent dans ces estampes. La plupart représentent de beaux parterres en broderies, des fontaines, des cascades, des étangs, des terrasses, des allées et des bosquets. Une des gravures cependant dépeint une scène fort curieuse. C'est une vue du château de Marimont et de ses jardins, où les buis sont taillés de façon à représenter les divers acteurs d'une chasse gigantesque, les cavaliers et les chiens à la poursuite d'un cerf (2).

Un édifice intéressant, château ou abbaye, est souvent représenté au milieu du paysage. Ainsi de vastes étendues de terrains cultivés, des collines ondulées et des bois servent de fond aux morceaux architecturaux (3).

Deux fois ce sont les Alpes qui, dans ses estampes, apparaissent au dernier plan du paysage : dans le *Palais de Mme la Conestable de Lesdiguières à Grenoble* et dans la *Tour de Clermont en Dauphiné* (4). La représentation de ces grandes montagnes est très intéressante. Silvestre a indiqué leurs formes et leur disposition avec assez de vérité. Il n'a pas réussi cependant à donner une idée de leur véritable hauteur. Derrière la maison de « Mme la Conestable », les Alpes ne sont guère représentées que sous la forme de grands rochers pointus et escarpés.

Silvestre réussit mieux à dessiner des paysages moins montagneux. Ses collines, ses terrains accidentés, coupés par des ruisseaux, souvent boisés, laissent une impression de réalité.

Plus rarement, la nature occupe la première place dans les estampes de Silvestre et le monument pittoresque n'est plus

(1) Cf. *Recueil de Palais, Maisons et Eglises de France*, nos 67, 68.

(2) Cf. *Maisons royales et Villes frontières de France*, no 36.

(3) Cf. *Recueil des divers Châteaux et Maisons de France et d'Italie*, Eglise de l'Hospital de Saint-Louis, 51 ; Chasteau de Chaillot, 57 ; *Vue et perspective de Saint-Cloud*, 64 ; *Vue et perspective de l'Eglise Saint-Nicolas de Lorraine*, 202.

(4) Cf. *Divers Païsages mis en Lumière par Israël* in-8º (Ed 45 d), sans nos. Nous reproduisons d'après cet ouvrage le Palais de Mme de Lesdiguières, p. 176, planche XV.

Planche XV. — « Palais de Madame la Conestable de Lesdiguières à Grenoble », par Israël Silvestre (1621-1691). (Bibliothèque Nationale, Cabinet des Estampes, *Œuvres*, in-8°, Ed. 45 d, s. n.)

qu'un accessoire (1). *La Veüe et Perspective du Village et du Pont de Charenton* (2) est presque un « paysage » comme on le comprend aujourd'hui. Des arbres symétriquement arrangés des deux côtés du tableau, la rivière tranquille, les ruines et le pont, au fond, le village et, au premier plan, un groupe de paysans placé près du pont, constituent un ensemble vraiment pittoresque.

Il y a, en outre, des scènes de chasse où le mouvement et la vie de la poursuite sont bien marqués, sur un fond d'arbres peut-être un peu trop luxuriants et trop tourmentés (3). Il s'y trouve aussi de petits paysages simples. Un gros arbre noueux nettement dessiné au premier plan, une ferme délabrée, ou une tour en ruines au fond, et, au premier plan, de petits personnages pour prêter de l'intérêt à la scène en constituent les parties principales. Quelquefois il y a un pont rustique et pittoresque, et des collines très bien esquissées à l'horizon.

Silvestre excelle à dessiner ces petits paysages conventionnels. S'il se contente de les représenter jolis, tranquilles, aimables, il réussit cependant à leur donner un air de réalité. Par contre, lorsqu'il essaye de graver une scène sauvage, des montagnes ou un désert, en général il n'aboutit qu'à des exagérations.

La nature n'apparaît pas aussi souvent dans les œuvres de ses plus grands contemporains, Bosse et Callot. En revanche, il est vrai qu'ils montrent beaucoup plus d'originalité ; ils interprètent l'univers chacun d'après son génie personnel, ce qui lui donne un caractère **tout** à fait différent.

Abraham Bosse (4), avec la vigueur et l'indépendance qui caractérisent ses études de mœurs, représente les aspects

---

(1) Cf. *Divers Païsages*, sans numéros : *Vue du Moulin et du Païsage de Tanlai* ; *Recueil de divers Châteaux et Maisons de France et d'Italie; Veüe et Perspective du Village et du Port de Charenton*, n° 101 ; *Bourg de Tanlai, à deux lieues de Tonnerre en Bourgogne*, n° 171.

(2) Voir en tête de ce volume planche I.

(3) Cf. *Divers païsages*, s. n.; voir p. 40, planche II.

(4) Cf. *Œuvre*, 5 v., in-f°, (Ed., 30, a-d) ; 2 v., pet. in-f°, (Ed, 30 e-e+).

réels des choses. Il ne cède à la convention que dans les représentations traditionnelles de sujets saints (1), mythologiques ou allégoriques (2) et aussi dans les illustrations de romans (3). La plupart de ses paysages sont beaucoup plus simples et plus réels que ceux de Silvestre.

Comme Bosse dépeint fidèlement tous les aspects de la société contemporaine, les jardins ont une place assez importante dans ses œuvres. De même que, le plus souvent, ses personnages, même bibliques, sont revêtus des costumes du temps, de même les jardins, partout où il en introduit, sont ceux de l'époque de Louis XIII.

La première estampe de la série du *Jardin de la Noblesse Françoise* (4) en donne les traits ordinaires : une fontaine au milieu, des parterres en broderies arrangés symétriquement, une tonnelle de verdure de chaque côté et au loin des cyprès coniques (5). Un coin de jardin se voit par une porte ou par une fenêtre dans beaucoup d'estampes représentant des intérieurs (6). Bosse comme toujours rend fidèlement la réalité. En même temps, la grâce des arbres taillés et la symétrie des parterres viennent atténuer la sévérité, parfois un peu froide, des galeries ou des salles. Les scènes pastorales ou rustiques des tapisseries produisent le même résultat, quand le gra-

(1) Les numéros précédés des lettres G.D. sont ceux du Catalogue Georges Duplessis ; les autres numéros renvoient au catalogue d'André Blum : *L'Œuvre gravé d'Abraham Bosse*, Paris, Morancé, 1924, gr. in-8º, *Moïse sauvé*, 643 (GD, 1111); *La solitude chrestienne*, 685 (GD, 67) ; *Vignettes religieuses*, 1208-1228 (GD, 89-109).

(2) Cf. *Adonis*, 170 (GD, 1045) ; *Les quatre éléments*, 940-943 (GD, 1090-1093) ; *Les quatre Parties du Monde*, 1348-1351, etc.

(3) Cf. *Polexandre*, 162-166 (GD, 1099-1103), *Ariane*, 177-193 (GD, 1115-1132) ; *La Pucelle*, 670-682 (GD, 1148-1160), etc.

(4) Cf. (GD, 1301), et p. 80, planche VI.

(5) De même dans le *Printemps*, 1033 (GD, 1082), dans l'*Odorat*, 1030 (GD, 1073), dans l'*Adolescence* 153 (GD, 1079) on voit au fond de vastes jardins ayant tous ces mêmes traits caractéristiques des jardins du dix-septième siècle.

(6) Cf. le catalogue d'André Blum : 116, 152, 957, 961, 1022, 1031, 1032, 1031, 1044, 1048, 1049, 1089, 1190.

veur ne peut pas montrer autrement une vue de jardin véritable (1).

L'originalité de Bosse se manifeste surtout dans l'étude de l'actualité. Sa verve de réaliste et d'observateur se découvre pleinement dans ses études des types pittoresques de son époque. Mais le graveur ne se contente pas de faire de simples figures; il les place toujours dans un paysage qui leur convient (2). Ainsi le *Nettoyeur de puits* (3) apparaît dans un paysage rustique au fond duquel s'ouvre un puits. Conformément à cette habitude, les tableaux de mœurs villageoises, eux aussi, offrent aux yeux un paysage en harmonie avec les scènes représentées (4). Parfois, on entrevoit une scène intime de la vie campagnarde, très intéressante dans sa simplicité, comme dans le départ de l'*Enfant Prodigue* (5) où un coin de basse-cour et la vie laborieuse de la ferme se voient au fond.

Dans l'*Enfant Prodigue gardant les porceaux* (1186 [GD. 36]) l'intérêt se concentre toujours sur le personnage, mais derrière celui-ci s'étend un vaste paysage. Au premier plan à gauche, se trouvent un gros arbre noueux, un petit arbre d'une autre espèce et des troncs renversés. A droite sur des terrains accidentés, les porcs paissent paisiblement. Au fond se dessinent des fermes, une rivière et de nombreux arbres dont les espèces différentes sont bien marquées.

Ce paysage est remarquable par son air de réalité, par le soin méticuleux du détail, par l'art de représenter exactement les arbres avec leurs traits propres. Il est pittoresque aussi : les masses savamment équilibrées, l'aspect charmant de la scène plaisent sans donner une impression de trop d'arrangement ou de fadeur conventionnelle.

---

(1) Cf. *Cérémonie observée à Fontainebleau à l'occasion du Contrat de Mariage du roi de Pologne et de la princesse de Mantoue*, 422 (GD, 1223) ; *le Bal*, 1050 (GD, 1100) ; *la Vieillesse*, 155 (GD, 1081), etc.

(2) Cf. *Jardin de la Noblesse françoise*, 28-45 (GD, 1301-1318) ; *Cris de Paris*, 1398-1409 (GD, 1341-1352) ; *Gardes françoises*, 89-97 (GD. 1322-1340).

(3) Cf. *Cris de Paris*, (1398).

(4) Cf. *Mariage à la campagne, Danse villageoise*, (963) et le « *Chaudeau* » (964) ; *Automne*, (1035).

(5) Cf. *l'Enfant prodigue*, 1184 (GD, 31).

Les mêmes traits se retrouvent dans plusieurs autres estampes qui sont toutes des scènes pastorales ou rustiques. Le berger veillant sur son troupeau dans un paysage formé de prairies ondoyantes dominées par une tour (1), la paysanne apportant ses volailles et ses fruits à la ville fortifiée vue au loin (2), ou la jeune fille campagnarde faisant le commerce du lait de ferme à ferme (3), manifestent sous une forme plus simple le même esprit d'observation et le même effort de vérité. Dans les paysages qui les encadrent, toute la vie de la ferme est représentée. Même quand les personnages sont des bergers et des bergères de roman, enrubannés et galants, le décor conserve les traits réalistes (4).

Enfin, il existe dans l'œuvre de Bosse *Six petits paysages de lever et de coucher de soleil* (1447-1452 [GD. 1442-1447]) représentant des scènes pastorales, belles certes ayant en général un air de vérité, mais moins réalistes tout de même, que ces scènes de la vie rustique.

Dans toutes les œuvres de Bosse on trouve certains traits bien caractéristiques quand il représente la nature. Tout d'abord le plus souvent, bien qu'elle tienne une place dans presque toutes ses estampes, elle n'y sert que de décor. Ses paysages en général ont l'air assez reel. Cependant, on peut y découvrir deux manières un peu différentes : d'un côté, le paysage plutôt conventionnel des gravures de sujets saints, mythologiques ou allégoriques; de l'autre, une interprétation plus personnelle de la nature dans les scènes de la vie rustique. En effet, il n'y a pas de convention dans les pièces qui sont les plus caractéristiques de son génie : *Les Cris de Paris*, les petites scènes de bergers et de paysans. La nature y est représentée avec la vigueur et la vérité qui donnent aux personnages leur originalité. Quant aux détails, Abraham Bosse excelle à représenter le feuillage et les arbres de toute espèce. Il

(1) Cf. *Voici venir Philis, ô la recontre heureuse*, 1074 (GD, 1366); voir p. 112, planche VIII.

(2) Cf. *Berger, arrestés-vous sans faire l'empesché*, 1074 (GD, 1366).

(3) Cf. *le Pot au lait*, 1410 (GD, 1368).

(4) Cf. *le Berger et la Bergère*, 1066-1067 (GD, 1364-1365).

semble avoir fait un effort tout particulier pour rendre ces différences

*
**

Jacques Callot est un artiste d'une toute autre sorte. Il n'a pas l'amour consciencieux du vrai d'Abraham Bosse. Par contre, il a plus d'imagination, plus de délicatesse, parfois même plus de sensibilité que son contemporain. Et, surtout, il aime le pittoresque. Les personnages fantastiques de la comédie italienne et les diableries de la *Tentation de Saint Antoine* sont ses études de prédilection. Il préfère, avant tout, le spectacle des comédies, du mouvement, des folies et des misères de la vie. Il lui arrive cependant de représenter la nature, et d'une façon très personnelle, sous des formes fantastiques, irréelles, ou bien, comme décor, sous des aspects plus vrais.

Comme il déforme souvent ses comédiens ou ses gueux pour mieux mettre en valeur leur caractère particulier, il déforme aussi parfois la nature pour produire une impression plus forte. En effet, il semble souvent que les personnages aussi bien que les paysages ne l'intéressent que pour exprimer ses rêves fantastiques.

C'est ainsi que le surnaturel du *Passage de la mer Rouge* (1) est rendu en partie par la forme fantastique des rochers. C'est un artifice que Callot emploie beaucoup. En les présentant ainsi, il réussit presque à les animer et les fait concourir à l'action de la scène. Aussi, pour mieux exprimer l'étrangeté et la terreur générale de *Saint Antoine* (2), les rochers ont une forme tourmentée.

Dans les scènes plus ordinaires, le paysage n'a pas ce caractère irréel. Presque toutes ses estampes ont un fond de paysage à peine indiqué parfois (3). Les paysages représentés avec plus de détails ont l'air réels. Callot excelle à dessiner des collines ondulées, aussi naturelles que ses rochers

(1) Les numéros précédés de la lettre M. sont ceux du Catalogue de Meaume; les autres numéros renvoient au *Catalogue* de Paul-Plan, *Jacques Callot*, Bruxelles et Paris, 1914, in-8°. Cf. 719, M, 1.
(2) Cf. 888 (M, 139).
(3) Cf. *Suite du livre des Saints*, 578-701 (M, 302-425).

et ses montagnes sont parfois fantastiques. Sa main, qui multiplie les personnages en conservant toujours leur personnalité, rend de même les détails infinis du feuillage (1). Il sait trouver autant de caractère et d'originalité dans un vieil arbre noueux (2) que dans le corps usé du Capitano de Baroni (3). Il dessine toute une forêt (4), mais chaque arbre y possède des traits aussi particuliers que chacun de ses Bohémiens. C'est le génie de Callot de saisir et de reproduire le trait de chaque réalité naturelle comme il le fait pour chacun de ses personnages.

Quelques estampes de Callot représentent des plaisirs rustiques. Ce sont des scènes charmantes par leur simplicité, par leur réalité, par l'air de repos qui semble y régner et par une poésie toute personnelle qui s'y dégage.

La Petite Treille (5) représente une fête paysanne. Sous la treille de l'auberge de campagne on boit par un bel après-midi d'été. Une meule de foin s'élève près d'un arbre fruitier contre lequel s'appuie une échelle. Les feuilles sont immobiles dans la chaleur, et une paix universelle semble planer sur la scène. Une autre étude de mœurs villageoises est *La Foire de Gondreville ou le Jeu de boules* (6), où les détails sont aussi réalistes et qui, de plus, contient un arbre magnifique dessiné avec infiniment de soin et d'adresse.

Ce sont les *Quatre Paysages* (7), cependant, qui offrent le plus bel exemple du sentiment de la nature dans l'œuvre de Jacques Callot. Il préfère sans doute le mouvement et la vie de l'humanité, surtout de l'humanité grouillante des gueux et des miséreux ; mais, dans ces quatre estampes, bien que les personnages occupent une certaine place, c'est sur la nature que l'intérêt se porte. *Le Jardin ou le Marais* représente une humble cabane de jardinier. Plusieurs femmes sont occupées

---

(1) Cf. *La Grande Foire de Florence*, 424 (M, 625).

(2) Cf. *La Foire de Gondreville ou le jeu de boules*, 453 (M, 623).

(3) Cf. *Capitano de Baroni*, 329 (M, 685).

(4) Cf. *La Chasse*, 704 (M, 711).

(5) Cf. 890 (M, 710).

(6) Cf. 453 (M, 623).

(7) Cf. 276-279 (M, 715-718).

à labourer la terre. Des arbres artistiquement disposés complètent le tableau. Dans *le Colombier* (1) une tour s'élève à gauche, près d'une rivière où du bétail s'abreuve. Sur l'autre rive, plusieurs édifices sont à demi cachés par les arbres qui se reflètent dans l'eau. Au premier plan, dans *le Moulin à eau* (2), se trouve un vieux bâtiment pittoresquement délabré. Sur la rive opposée s'élève une colline boisée, sur laquelle s'étagent quelques maisons. *Le Port de Mer* (3), avec les vieilles maisons délabrées à droite, et, à gauche, les lignes gracieuses des bateaux, est extrêmement pittoresque.

Ses quatre paysages sont tous extrêmement simples. Il y a cependant une infinité de détails, tous observés minutieusement et rendus avec la plus grande fidélité pour donner cet air de réalité. Ce sont des paysages tout à fait modernes par leur goût du pittoresque exact et surtout par l'intérêt presque exclusif que l'artiste porte à la nature. Toute la grâce, toute la finesse, tout l'esprit de Callot s'y manifestent, mais pour représenter avec élégance une nature calme et belle. La pointe fine de son burin, qu'il a su diriger d'une main si légère, reproduit dans leur vérité minutieuse les moindres détails de la vie rustique.

Ces petits paysages ne servent qu'à démontrer plus clairement la délicatesse et le réalisme de Callot, délicatesse qui se manifeste ici comme dans la peinture des démons et des diables du *Saint Antoine,* réalisme qui saisit le trait essentiel d'une paisible scène rustique aussi bien que celui des comédiens italiens qu'il aime à représenter. Avec sa finesse d'artiste, Callot a réussi, mieux qu'aucun de ses contemporains dans l'art de la gravure, à dépeindre un paysage à la fois absolument réel et vraiment poétique.

*
**

En somme, les graveurs de cette période, bien qu'ils emploient beaucoup la nature comme décor, réussissent très rarement à s'échapper du conventionnel en paysage. Bosse

(1) Voir p. 184 planche XVI.
(2) Voir p. 88, planche VII.
(3) Voir p. 120, planche IX.

a le talent de reproduire la réalité, mais en général, ses représentations de la nature, peu frappantes et peu fines, sont conformes au goût ordinaire de son temps. Callot est plus artiste. Lui, non plus, ne fait pas de la nature une étude particulière, mais il l'introduit souvent dans ses compositions et la peint d'une manière réaliste. Si le genre du paysage ne trouve pas souvent des interprètes aussi artistiques que Bosse, Israël Silvestre et Callot chez les graveurs, en revanche il trouve au moins une toute petite place dans presque toutes les estampes du temps.

Planche XVI. — Les « Quatre Paysages » : Le Colombier, par Jacques Callot (1592-1635). (Bibliothèque Nationale, Cabinet des Estampes, Œuvres, t. II, in-fol. Ed. 25 m, M. 716.)

CONCLUSION

C'est une idée très répandue que le dix-septième siècle dans son ensemble s'intéressait exclusivement aux aspects humains et sociaux de la vie (1). Les circonstances ont contribué certainement à rendre cet intérêt prédominant, du moins au temps de Louis XIV, mais, sous le règne de Louis XIII, il n'en est pas tout à fait de même. Pour bien des gens, d'ailleurs, le classicisme, c'est la tragédie; or, la tragédie c'est la peinture de l'homme; la nature n'y tient pas de place. De son absence de ce genre littéraire, on conclut trop vite à son absence de la littérature du temps.

Cependant, le théâtre classique à lui seul n'est pas toute la littérature du siècle. D'abord, il ne prit sa forme définitive qu'à la fin du règne de Louis XIII, et nous nous intéressons surtout à cette première période. Puis, tout en restant peut-être la création la plus caractéristique de l'époque, il était loin de donner le ton aux autres genres littéraires. Les romanciers et les poètes mineurs, les peintres et les graveurs, enfin les auteurs de correspondances et de mémoires, expriment beaucoup plus fidèlement les goûts et les sentiments de leur temps. Dans leurs œuvres, nous l'avons vu, la nature occupe une place considérable. Le sentiment de la nature varie avec les écrivains

(1) Cf. ÉMILE KRANTZ, *Essai sur l'Esthétique de Descartes*, Paris, 1882, in-8º, où est exposée l'opinion générale, partagée par la plupart des critiques d'ailleurs, que le XVIIe siècle n'aimait qu'une nature « livresque », trait qui, suivant l'auteur est aussi dans la tradition du XVIe siècle (l. IV, ch. II, pp. 244-255) ; « Autant l'art classique s'est appliqué à l'étude de l'homme, autant il a négligé la nature » (p. 244) ; « Le XVIIe siècle n'a fait que suivre la tradition du XVIe. Descartes n'a donc pas eu à chasser la nature de la littérature ; il n'a pu, et c'est notre avis, que retarder le moment où elle devait entrer » (p. 247) ; « Or les littérateurs classiques, retenus par l'étude de l'homme, n'allaient pas voir la nature; ils se contentaient de l'idée qu'ils s'en étaient une fois faite, en lisant quelque poète grec ou latin, sans vérifier et sans renouveler cette idée à la source unique des idées sensibles, c'est-à-dire à la réalité » (p. 253), etc.

individuels. Il se manifeste sous divers aspects, d'une manière plus ou moins profonde, plus ou moins personnelle, mais il existe partout, sauf dans le théâtre classique.

Ce fait montre que la doctrine classique répugne à l'expression du sentiment de la nature. En effet, la tragédie l'exclut entièrement, et partout où l'esprit classique règne, la nature a une tendance à disparaître. Tout au début de la période, Malherbe fonde le classicisme : le sentiment de la nature se montre moins chez lui que chez aucun de ses contemporains. Dans l'œuvre du seul de ses disciples qui reste à peu près fidèle à ses principes, à savoir Maynard, ce sentiment manque également. Les dramaturges Rotrou et Hardy, tous les deux habitués à introduire la nature dans leurs pièces irrégulières, aussitôt qu'ils s'approchent de la forme stricte de la tragédie, l'excluent entièrement. Par contre, un sentiment profond des beautés naturelles se retrouve chez les écrivains qui ressentent le moins l'influence du classicisme. Les poètes affranchis des idéals de Malherbe, tels que Racan, Théophile et Durand, montrent un amour personnel et profond des beautés de l'univers. De plus, le roman, genre qui, par sa prolixité même, est aux antipodes de la tragédie, contient toujours de nombreuses descriptions de la nature. La même opposition entre l'œuvre de ceux qui professent le classicisme et l'œuvre de ceux qui le négligent se manifeste aussi dans l'art. Évidemment Poussin et Claude sont tous les deux de grands paysagistes. Mais la nature apparaît sous un aspect moins réel, moins spontané chez Poussin, qui est un vrai classique, que chez Claude, qui, lui, s'applique à la représenter avec amour sans arrière-pensée de « noblesse » et d' « ordre ».

Mais, enfin, si les principes d'ordre et de mesure faisaient au dix-septième siècle l'admiration de tous les esprits, ils n'étaient pas encore parvenus, en 1660 du moins, à dominer toute la vie sociale, ni même littéraire. Les règles n'étaient pas toujours observées et les poètes surtout trouvaient encore leur inspiration la plus sincère dans la nature. Les deux peintres les plus illustres du temps ont été des paysagistes. Les citadins, les gens de la cour, les voyageurs, prenaient plaisir à vivre à la campagne, à embellir leurs « maisons des champs » de jardins fastueux, à décrire de beaux sites et des perspectives agréables. Les romanciers, employant des fictions élégantes pour faire revivre les événements contemporains, ne manquaient pas d'introduire dans ces fictions les goûts du jour, et la présence dans leurs romans de descriptions de la nature est assez probante à ce point de vue.

Un autre fait aussi qui mérite d'être remarqué, c'est que la tradition littéraire du dix-septième siècle commence, à proprement parler, avec l'apparition de l'*Astrée*, en 1607. Le charme de ce roman et son originalité tiennent, en grande partie, au sentiment de la nature qui s'y trouve exprimé. Ce sentiment manque un peu, aux yeux des modernes, de couleur et de vie, mais, nous l'avons vu, il n'en est pas moins très réel. La vogue de l'*Astrée* et l'admiration universelle qu'elle excita pendant tout l'âge classique sont à cet égard extrêmement significatives.

La nature apparaît ainsi un peu partout pendant toute la première moitié du dix-septième siècle. Il reste à préciser le caractère du sentiment qu'elle inspirait.

Il est inutile de constater qu'il n'avait pas encore la richesse ni l'étendue ni la diversité qu'il a prises depuis J.-J. Rousseau et les romantiques. Ces derniers écrivains saisiront et traduiront, dans toutes les nuances, les impressions, les sensations, les sentiments, les émotions éprouvés par leurs âmes sensibles et délicates. En cela, ils différeront profondément des auteurs du dix-septième siècle. Mais il n'en est pas moins vrai, — chose trop souvent oubliée, — que le sentiment de la nature au seuil de l'âge classique est déjà beaucoup plus moderne, beaucoup plus riche, enfin beaucoup plus complet qu'on ne le reconnaît en général.

Très souvent, sans doute, le sentiment de la nature au dix-septième siècle se ramène à un simple goût de la campagne. Mais déjà il commence à se développer en précision à la fois et en profondeur. Les citadins aiment les champs, et les courtisans prennent plaisir à songer à l'existence pastotale qui offre un contraste piquant avec leur vie de tous les jours. On aimait à se promener à l'ombre des bois, par les prés fleuris, au bruit de l'eau et au chant des oiseaux. On trouve à la campagne le bien-être physique du grand air, du soleil et de l'espace, aussi bien que la tranquillité et l'oubli des devoirs ennuyeux de la ville. Enfin, on jouit de tous les plaisirs que la nature procure si généreusement un beau jour de printemps ou d'été. Naturellement, pour ceux qui aimaient ainsi la nature, tout ce qui dérangeait cet état de tranquillité était désagréable. Ainsi l'hiver et les orages ne trouvaient pas de faveur. De même, les endroits sauvages n'étaient pas aimés. Les esprits les plus distingués comme les plus moyens préféraient une nature douce et souriante.

Quelques-uns vont au delà. Balzac, par exemple, aime surtout les aspects gracieux de la nature, mais il y trouve plus qu'une légère satisfaction de bien-être; il y trouve des plaisirs pour son âme et pour son esprit.

Ceux qui ne sont sensibles qu'aux sensations pour ainsi dire élémentaires de couleur, de son, de parfum, de forme et de mouvement, ne donnent pas les peintures les moins habiles de la nature. La jouissance physique et franche d'un Étienne Durand, le sens exquis des couleurs d'un Perrin ont un charme spécial, mais les écrivains qui réussissent le mieux à représenter les choses sont ceux qui ajoutent à une perception aiguë des sensations une grande capacité d'émotion. Nous avons trouvé des écrivains de cette espèce dans cette période. Les vers de Racan sur le soir valent par la sensibilité et la sincérité qui s'y marquent. Il s'y montre habile à rendre ce qu'il voit, ce qu'il entend, mais, sans aucun doute, il sent vraiment tout cela. Il en est de même pour d'autres poètes de la même époque. Comme toujours, l'amour, émotion plus ou moins profonde, plus ou moins compliquée, occupe la première place parmi les sentiments. Chez d'Urfé l'affection pour son pays fournit de belles pages attendries, mais, le plus souvent, c'est dans les plaintes de ses amoureux que la nature est décrite. Durand mêle les beautés de la nature à ses aventures d'amour. Voiture en tire des comparaisons gracieuses pour ses compliments galants à l'adresse des « précieuses » de son entourage. De temps en temps, Racan, Tristan et Théophile font entendre un accent plus sérieux.

Après le sentiment de l'amour, la nature inspire souvent à cette époque des sentiments religieux. Mme de Motteville éprouve un vif sentiment de la puissance de Dieu en voyant les cascades des Pyrénées. Racan, Godeau, Desmarets, de

CONCLUSION

Bussières et plusieurs autres poètes voient encore dans l'univers l'expression de la puissance et de la bonté de Dieu. Émus en présence des miracles de beauté qui s'offrent à leurs regards, ces poètes louent le Créateur, et leurs vers comptent parmi les mieux sentis de tous ceux qui ont été écrits à cette époque. Leur sincérité et la profondeur de leur émotion leur donnent une vigueur et une originalité remarquables.

Des émotions plus particulières sont suggérées de temps en temps. Mlle de Montpensier et Jouvin de Rochefort trouvent que la mer est très propre à inspirer de la mélancolie à une âme pensive. Gomberville décrit l'effet d'effroi mêlé de respect que produit la vaste étendue de la mer. Les montagnes inspirent toujours une sorte de frayeur tempérée parfois par l'admiration. Balzac trouve que la solitude et les beautés du monde imposent le silence même aux « plus grands parleurs », et, en général, le goût de la solitude et de la tranquillité fait partie intégrante de l'amour de la nature.

De plus, on peut observer une sorte d'évolution de ce sentiment pendant ces soixante premières années du dix-septième siècle. Dans l'art, on trouve que le paysage historique a une tendance à l'emporter, même chez Claude vers la fin de sa vie. Les jardins deviennent de mieux en mieux ordonnés et de plus en plus majestueux à mesure qu'on approche du règne de Louis XIV.

Dans la littérature, on remarque que l'amour si souvent personnel de la nature chez d'Urfé tend à devenir un simple ornement chez Camus et chez Gomberville, et un agrément social chez La Calprenède et chez Mlle de Scudéry.

En poésie également, se manifeste une évolution assez intéressante pendant la période qui va de 1600 à 1660. Le lyrisme sincère, rebelle aux règles de Malherbe, prend une place de plus en plus importante dans les œuvres de Durand et de ses contemporains; mais surtout chez les poètes bien doués tels que Racan, Théophile, Tristan et Saint-Amant, il prend un essor extraordinaire. Ils savaient sentir la nature pour elle-même. Après eux viennent les « beaux esprits », qui faisaient de la poésie plutôt un jeu de société et de la nature un cadre de la vie mondaine. Leurs vers sont peut-être plus corrects, mais leurs sentiments sont artificiels pour la plupart par comparaison avec ceux de Saint-Amant ou de Théophile. Le vrai sentiment de la poésie et un amour véritable de la nature ne se rencontrent à cette époque que chez les poètes inspirés de la religion. La sincérité relève même leurs vers les plus médiocres et, bien qu'on rencontre souvent encore dans leurs poèmes des traits conventionnels et mondains, elle leur inspire des sentiments vrais qu'on chercherait en vain dans les vers des « beaux esprits ».

En somme, le sentiment de la nature, dans la première moitié du dix-septième siècle, n'est évidemment ni aussi profond ni aussi compréhensif, ni aussi riche qu'il l'est devenu depuis. Il est limité, surtout dans ses développements les plus originaux, à quelques esprits d'élite. Cependant, dans la vie comme dans l'art, la nature a tenu une place plus importante qu'on ne le pense d'habitude. Pour apprécier équitablement le sentiment qu'elle inspire à cette époque, il faut comparer le dix-septième siècle non pas aux temps modernes, mais à l'âge précédent. La merveille n'est pas qu'il soit si pauvre à ce point de vue, mais plutôt qu'il soit si riche : car, d'une part, ce sentiment, dans les siècles antérieurs, ne s'était pas très développé ; et d'autre part, le dix-septième siècle lui-même, avec son goût pour l'étude de l'homme, ne paraissait pas fait pour s'intéresser à la peinture du monde extérieur.

BIBLIOGRAPHIE

Les ouvrages sont donnés dans l'ordre suivant : 1º œuvres générales se rapportant à toute la période; — 2º œuvres se référant à un chapitre particulier.

Dans chaque groupe on trouvera d'abord, dans leur ordre chronologique, les textes qui ont été mes sources; et, ensuite, dans l'ordre logique, viendront les ouvrages de critique que j'ai eu à consulter.

Œuvres générales

A. Le sentiment de la nature.

1. **Laprade (Victor de).** — *Histoire du Sentiment de la Nature*, Paris, Didier et Cie, 1867-1883, 3 v. in-8º.
2. **Gaborit (abbé).** — *Le Beau dans la Nature*, Lyon, E. Vitte, 1913, in-8º.
3. **Epuy (Michel).** — *Le Sentiment de la Nature*, Paris, Rudeval, 1907, in-8º.
4. **Shairp (J. C.).** — *On Poetic Interpretation of Nature*, Edinburgh, D. Douglas, 1877, in-16.
5. **Dauzat (A.).** — *Le Sentiment de la Nature et son Expression artistique*, Paris, Félix Alcan, 1914, in-8º.
6. **Paulhan (Fr.).** — *L'Esthétique du Paysage*, Paris, Félix Alcan, 1913, in-8º.
7. **Ferrand (Henri).** — *Du Sentiment de la Nature et de la Fréquentation des Montagnes*, Grenoble, Imprimerie Centrale, 1895, in-8º.
8. **Grand-Carteret (John).** — *La Montagne à travers les âges*, Grenoble, H. Falque et F. Perrin, 1903-1904, 2 v in-4º.
9. **Michelet (J.).** — *La Montagne*, Paris, Flammarion, 1868, in-8º.
10. — *La Mer*, Paris, Calmann Lévy, 1898, in-8º.
11. **Jacquot (A.)** — *La Forêt*, Paris, Berger Levrault, 1911, in-8º
12. **Secrétan (Eugène).** — *Du Sentiment de la Nature dans l'Antiquité Romaine*, Lausanne, G. Bridel, 1866, in-8º.
13. **Droz (Edouard).** — *Sur le Sentiment de la Nature dans la Littérature française*, s. l., 1898, in-8º.
14. **Charlier (Gustave).** — *Le Sentiment de la Nature chez les Romantiques français*, Bruxelles, Hayez, Déc. 1912, in-8º.

15. **Mornet (Daniel)**. — *Le Sentiment de la Nature en France de J.-J. Rousseau à Bernardin de Saint-Pierre*, Paris, Hachette, 1907, in-8°.

B. La vie et la société au XVIIe siècle.

16. **Lavisse (E.)**. — *Histoire de la France depuis les origines jusqu'à la Révolution*, Paris, Hachette, in-8° : t. VI, II (Henri IV et Louis XIII).
17. **Patru**. — *Plaidoyers et Œuvres diverses*, Paris, Sébastien Mabre-Cramoisy, 1681, in 4°.
18. **Tallemant des Réaux**. — *Les Historiettes*, Paris, A Lavasseur, 1834, 2 vol. in-8° ; éd. Monmerqué et Taschereau, 1833-1835, 6 v. in 8° ; éd. Paris et Monmerqué, 1853-1860, 9 v. in-8°.
19. **Robiou (Félix)**. — *Essai sur l'Histoire de la Littérature et des Mœurs pendant la première moitié du XVIIe siècle*, Paris, Donniol, 1858, 2 v. in-8°.
20. **Cousin (Victor)**. — *La Société française au XVIIe siècle d'après le Grand Cyrus*, Paris, Didier, 2 v. in-8°.
21. **Bernardin (N. M.)**. — *Hommes et Mœurs au XVIIe siècle*, Paris, Société française d'imprimerie, 1900, in-8°.
22. **Brun (Pierre)**. — *Autour du XVIIe siècle*, Grenoble, Librairie Dauphinoise, 1901, in-16.
23. **Barine (Arvède)** — *La Jeunesse de la Grande Mademoiselle*, Paris, Hachette, 1901, in-16.
24. **Bled (Victor du)**. — *La Société française du XVIe au XVIIe siècle*, (Paris, Perrin et Cie, 1909, 7 v. in-16 : t. I-IV (XVIIe siècle)
25. **Magendie (M.)**. — *La Politesse mondaine et les Théories de l'Honnêteté en France, au XVIIe siècle*, Paris, Presses universitaires, 1925, in-8°.

C. La littérature au XVIIe siècle.

26. **Krantz (Emile)**. — *Essai sur l'Esthétique de Descartes*, Paris, Germer, Baillière et Cie, 1882, in-8°.
27. **Demogeot**. — *Tableau de la Littérature française au XVIIe siècle avant Corneille et Descartes*, Paris, Hachette, in-8°.
28. **Huet**. — *Traité de l'Origine des Romans*, Paris, Jean Mariette, 1711, in-8°.
29. **Reynier (Gustave)**. — *Le Roman sentimental avant l'Astrée*, Paris, Armand Colin, 1908, in-16.
30. — *L'Origine du Roman réaliste*, Paris, Hachette, 1912, in-8°.
31. — *Le Roman réaliste en France au XVIIe siècle*, Paris, Hachette, 1914, in 8°.
32. **Morillot (Paul)** — *Le Roman en France depuis 1610 jusqu'à nos jours*, Paris, G. Masson, 1895, in-8°.

33. **Brunetière (Ferdinand)**. — *Etudes critiques sur l'Histoire de la Littérature française*, Paris, Hachette, 1892, in-8° : t. IV, p. 27-55. (*Le Roman français au XVII° siècle*).
34. **Le Breton (André)**. — *Le Roman au XVII° siècle*, Paris, Hachette, 1912, in-8°.
35. **Marsan (Jules)**. — *La Pastorale dramatique en France à la fin du XVI° et au commencement du XVII° siècle*, Paris, Hachette, 1905, in-8°.

PREMIÈRE PARTIE

Chapitre I. — La société

A. Vie rustique, etc.

36. **Hégémon (Philibert Guide)**. — *La Colombière et Maison rustique*, Paris, Jamet Mettayer, s. d. (1585), in-12.
37. **Gauchet (Claude)**. — *Le Plaisir des Champs*, Paris, Abel l'Angelier, 1604, in-4°. (1re impression, 1583)
38. **Contant (Paul)** — *Le Jardin et Cabinet poétique*, Poitiers, Anthoine Mesnier, 1609, in-4°.
39. **Brosse (Guy de la)**. — *Description du Jardin royal des plantes médicinales*, Paris, 1636, in-4°.

B. Voyages et descriptions.

40. **Le Blanc (Vincent)**. — *Les Voyages fameux*, Paris, Gervais Clousier, 1658, in-4°.
41. **Lescarbot (Marc)**. — *Le Tableau de la Suisse*, Paris, Adrian Perrier, 1618, in-4°.
42. **Cabias (Jean-Baptiste de)**. — *Les Merveilles des Bains d'Aix en Savoye*, Lyon, Jacques Roussin, 1623, in-8°.
43. **Chesne (André du)**. — *Bibliothèque des Auteurs qui ont escrit l'Histoire et Topographie de la France*, Paris, Sébastien Cramoisy, 1627, in-8°.
44. **Golnitz**. — *Ulysses belgico-gallicus*, Lugduni Batavorum, 1631, in-12.
45. **Coulon**. — *L'Ulysse françois ou le Voyage de France, de Flandre et de Savoye*, Paris, Gervais Clousier, 1648, in-8°.
46. — *Le Fidèle Conducteur pour les voyages de France, d'Angleterre, d'Allemagne et d'Espagne*, Paris, Gervais Clousier, 1654, in-8°.
47. **Dorlande (Pierre)**. — *Chronique ou histoire générale de l'Ordre sacré des Chartreux*, Tournay, Adrien Quinqué, 1644, in-8°.

48. **Rohan (duc de)**. — *Voyage fait en l'an 1600*, Amsterdam, Louis Elzevier, 1646, in-12.
49. **Rochefort (Jouvin de)**. — *Le Voyageur d'Europe*, Paris, Denis Thierry, 1672, in-12.

C. Mémoires.

50. **Segrais**. — *Les Nouvelles françoises ou les Divertissements de la Princesse Aurélie*, Paris, Antoine de Sommaville, 1656-1657, 2 v. in-8°.
51. — *Recueil des Portraits et Eloges en vers et en prose dédié à son Altesse royale Mademoiselle*, Paris, Charles de Sercy, Claude Barbin, 1659, 2 v. in-12.
52. **Bassompierre (Maréchal François de)**. — *Mémoires*, Cologne, du Marteau, 1665, 3 v in-12 ; éd. Société de l'Histoire de France, 1870-1877, 4 v. in-8°.
53. **Motteville (Mme de)**. — *Mémoires pour servir à l'histoire d'Anne d'Autriche*, Amsterdam, François Changuion, 1723, 5 v. in-12.
54. **Montpensier (Mlle de)**. — *Mémoires*, Amsterdam, Jean Frédéric Bernard, 1729, 7 v. in-12.

D. Lettres.

55. **Faret (Nicolas)**. — *Recueil de Lettres nouvelles*, Paris, Michel Blageart, 1642, 2 v. in-8°.
56. **Balzac**. — *Œuvres complètes*, Paris, Billaine, 1665, 2 v. in-f° : t. I (*Lettres*).
57. **Voiture (M. de)**. — *Œuvres*, Paris, Jacques Clousier, 1745, 2 v. in-12 : t. II (*Lettres*) éd. Ubicini, 1855 ; éd. Uzanne, 1879.
58. **La Fontaine (Jean de)**. — *Œuvres complètes*, Paris, Pillet, 1817, 2 v. in-8° ; éd. Grands Ecrivains de la France, 1883-1893, 11 v. in-8°.
59. **Descartes (René)**. — *Œuvres*, éd. Adam et Tannery, Paris, Cerf, 1897-1901, 10 v. in-4° : t. I-IV (*Lettres*).

Ouvrages consultés.

60. **Laumonnier (Paul)**. — *Ronsard poète lyrique*, Paris, Hachette, 1923, in-8°.
61. **Vianey (Joseph)**. — *Les grands Poètes de la Nature en France*, Revue des Cours et Conférences, 15 décembre 1925, p. 3-10.
62. **Vaissière (Pierre de)**. — *Gentilshommes campagnards de l'ancienne France*, Paris, Perrin et Cie, 1903, in-8°.
63. **Babeau (Albert)**. — *Les Voyageurs en France depuis la Renaissance jusqu'à la Révolution*, Paris, Firmin Didot, 1885, in-18.

64. **Sainte-Beuve.** — *Causeries du Lundi*, Paris, Garnier Frères, s. d., in-12 : t. III, p. 503-525 (*La Grande Mademoiselle*) ; t. V : p. 168-189 (*Mme de Motteville*).

Chapitre II. — Les Jardins

65. **Boyceau (Jacques).** — *Traité du Jardinage*, s. l. 1638, in-f°.
66. **Mollet (André).** — *Le Jardin de Plaisir*, Stockholm, Henry Kayser, 1651, in-f°.
67. **Mollet (Claude).** — *Théâtre des Plans et Jardinages*, Paris, Charles de Sercy, 1652, in-f°.
68. *Quatre Siècles de Jardins à la française*, Vie à la Campagne, n° 84, v. VII, 15 mars 1910.

DEUXIEME PARTIE

Chapitre I. — L'Astrée

69. **d'Urfé (Honoré).** — *L'Astrée où par plusieurs histoires, et souz personnes de Bergers, et d'autres, sont déduits les divers effets de l'honneste Amitié*, Paris, Antoine de Sommaville, 1647, 5 v. in-8°. Pour t. V je renvoie à l'édition : Paris, François Pomeray, 1628 ; éd. Vaganay, Lyon, P. Masson, 1926, 4 v. in-8°. (1)

Ouvrages consultés.

70. **Patru.** — *Plaidoyers et Œuvres diverses*, Paris, Sébastien Mabre-Cramoisy, 1681, in-4°.
71. **Bernard (Aug.).** — *Les d'Urfé, souvenirs historiques et littéraires du Forez au XVIe et au XVIIe siècles*, Paris, Imprimerie royale, 1839, in-8°.
72. **Frémy (Arnould).** — *Essai sur les Variations du Style français au XVIIe siècle*, Paris, H. Fournier et Cie, 1843, in-8° : chapitre V, p. 32 (*L'Astrée*).
73. **Germa (B.).** — *L'Astrée d'H. d'Urfé, sa composition, son influence*, 1904-1905, in 8°.
74. **Reure (Chanoine O. C.).** — *La Vie et les Œuvres d'Honoré d'Urfé*, Paris, Plon Nourit et Cie, 1910, 2 v. in-8°.
75. **Mercier (Louis).** — *Le Tricentenaire de l'Astrée*, Revue des deux Mondes, 15 janvier 1926, p. 419.

Chapitre II. — La Poésie (1600 à 1620)

76. **Malherbe (François).** — *Œuvres complètes*, éd. L. Lalanne, Grands Ecrivains de la France, Paris, Hachette, 1862, 5 v. in-8°.

---

(1) A cette date, juillet 1426, t. I a paru.

77. **d'Aubigné (Théodore Agrippa)**. — *Œuvres complètes*, éd. Réaume et de Caussade, Paris, Alphonse Lemerre, 1873, 6 v. in-8°.
78. **Régnier (Mathurin)**. — *Les epistres et autres œuvres*, Londres, Lyon et Woodman, 1730, in-8°; éd. Courbet, Lemerre, 1875, in-8°.
79. **Le Digne**. — *Les Fleurettes du premier Meslange*, Paris, Jérémie Perier, 1601, in-12.
80. **Durand (Estienne)**. — *Méditations*, éd. Frédéric Lachèvre, *Le Livre d'Amour d'Estienne Durand*, Paris, Henri Lesclerc, 1906, gr. in-8°.
81. **Lortigue**. — *Les Poèmes divers*, Paris, Jean Gesselin, 1617, in-12.
82. **Lingendes (J. de)**. — *Les changements de la Bergère Iris*, Paris, Toussainct du Bray, 1618, in-12.

Ouvrages consultés.

83. **Broglie (Duc de)**. — *Malherbe*, Paris, Hachette, 1897, in-16.
84. **Bourrienne (abbé V.)** — *Malherbe : Points obscurs et nouveaux de sa Vie normande*, Paris, A. Picard et fils, 1895, in-8°.
85. **Arnould (Louis)**. — *Malherbe et son Œuvre*, La Chapelle-Montligeon, Imprimerie N.-D. de Montligeon, 1902, in-8°.
86. **Vianey (Joseph)**. — *Mathurin Régnier*, Paris, Hachette, 1896, in-8°.
87. **Delmont (abbé Théodore)**. — *Une nouvelle Etude sur Mathurin Régnier*, La Chapelle-Montligeon, Imprimerie N.-D. de Montligeon, 1897, in-8°.

Chapitre III. — Le roman (1620-1640).

88. **Gomberville**. — *La Carithée*, Paris, Jacques Quesnel, 1621, in-8°.
89. — *Polexandre*, Paris, Augustin Courbé, 1637, 5 v. in-8°.
90. **Gombauld**. — *Endimion*, Paris, Nicolas Boon, 1624, in-8°.
91. **Camus**. — *Parthénice ou la Peinture d'une invincible Chasteté, histoire napolitaine*, Paris, C. Chappelet, 1621, in-8°.
92. — *Spiridion, anachorète de l'Apennin*, Paris, C. Chappelet, 1623, in-12.
93. — *La pieuse Julie, histoire parisienne*, Paris, M. Lasnier, 1625, in-8°.
94. — *Palombe ou la Femme honorable*, Paris, Claude Chappelet, 1625, in-8°.
95. — *Agathonphile ou les Martyrs siciliens*, Paris, Ian Brancher, 1638, in 8°.
96. **Boisrobert**. — *Histoire Indienne d'Anaxandre et d'Orazie*, Paris, François Pomeray, 1629, in-8°.
97. **Desmarets**. — *Ariane*, Paris, Mathieu Guillemot, 1639, 2 v. in-8°.

Ouvrages consultés.

98. **Kerviler (René)**. — *Marin Le Roy sieur de Gomberville,* Paris, A. Claudin, 1876, in-8°.
99. — *J. Ogier de Gombauld,* Paris, Aug. Aubry, 1876, in-8°.
100. **Boulas (abbé F.)**. — *Un Moraliste chrétien sous Henri IV et Louis XIII, Camus évêque de Belley,* Lons-le-Saunier, J. Mayet, 1878, in-8°.
101. **Rousseau (F.)**. — *L'Autobiographie laïque de Camus, évêque de Belley,* Paris, 1925, in-8°.

CHAPITRE IV. — LA POÉSIE (1620-1640).

102. **Ménard (François)**. — *Œuvres,* Paris, François Jacquin, 1613, in-12 ; éd. G. Garrisson, 1885-1888, 3 v. in-12 : t. I seulement.
103. **Maynard (François)**. — *Œuvres,* Paris, Aug. Courbé, 1646, in-8° ; éd. G. Garrisson, 1885-1888, 3 v. in-12 : t. II et III.
104. **Racan**. — *Œuvres,* Paris, Antoine Urbain Coustelier, 1724, 2 v. in-8°; éd. Tenant de Latour (Bibl. Elzévirienne), 1857, 2 v in-16.
105. **Théophile de Viau**. — *Œuvres,* Paris, Jean de la Mare, 1631, in-8° ; éd. Alleaume (Bibl. Elzévirienne), 1856, 2 v. in-16.
106. **Saint-Amant**. — *Œuvres,* Paris, François Pomeray et Toussainct Quinet, 1629, 3 v. in-4° ; éd. Livet (Bibl. Elzévirienne), 1855, 2 v. in-16.
107. **Tristan l'Hermite**. — *Les Amours,* Paris, Pierre Billaine, 1638, in-4°.
108. — *L'Orphée (et les Mélanges),* s. l. n. d. (Privilège, 1639), in 4°.
109. **Hardy (Alexandre)**. — *Théâtre,* Paris, Jacques Quesnel, 1624, 6 vol. in 8°.
110. **Rotrou (Jean)**. — *Œuvres,* éd. Viollet Le Duc, Paris, Th. Desoer, 1820, 5 v. in-8°.

Ouvrages consultés.

111. **Crump (P. E.)** — *The Theme of Solitude in the 17th century, an aspect of the « sentiment de la nature »,* French Quarterly, Manchester University Press, n°ˢ 3 et 4, Sept. et Dec. 1925, p. 158.
112. **Durand-Lapie (Paul)** et **Lachèvre (Frédéric)** — *Deux homonymes du XVIIᵉ siècle : Fr. Maynard et Fr. Ménard,* Paris, Henri Champion, 1899, in 8°.
113. **Clavelier (G.)**. — *François Maynard, sa Vie, ses Œuvres, son Temps,* Toulouse, Edouard Privat, 1907, in-8°
114. **Drouhet (Charles)**. — *Le Poète François Mainard,* Paris, Champion, 1909, in-8°.

115. **Lachèvre (Frédéric)**. — *M. Charles Drouhet et le Problème des deux Maynard*, Paris, Honoré Champion, 1910, in-8°.
116. **Arnould (Louis)**. — *Racan, histoire anecdotique et critique de sa Vie et de ses Œuvres*, Paris, Armand Colin et Cie, 1896, in 8°.
117. **Andrieu (Jules)**. — *Théophile de Viau*, Paris, Alphonse Picard, 1887, in-8°.
118. **Garrisson (Charles)**. — *Théophile et Paul de Viau*, Paris, Al. Picard et Fils, 1899, in-8°.
119. **Sainte-Beuve**. — *Causeries du Lundi*, Paris, Garnier frères, s. d., in-12 : t. XII. p. 145-160 *(Saint-Amant)*.
120. **Durand-Lapie (Paul)**. — *Un académicien du XVIIe siècle : Saint-Amant, son Temps, sa Vie, ses Poésies*, Paris, C. Delagrave, 1898, in-8°.
121. **Varenne (Pierre)**. — *Le bon gros Saint-Amant*, Rouen, Lecerf fils, 1917, in-8°.
122. **Bernardin (N. M.)**. — *Un Précurseur de Racine, Tristan l'Hermite, sieur Du Solier*, Paris, A. Picard et fils, 1895, in-8°.

Chapitre V. — Le roman (1640-1660).

123. **Segrais (J. de)**. — *Bérénice*, s. l. n. d. (privilège, 8 fév. 1648-50), 4 v. in 8°.
124. **La Calprenède**. — *Cassandre*, Paris, Augustin Courbé, 1640-1645, 10 v in-8°.
125. — *Cléopâtre*, Paris, Augustin Courbé, 1658, 12 v. in-8°.
126. **Scudéry (Mlle de)**. — *Ibrahim ou l'illustre Bassa*, 1641, 4 v. in-8°.
127. — *Artamène ou le Grand Cyrus*, Paris, Augustin Courbé, 1640-1653, 10 v. in-8°.
128. — *Clélie, histoire romaine*, Paris Augustin Courbé, 1656-1660, 10 v. in-8°.
129. **Havard de la Montagne (Robert)**. — *Mademoiselle de Scudéry*, Paris, P. Lethielleux (1904), in 16 : *Femmes de France*, n° 16.

Chapitre VI. — La poésie (1640-1660).

130. **Voiture**. — *Œuvres*, Paris, Jacques Clousier, 1745, 2 v. in-12.
131. **Boisrobert**. — *Les Epistres*, Paris, Besogne, 1647, in-4°.
132. **d'Alibray (Vion)**. — *Œuvres*, Paris, Antoine de Sommaville, 1653, in-8°.
133. **Du Bois Hus**. — *La Nuict des Nuicts, le Jour des Jours, le Miroir du Destin ou la Nativité du Daufin du Ciel, la Naissance du Daufin de la Terre et le Tableau de ses Aventures tor tunées*, Paris, Jean Paslé, 1641, in-12.
134. **Perrin**. — *Œuvres de Poésie*, Paris, Estienne Loyson, 1661, in-12.

135. **Benserade**. — *Œuvres*, Paris, Charles de Sercy, 1697, 2 v. in-12.
136. **Racan**. — *Œuvres*, Paris, Antoine Urbain Coustelier, 1724, 2 v. in-8°.
137. **Bussières** (J. de). — *Les Descriptions poétiques*, Lyon, Jean-Bapt. Devenet, 1649, in-4°.
138. **Le Moine** (R. P. Pierre). — *Poésies*, Paris, Augustin Courbé, 1650, in-4°
139. **Arnauld d'Andilly**. — *Œuvres chrestiennes*, Paris, Vve Jean Caru, 1644, in-8°.
140. **Desmarets** (J.) — *Promenades de Richelieu ou les Vertus chrestiennes*, Paris, 1653, in-8°.
141. **Brébeuf**. — *Entretiens solitaires ou Prières et Méditations pieuses*, Paris, Antoine de Sommaville, 1660, in-12.
142. **Godeau** (Antoine). — *Saint Paul*, Paris, Pierre le Petit, 1654, in-12.
143. — *Poésies chrestiennes et morales*, Paris, Pierre le Petit, 1660-1663, 3 v. in-12.

Ouvrages consultés.

144. **d'Auriac** (Eugène). — *Notice sur Vincent Voiture* (extrait de la *Revue française*) 1855.
145. **Sainte-Beuve**. — *Causeries du Lundi*, Paris, Garnier frères, s. d. in-12 : t. XII, p. 160-193. (*Œuvre de Voiture*).
146. **Labitte** (Charles). — *Etudes littéraires*, Paris, Joubert, 1846, in-8° t. I, p. 383 (*Boisrobert*).
147. **Kerviler** (René). — *Jean Desmaretz sieur de Saint-Sorlin*, Paris, J.-B. Dumoulin, 1879, in-8°.
148. — *Antoine Godeau évêque de Grasse et de Vence*, Paris, Champion, 1879, in-8°.
149. **Cognet** (abbé A.). — *Antoine Godeau évêque de Grasse et de Vence*, Paris, Alphonse Picard, 1900, in-8° : p. 292-306 (*La nature*).

TROISIÈME PARTIE

Chapitre I. — La Peinture

Ouvrages consultés.

150. **Hourticq** (Louis). — *Histoire générale de l'art de France*, Paris, Hachette, s. d., in-8°.
151. **Faure** (Elie). — *Histoire de l'Art moderne*, Paris, G. Grès et Cie, 1924, in-8°.

152. **Schneider (René)**. — *L'Art français du XVIIe siècle*, **Paris**, Henri Laurens, 1925, in-8°.
153. **Laumonnier (Henri)**. — *L'art français au temps de Richelieu et de Mazarin*, Paris, Hachette, 1913, in-8'.
154. **Deperthes (J. B.)**. — *Histoire de l'Art du paysage*, Paris, Le Normant, 1822, in-8°.
155. **Lanoë (Georges) et Brice (Tristan)**. — *Histoire de l'Ecole française de Paysage*, Paris, A. Charles, 1901, in-8°.
156. **Meunier (Mme Stanislas)**. — *Philippe de Champaigne*, Paris, éd. Nilsson, 1924, in-8°.
157. **Blanc (Charles)**. — *Histoire des Peintres de toutes les Ecoles : Ecole française*, t. I, Paris, Vve Jules Renouard, 1862, in-f°.
158. **Besneray (Marie de)**. — *Les grandes Epoques de Peinture, Le Poussin-Claude Lorrain*, Paris, Ch. Delagrave, 1884, in-8°.
159. **Ruskin (John)**. — *Modern Painters*, London, J. M. Dent, s. d., in-8° : t. V : pp. 232-238 (*Claude et Poussin*).
160. **Jouanny (Ch.)** — *Correspondance de Nicolas Poussin*, Paris, Jean Schemit, 1911, in 8°.
161. **Félibien (André)**. — *Entretiens sur les Vies et sur les Ouvrages des plus excellents Peintres anciens et modernes*, Paris, Sébastien Mabre-Cramoisy, 1685, in-4° : IVe et V^e partie.
162. **Magne (Emile)**. — *Nicolas Poussin premier peintre du roi*, Bruxelles, Paris, G. Van Oest et Cie, 1914, in-f°
163. **Desjardins (Paul)**. — *La Méthode des Classiques*, Paris, Armand Colin, 1904, in-8° : pp. 165-233 (*Poussin*).
164. **Chennevières (Ph. de)**. — *Essai sur l'histoire de la Peinture française*, Paris, aux Bureaux de l'Artiste, 1894, in-4°.
165. **Denio (Elisabeth H.)**. — *Nicolas Poussin, his Life and Work*, London, Sampson Low, Marston and Co., 1899, in-8°.
166. **Advielle (Victor)**. — *Recherches sur Nicolas Poussin et sur sa famille*, Paris, G. Rapilly, 1902, in-8°.
167. **Bellori (Giovani Pietro)**. — *Vie de Nicolas Poussin*, traduite par Geo. Rémond, Paris, Bibliothèque de l'Occident, 1903, in-8°.
168. *Les Peintres illustres : Poussin*, Paris, Pierre Laffitte et Cie, s. d., in-8°.
169. **Pattison (Mme Mark) (Lady Dilke)**. — *Claude Lorrain sa Vie et ses Œuvres*, Paris, J. Ronan, 1884, in-f°.
170. **Michel (Emile)**. — *Etudes sur l'histoire de l'art*, Paris, Hachette, 1895, in-8 : pp. 217-285 (*Claude Lorrain*).
171. **Boyer (Raymond)**. — *Claude Lorrain*, Paris, Pierre Laffitte, s. d, in-8.
172. **Blum (André)**. — *Les Eaux-fortes de Claude Gellée dit Le Lorrain*, Paris, Albert Morancé, 1923, in-8°.
173. **Demonts (Louis)**. — *Dessins de Claude Gellée dit Le Lorrain*, Paris, Albert Morancé, 1923, in-8°.

Chapitre II. — Les Estampes

174. **Chauveau (François)**. — Œuvre, 3 v. in-f⁰ (Ed 44, a, b). (1)
175. **Marot (J.)**. — Œuvre, in-f⁰ (Ha 7c).
176. *Recueil de Palais, Maisons et Églises de France, tirés des Œuvres de Marot, Silvestre et Le Pautre*, in-f⁰ (Ve 8).
177. **Silvestre, Lepautre, Blooteling. Marot.** — *Jardins et Fontaines*, in-8⁰ obl., (Hd 85 a)
178. **Lepautre, Silvestre, Callot, etc.** — *Divers Paysages, mis en lumière par Israël*, in-8⁰ obl., (Ed 42g)
179. *Divers paysages, mis en lumière par Israël, avec privilège*, in-8⁰ obl., (Ed 45 d).
180. **Silvestre, etc.** — *Maisons royales et Villes frontières de France*, in-f⁰ (Ve 12)
181. **Silvestre (Israël)**. — *Vues de France (Recueil des divers Châteaux et Maisons de France et d'Italie contenant plusieurs cahiers gravés et publiés par Silvestre en 1648-1658)*, pet. in-f⁰ obl. (Ve 14).
182. **Silvestre (Israël)**. — Œuvre, 4 v. in-f (Ed 45,a, b. c)
183. **Bosse (Abraham)**. — Œuvre, 5 v. in f⁰, 2 v. pet. in-f⁰ (Ed 30, a, b, c, d, e, e).
184. **Callot (Jacques)**. — OEuvre, 2 v. in-f⁰ (Ed. 25m)

Ouvrages consultés

185. **Faucheux (L. E.)**. — *Catalogue raisonné de toutes les estampes qui forment l'OEuvre de Israël Silvestre*, Paris, 1857, in-8⁰.
186. **Duplessis (Georges)**. — *Catalogue de l'OEuvre de Abraham Bosse*, Paris, 1859, in-8⁰.
187. **Blum (André)**. — *OEuvre gravé d'Abraham Bosse*, Paris, Albert Morancé, 1924, in-8⁰.
188. — *Abraham Bosse et la Société française au XVII⁰ siècle*, Paris, Albert Morancé, 1924, in-8⁰.
189. **Fontaine (André)**. — *L'Art dans l'ancienne France, Académiciens d'autrefois*, Paris, H. Laurens, 1914, in-8⁰ : ch. III, p. 57 (Bosse).
190. **Meaume (Edouard)**. — *Recherches sur la Vie et sur les OEuvres de J. Callot*, Vve J. Renouard, 1860, 2 v. in-8⁰.
191. **Plan (Pierre-Paul)**. — *Jacques Callot, Maître graveur*, Bruxelles et Paris, G. Van Oest et Cie, 1914, in-8⁰.
192. **Green (G.H.)**, — *A Catalogue and Description of the whole of the Works of the celebrated J. Callot*, London, 1804, in-12.

---

(1) Ces cotes renvoient à la collection du Cabinet des Estampes à la Bibliothèque Nationale, Paris.

193. **Husson (F.)**. — *Eloge historique de J. Callot*, Bruxelles, 1766, in-8°.
194. **Vachon (Marius)**. — *Jacques Callot*, Paris, s. d., gr. in-8°.
195. **Bruwaert (Edmond)**. — *Vie de Jacques Callot*, Paris, Imprimerie nationale, 1912, in-4°.
196. — *Jacques Callot*, Paris, Henri Laurens, 1914, in-8°.
197. — *Jacques Callot à Florence,* s. l., 1914, in-8°.
198. **Lieure (J.)**. — *Notes sur Jacques Callot*, s. l. n. d. (Extrait de la *Gazette des Beaux-Arts*).

INDEX

Comprenant : 1º les noms propres ; **2º** les titres d'ouvrages ; 3º les plus importants des divers sujets traités. Les numéros entre parenthèses renvoient aux numéros des ouvrages cités dans la bibliographie ; les autres numéros renvoient aux pages du présent ouvrage. Les chiffres marqués en caractères gras indiquent, pour chaque auteur ou artiste, les passages où se trouvent l'étude la plus développée de son œuvre.

Agathonphile, 76 (95).
Alpes, 17-19, 50, 118.
Alibray (Vion d'), 139 (132).
Amours, 111, 113 (107).
amour et la nature, 55-57, 65, 71, 73, 80, 88, 97, 111, 113, 137.
arbres, 20, 39-41, 58, 77-78, 110-111, 142.
Ariane, 76 (97).
Arnauld d'Andilly, **146, 147** (139).
art et la nature, 88, 109-110, 149-150.
Artamène ou le Grand Cyrus (127).
Astrée, **47-63**, 75 (69).
Aubigné (Agrippa d'), 69-70 (77).
automne, 14, 25, 90, 150.

Bacchanales, 157.
Balzac, 24, 27-29, 30, 31 n. (56).
Bassompierre, 9 n. (52).
Benserade, 136, **138, 141, 142** (135).
Bérénice, (123).
Bergers d'Arcadie, 160.
Bosse (Abraham), 174, **177-181**.
bois, 17, 18, 26, 76-77, 89, 113, 116.
Boisrobert, 76, 136, **138-139** (96) (131).
botanique, 11-12.
Bouvier (Le), 171.
Boyceau (Jacques), 31 n., 33, **41-44** (65).
Bourdon (Sébastien), 155.
Brébeuf, 145 (141).

Brosse (Guy de la), 11-12 (39).
Bussières (J. de), 146 (137).

Cabias (Jean-Baptiste de), 15 n (42).
Callot (Jacques), 174. **181-183**.
Camus, **76**, **79**, **81-82**, 123 (91-95).
Campo Vaccino à Rome, 167.
Carithée (La), (88).
Cassandre, (124).
Champaigne (Philippe de), 155-156.
Chauveau (François), 174-175.
Chronique des Chartreux, (47).
Claude Lorrain (Claude Gellée), 17, 157, **168-172**.
classsicisme et la nature, 17, 66-68, 87-88, 97, 157, 172, 173.
Clélie, (128).
Cléopâtre, (125).
Colombière et la Maison rustique (La), (36).
Contant (Paul), 11 (38).
Corneille (Pierre), 179, 121.
Coulon, 16, 21, 30 (45) (46).
Cyrus, (127).

Dauphiné, 18, 19, 21, 24.
Descartes (René), 29 (59).
Desmarets (Jean), 76, 136, 147, **148-150** (97) (140).
Dieu et la nature, 13, 22, 103, 114, 119, 142, 144-151.
Diogène jetant son écuelle, 158.
Dorlande (Père), 19 (47).
Du Bois Hus, 136, **140** (133).
Durand (Etienne) **73-74**, 87 (80).

Endimion (90).
été, 14, 25, 30, 91, 94, 148.
exotisme, 84-86.

Faret (Nicolas), 19, 29 (55).
Félibien (André), 160 n., 162 n. (161).
Fête villageoise, 168.
Fidèle Conducteur (Le), (46).
fleurs, 12 n., 13-14, 18, 28, 34-35, 36-38, 58, 69, 76-77, 89, 92-93, 103, 115, 147-148.
Fleurettes du premier meslange (Les), (79).
fontaines, 35, 37, 40, 43, 65, 76-78, 88, 89, 90-91, 142.
Fontainebleau, 15, 30, 138-139.
Fontainebleau (école de), 154.

Gauchet (Claude), 12-14 (37).
Godeau (Antoine), 136, **147-148** (142-143).
Golnitz, (44).
Gombauld, 76 (90).
Gomberville, **76-78, 79-80, 82-86**, 123 (88-89).
Grand Cyrus, (127).
Grande Chartreuse, 18, 19, 143-144, 156-157.
Gué (Le), 169-170.
« guides », 16.

Hardy (Alexandre), 87, **120** (109).
Hégémon, 12-13 (36).
Histoire Indienne d'Anaxandre et d'Orazie, (96).
hiver, 14, 24, 25, 90, 94-95, 118, 148, 150.
Hiver, 161.

Ibrahim, (126).
Israëlites recuillant la manne dans le désert, 160.

jardins, 13, 30-31, 32, **33-46**, 62, 69, 79-80, 138.
Jardin de Plaisir (Le), 39-40 (66).
Jardin et Cabinet poëtique (Le), 11 (38).

La Calprenède, 75, **123-126, 129-130, 134-135** (124-125).
La Fontaine (Jean de), 28 (58).
La Hire (Laurent de), 155.
Le Blanc (Vincent), 16 (40).
Le Digne, **71-73**, 87 (79).
Le Moîne (Pierre), 139 (138).
Le Nain, 154.
Le Nôtre (André), 33, 37, 44.
Lepautre, 175.
Lescarbot, (Marc), 17 (41).
Le Sueur (Eustache), 156-157.
Lignon, 49, 51-52, 55, 60.
Lingendes, 74 (82).

Malherbe (François), **66-69**, 87, 97, 98 (76).
Maynard (François), 87, **97-98**, 121 (103).
Ménard (François), 98 n. 2 (102).
mer, 20, 51, 81-83, 91, 108-109, 117-118, 127, 130, 164-166.
Mollet (André), 39-41 (66).
Mollet (Claude), 31, 33, **35-39** (67).
montagnes, 17-20, 21-23, 28, 50, 113, 116, 131, 143-144, 176.
Montpensier (Mlle de), 20 n. 3, 26, 30, 52 (54).
Motteville (Mme de), 21-23, 26, 32, 52-53 (53).
mythologie et la nature, 61, 89, 94, 107-108, 112, 139.

nature idéalisée, 24, 25-27, 28, 31-32, 45, 61, 77-78, 80, 87-97, 129, 138.

oiseaux, 14 n. 6, 58, 60, 65, 89, 91-92, 97, 111, 113, 117, 142.
ombre, 14, 57-58, 65, 76-77, 89.
Orphée (*L'*), 110-111 (108).

Palombe, (94).
papillons, 115, 140-141.
parterre, 13, 35, 36, 42.
Parthenice, (91).
Patru, 48 (70).
paysage historique, 158.
paysan, 13, 15 n.
Perelle, 175.
Perrin, 136, **140-141**, **143-144** (134).
Pieuse Julie (*La*), (93).
Plaisir des Champs, 13-14 (37).
Polexandre, (89).
Poussin (Nicolas), 157-163.
printemps, 14, 23, 25, 28, 65, 91, 95, 103, 115-116, 147, 148.
Printemps, 161.
Promenades de Richelieu, 148-151 (140).
Pyrénées, 21-23, 32.

Racan, 87, 88, **98-103**, 121, 136, **144-145** (104), 136).
Régnier (Mathurin), 70-71 (78).
rivières, 17, 20, 25, 52, 102.
Rochefort (Jouvin de), 18, 20, 21 (49).
Rohan (duc de), 16 (48).
Ronsard, 10.
rossignols, 14 n. 3, 27, 65, 116, 142.
Rotrou (Jean), 87, **120-121** (110).
Rousseau (Jean-Jacques), 50.
ruisseaux, 26, 76-77, 90-91, 112.

Saint-Amant, 87, **114-120**, 121 (106).
Saint-Bruno, 19, 156-157.
Saint-Paul, 147 (142).
Savoie, 21.
Scudéry (Mlle de), 75, **123-125**, **126-129**, **130-135** (126-128).
Segrais, 25, 123, **126**, 135 (50) (123)
Silvestre (Israël), 175-177.
Spiridion, (92).
Suisse (La), 17-18.

Théâtre des Plans et Jardinages, 31, 36-39 (67).

INDEX

Théophile de Viau, 87, **103-110**, 121 (105).
Traité du Jardinage, 31, 41-44 (65).
Tristan, 87, **110-114**, 121 (107-108).

Ulysse françois (L'), (45).
Urfé (Honoré d'), 47-63 (69)

Valentin, 154.
Verderonne (M. de), 25.
Voiture (Vincent), 19, 23, 30, 136, **137** (57) (130).
Vouët (Simon), 154.
voyages, 15-24.

TABLE DES PLANCHES

PLANCHE

I. — « Veuë et Perspective du Village et du Pont de Charenton », par Israël Silvestre... *en frontispice*

II. — Scène de Chasse, par Israël Silvestre............ *en regard page* 16

III. — Palais des Tuileries, par Israël Silvestre............ — — 40

IV. — « Veuë et Perspective de la Cascade du Jardin de l'Archevêque de Paris à Sainct-Cloud », par Israël Silvestre........... *en regard page* 56

V. — « Veuë des Jardins et Parterre de la Maison de Gondy à Sainct-Cloud », par Israël Silvestre............ *en regard page* 72

VI. — « Jardin de la Noblesse française », par Abraham Bosse............ — — 80

VII. — Le Moulin à Eau, par Jacques Callot,............ — — 88

VIII. — « Voicy venir Philis »,............. — —
par Abraham Bosse............ — — 112

IX. — Port de Mer, par Jacques Callot............ — — 120

X. — « Veuë du Moulin et du Paysage de Tanlai », par Israël Silvestre............ *en regard page* 128

XI. — Les Funérailles de Phocion, par Nicolas Poussin............ — — 152

XII. — Le Déluge ou l'Hiver, par Nicolas Poussin............ — — 160

XIII. — Ulysse remet Chryséis à son père, par Claude Lorrain............ — — 168

XIV. — Paysage, par Claude Lorrain...... — — 168

XV. — Château de Madame de Lesdiguières, à Grenoble, par Israël Silvestre............ *en regard page* 176

XVI. — Le Colombier, par Jacques Callot... — — 184

TABLE DES MATIÈRES

Avant-Propos 7

Première Partie.
Le sentiment de la nature et la société.

Chap. I. — La Société.
La paix et la vogue des traités d'agriculture. Les voyages : les impressions de montagnes. Le goût de la nature calme, douce, l'emporte chez les dames : Mlle de Montpensier, Mme de Motteville. Les littérateurs mondains : Voiture, Balzac. Le caractère général du sentiment de la nature dans la société du temps. . . . 9

Chap. II. — Les Jardins.
La persistance des formes primitives du jardin, déjà modifiées par l'influence italienne. Le jardin français à la fin du seizième siècle. Les modifications : Claude Mollet, le parterre en broderies ; André Mollet, les lignes d'ensemble et les écoinçons ; Jacques Boyceau, les ornements et surtout les fontaines. Le jardin français avant Le Nôtre. Le jardin et l'esprit du siècle 33

Deuxième Partie.
Le sentiment de la nature dans la littérature.

Chap. I. — L'Astrée.
La vogue de l'*Astrée* Le roman représente le pays natal de d'Urfé et l'auteur le décrit avec tendresse. La place de son sentiment personnel dans le roman. Les Alpes et la mer furieuse. Les aspects habituels de la nature dans l'*Astrée*, la vie pastorale, les paysages et les jardins idéalement beaux 47

Chap. II. — La Poésie de 1600 a 1620.
L'aspect général de la nature pendant cette période : la persistance du modèle de l'*Astrée*. Les poètes : Malherbe et les règles ; D'Aubigné, un attardé ; Régnier, la réaction et la liberté. Des poètes moins importants mais intéressants :

Le Digne, Estienne Durand, Lortigue, Lingendes. Les tendances classiques disparaissent pour le moment.	64
Chap. III. — Le roman de 1620 a 1640.	
La nature représentée par les romanciers : la pastorale cède la place au roman d'action. Gombauld, Desmarets, Boisrobert, Camus. L'originalité de Gomberville.	75
Chap. IV. — La Poésie de 1620 a 1640.	
La nature est une grande source d'inspiration à cette époque. La nature telle qu'elle est représentée chez les poètes. Les interprétations individuelles : Maynard et Ménard, Racan, Théophile, Tristan, Saint-Amant, Hardy et Rotrou.	87
Chap V. — Le Roman inspiré de l'histoire.	
Un élément nouveau prédomine dans le roman : l'histoire. L'histoire travestie et le sentiment de la nature : La Calprenède et Mlle de Scudéry. Les divers aspects de la nature dans leurs romans.	123
Chap. VI. — Poètes mondains et poètes religieux.	
La nature conventionnelle, plutôt fade, des poètes mondains. Le sentiment de la nature chez Voiture, chez Benserade et chez les autres mondains La Grande Chartreuse en poésie. Dieu et la nature : Godeau, Racan, Desmarets de Saint-Sorlin.	136

Troisième Partie.

Le sentiment de la nature dans l'art.

Chap. I. — La Peinture.	
L'apparition d'une école de peinture vraiment française vers 1610. Le commencement : Simon Vouet, Valentin, les Le Nain. Portraitiste : Philippe de Champaigne. Peintre religieux : Eustache Le Sueur. Les grands paysagistes : Nicolas Poussin et Claude Lorrain. Le paysage dans la première moitié du dix-septième siècle.	153
Chap. II. — Les Estampes.	
Les estampes reflètent la vie contemporaine. Des gravures pour livres : François Chauveau. « Divers païsages » : Israël Silvestre, Perelle et Lepautre. Œuvres d'actualité et de fantaisie et sentiment de la nature : Abraham Bosse et Jacques Callot. Le paysage dans les estampes.	174

Conclusion.	185
Bibliographie.	191
Index.	203
Table des planches.	208
Table des matières.	209